2024年度版

日商簿記検定
模擬試験問題集

2級

模試 **8** 回

ネットスクール出版

日商簿記　2級
模擬試験問題集

━ CONTENTS ━

受けよう ネット試験！　　購入者特典!!
ネット試験体験サイトのご案内

　本書を購入された方に、全5回分の日商簿記検定2級ネット試験が体験できる体験プログラムをご提供します。

　ブラウザ（インターネット閲覧ソフト／アプリ）上で動作するため、特殊なプログラムのインストールは不要で、OS（オペレーティングシステム）に関係なくパソコンやタブレットで体験できます。

　ネット試験の操作に不安要素がある方は、ぜひ本サイトのプログラムも試験対策に向けてご活用ください。

　下記URLまたはQRコードより特設サイトへアクセスし、パスコードを入力することでご利用頂けます。

《特設ページURL》　　　　　　　　　　《パスコード》※半角数字　　タブレット端末の
http://www.ns-2.jp/mg2_2024/　　368497　　方はこちら

【注意事項】
・利用に必要な端末及び通信環境の準備や利用、インターネット通信に必要な料金はお客様のご負担となります。
・動作環境や設定等によっては正常に動作しない場合がございます。また、実際のネット試験と挙動が異なる部分が存在する可能性もございます。そうした場合の責任は、弊社では負いかねます。
・利用にあたっては、できる限り画面サイズの大きな端末をお使いになることをお勧めいたします。
・本サービスで提供する問題はネットスクールが独自に作成した問題です。
・本サービスは2025年3月31日までの提供を予定しておりますが、予告なく変更・終了する場合がございます。あらかじめご了承ください。

解き直しのさいには答案用紙ダウンロードサービスをご利用ください。

ネットスクール HP（https://www.net-school.co.jp/）➡ 読者の方へ をクリック

商 業 簿 記

● 第1問　傾向と対策 ●

☆直前対策時、時短学習では、勘定科目を記号で答えましょう。インプット学習では、勘定科目を手で書いて覚えましょう。

問題 01	有価証券	解答……p.38

下記の各取引について仕訳しなさい。ただし、勘定科目は、次の中から最も適当と思われるものを選ぶこと。

ア．現　　　　　金　　イ．当 座 預 金　　ウ．売買目的有価証券　　エ．満期保有目的債券
オ．子 会 社 株 式　　カ．その他有価証券　　キ．繰 延 税 金 資 産　　ク．未　 払　 金
ケ．繰 延 税 金 負 債　　コ．その他有価証券評価差額金　　サ．有 価 証 券 利 息　　シ．有 価 証 券 評 価 益
ス．有 価 証 券 売 却 益　　セ．支 払 手 数 料　　ソ．有 価 証 券 評 価 損　　タ．有 価 証 券 売 却 損

1	売買目的により高知物産株式会社の株式8株を1株 ¥58,800 で購入し、代金を売買手数料 ¥5,600 とともに小切手を振り出して支払った。			
	借方科目	金額	貸方科目	金額

2	当期に、売買目的により3回にわたって購入した高知物産株式会社の株式20株（第1回目は7株、取得原価は@¥58,800、第2回目は5株、取得原価は@¥60,480、第3回目は8株、取得原価は@¥61,600）のうち10株を@¥59,500 で売却し、代金は小切手で受け取った。なお、株式の記帳は移動平均法によっている。			
	借方科目	金額	貸方科目	金額

3	当期に売買目的で購入した山口工業株式会社の社債（額面総額 ¥1,400,000、額面 ¥100 につき ¥98 で購入、年利率7.3%）のすべてを額面 ¥100 につき ¥99 で売却し、代金は端数利息 ¥63,840 とともに小切手で受け取った。			
	借方科目	金額	貸方科目	金額

4	×2年9月1日に、和歌山商事株式会社の社債（発行日×1年1月1日、期間5年、年利率1.46%、利払日は6月30日と12月31日の年2回、額面総額 ¥3,500,000）を満期まで保有する意図で額面¥100につき ¥99 で購入し、この代金と売買手数料 ¥29,400 のほか、前回利払日の翌日から購入日までの端数利息を加えた合計金額を小切手を振り出して支払った。なお、端数利息は、1年を365日として日割で計算する。			
	借方科目	金額	貸方科目	金額

ア. 現 金	イ. 当 座 預 金	ウ. 売買目的有価証券	エ. 満期保有目的債券
オ. 子 会 社 株 式	カ. その他有価証券	キ. 繰延税金資産	ク. 未 払 金
ケ. 繰延税金負債	コ. その他有価証券評価差額金	サ. 有価証券利息	シ. 有価証券評価益
ス. 有価証券売却益	セ. 支 払 手 数 料	ソ. 有価証券評価損	タ. 有価証券売却損

<table>
<tr><td rowspan="2">5</td><td colspan="4">佐賀商事株式会社の発行済株式の60%（6,000株）を ¥5,040,000 で購入し、同社を子会社とした。なお、代金は月末に支払うこととなっている。</td></tr>
<tr><td>借方科目</td><td>金額</td><td>貸方科目</td><td>金額</td></tr>
<tr><td></td><td></td><td></td><td></td><td></td></tr>
</table>

6	福岡技術株式会社との提携関係を強化するため、同社株式 1,000 株を1株 ¥2,800 で購入し、代金は売買手数料 ¥28,000 とともに現金で支払った。なお、福岡技術株式会社は当社の子会社にも関連会社にも該当しない。			
	借方科目	金額	貸方科目	金額

7	取引先の発行済株式の10%を長期投資目的で所有していたが（取得原価 ¥2,100,000）、追加で50%を取得し、取引先に対する支配を獲得した。代金 ¥14,000,000 は当月末に支払うこととした。			
	借方科目	金額	貸方科目	金額

8	当期に売買目的以外の目的により1株当たり ¥750 の価額で取得していた他社の株式 14,000 株について、決算時の株価が1株当たり ¥880 に値上がりしていたので、税効果会計（法人税等の法定実効税率は30%）を適用し、適切な決算処理を行う。なお、この株式は子会社株式にも関連会社株式にも該当していない。			
	借方科目	金額	貸方科目	金額

問題 02　　固定資産　　　　　　　　　　　　　　　　　　　　　解答……p.39

　下記の各取引について仕訳しなさい。ただし、勘定科目は、次の中から最も適当と思われるものを選ぶこと。

ア. 現 金	イ. 当 座 預 金	ウ. 未 収 入 金	エ. 貯 蔵 品
オ. 前 払 利 息	カ. 建 設 仮 勘 定	キ. 建 物	ク. 備 品
ケ. 車 両 運 搬 具	コ. リ ー ス 資 産	サ. 建物減価償却累計額	シ. 備品減価償却累計額
ス. 車両運搬具減価償却累計額	セ. リース資産減価償却累計額	ソ. ソフトウェア仮勘定	タ. ソ フ ト ウ ェ ア
チ. 営業外支払手形	ツ. 未 払 金	テ. 修 繕 引 当 金	ト. リ ー ス 債 務
ナ. 固定資産売却益	ニ. 国庫補助金受贈益	ヌ. 支払リース料	ネ. 修 繕 費
ノ. 減 価 償 却 費	ハ. ソフトウェア償却	ヒ. 支 払 利 息	フ. 固定資産売却損
ヘ. 固定資産圧縮損	ホ. 固定資産除却損	マ. 火 災 損 失	ミ. 未 決 算

1	当期首に自社利用目的でソフトウェア ¥210,000 を購入し、代金は月末払いとした。			
	借方科目	金額	貸方科目	金額

2	決算にあたり、上記1.のソフトウェアについて定額法により償却する。なお、このソフトウェアの利用可能期間は3年と見積もられている。			
	借方科目	金額	貸方科目	金額

3	月初に事務処理用コンピューター ¥157,500 を購入し、代金として毎月末に支払期日が順次到来する額面 ¥35,000 の手形を5枚振り出して支払った。なお、利息相当額については資産の勘定を用いて処理するものとする。				
	借方科目	金額	貸方科目	金額

4	月末となり、上記3.の手形の代金として ¥35,000 が当座預金口座より引き落とされた。また、当月分の利息を定額法により費用計上する。				
	借方科目	金額	貸方科目	金額

5	和歌山物産株式会社は当期首に下記の条件によって愛媛リース株式会社とコピー機のリース契約を結んだ。なお、このリース取引はファイナンス・リース取引に該当し、利子抜き法により処理する。 　リース期間　　　　　5年間 　リース料　　　　　　年額　¥35,000（毎年3月末日支払い） 　リース資産　　　　　見積現金購入価額　¥157,500				
	借方科目	金額	貸方科目	金額

6	3月31日、和歌山物産株式会社は上記5.の1回目のリース料を契約どおりに小切手を振り出して支払った。また、本日決算日にあたり、コピー機は耐用年数5年、残存価額ゼロとして定額法で減価償却（記帳は間接法による）を行う。なお、リース料に含まれている利息は毎期均等額を費用として処理する。				
	借方科目	金額	貸方科目	金額

7	上記5.の取引がオペレーティング・リース取引である場合、リース料支払日（3月31日）の仕訳を行いなさい。なお、リース料は小切手を振り出して支払ったものとする。				
	借方科目	金額	貸方科目	金額

8	かねて建設中であった倉庫が完成したので引渡しを受け、工事代金の残額 ¥700,000 を、約束手形を振り出して支払った。なお、工事代金のうち ¥2,800,000 はすでに支払済みである。				
	借方科目	金額	貸方科目	金額

9	機械の修繕を行い、この代金 ¥175,000 は月末に支払う約束とした。なお、修繕引当金の残高が ¥91,000 あった。				
	借方科目	金額	貸方科目	金額

ア．現　　　　　金	イ．当　座　預　金	ウ．未　収　入　金	エ．貯　蔵　品
オ．前　払　利　息	カ．建　設　仮　勘　定	キ．建　　　　　物	ク．備　　　　品
ケ．車　両　運　搬　具	コ．リ　ー　ス　資　産	サ．建物減価償却累計額	シ．備品減価償却累計額
ス．車両運搬具減価償却累計額	セ．リース資産減価償却累計額	ソ．ソフトウェア仮勘定	タ．ソフトウェア
チ．営業外支払手形	ツ．未　払　金	テ．修　繕　引　当　金	ト．リ　ー　ス　債　務
ナ．固定資産売却益	ニ．国庫補助金受贈益	ヌ．支払リース料	ネ．修　繕　費
ノ．減　価　償　却　費	ハ．ソフトウェア償却	ヒ．支　払　利　息	フ．固定資産売却損
ヘ．固定資産圧縮損	ホ．固定資産除却損	マ．火　災　損　失	ミ．未　決　算

10	事務処理用コンピューターの定期修繕と改修を行い、代金 ¥70,000 を現金で支払った。なお、そのうち ¥28,000 は改良（資本的支出）とみなされ、またすでに修繕引当金が ¥24,500 設定されていた。				
	借方科目	金額	貸方科目	金額

11	営業用の自動車（取得原価 ¥1,400,000　減価償却累計額 ¥1,050,000）を期首に下取りさせて、新たに電気自動車（購入価額 ¥1,750,000）を購入した。なお、旧車両の下取価額は ¥210,000 であり、購入価額との差額は月末に支払うことにした。				
	借方科目	金額	貸方科目	金額

12	上記11. で取得した電気自動車に対して補助金 ¥280,000 を現金で受け取り、同車両について補助金に相当する額の圧縮記帳（直接控除方式）を行った。				
	借方科目	金額	貸方科目	金額

13	×1年4月1日に ¥157,500 で購入した事務処理用コンピューター（耐用年数5年、残存価額ゼロ）を、×4年7月31日に除却した。処分価額は ¥14,000 と見積もられている。当社の決算日は3月末日であり、減価償却は定額法、記帳を間接法により行っている。当期分の減価償却費は月割計算で算定すること。				
	借方科目	金額	貸方科目	金額

14	当期首に火災により建物（取得原価 ¥56,000,000、耐用年数 30年、償却方法 定額法、記帳方法 間接法、残存価額 取得原価の10%）が焼失した。焼失した建物は、損害保険会社と火災保険契約 ¥28,000,000 を結んでいたため、保険金の請求をするとともに、未決算勘定で処理していた。本日、保険会社より ¥18,200,000 の保険金を翌月末に支払う旨の連絡があったので適切に処理する。なお、当社の決算日は3月末日であり、この建物は、取得から焼失時まで22年が経過していた。				
	借方科目	金額	貸方科目	金額

下記の各取引について仕訳しなさい。ただし、勘定科目は、次の中から最も適当と思われるものを選ぶこと。

ア．現　　　　　金　　イ．売　　掛　　金　　ウ．契　約　資　産　　エ．商　　　　　品
オ．仕　　掛　　品　　カ．買　　掛　　金　　キ．契　約　負　債　　ク．返　金　負　債
ケ．売　　　　　上　　コ．役　務　収　益　　サ．仕　　　　　入　　シ．売　上　原　価
ス．役　務　原　価　　セ．給　　　　　料　　ソ．通　　信　　費

1	商品250個（仕入原価@¥1,260）を@¥2,100で売り上げ、代金は掛とした。なお、当社では商品の仕入時に商品勘定に記入し、販売時にそのつど売上原価を売上原価勘定に振り替える方法で記帳している。			
	借方科目	金額	貸方科目	金額

2	得意先より、当社が掛けで販売した商品 ¥434,000 の検収が完了した旨の連絡を受け、そのうちの ¥10,500 については品違いであったため返品された。なお、当社は、売上の計上基準は出荷基準、商品売買の記帳方法は3分法を採用している。			
	借方科目	金額	貸方科目	金額

3	得意先より、当社が掛けで販売した商品 ¥434,000 の検収が完了した旨の連絡を受け、そのうちの ¥10,500 については品違いであったため返品された。なお、当社は、売上の計上基準は検収基準、商品売買の記帳方法は3分法を採用している。			
	借方科目	金額	貸方科目	金額

4	当社は資格試験の受験指導を行っているが、本日、来月から開講するA講座の受講料の全額 ¥1,960,000 を現金で受け取った。			
	借方科目	金額	貸方科目	金額

5	当社は資格試験の受験指導を行っているが、当期末の決算において、A講座について役務収益を計上する。A講座の受講料の全額 ¥1,960,000 は、当期中にあらかじめ受け取っており、決算日現在この講座全体の5分の4の授業が終了している。また、A講座に関わる原価は仕掛品勘定に記帳されており、終了した授業に関わる原価は ¥1,015,000 であった。			
	借方科目	金額	貸方科目	金額

6	当社は、建築物の設計・監理を請け負っているが、過日支払い、記帳済みの給料 ¥350,000 および通信費 ¥14,000 のうち給料 ¥70,000 および通信費 ¥3,500 が、次年度に完成予定の案件のために費やしたものであったため、これらを仕掛品勘定に振り替えた。			
	借方科目	金額	貸方科目	金額

ア．現　　　　　金　　イ．売　掛　金　　ウ．契　約　資　産　　エ．商　　　　品
オ．仕　掛　品　　カ．買　掛　金　　キ．契　約　負　債　　ク．返　金　負　債
ケ．売　　　　上　　コ．役　務　収　益　　サ．仕　　　　入　　シ．売　上　原　価
ス．役　務　原　価　　セ．給　　　料　　ソ．通　信　費

7	当社は、一定の期間内に一定金額以上の購入があった顧客に対してリベート（売上割戻）を行っている。甲社に対し、商品 ¥490,000 を掛けで売り上げた。この販売金額のうち、返金する可能性が高いリベートを ¥4,900 と見積もった。この ¥4,900 については、取引価格に含めないものとする。				
	借方科目	金額	貸方科目	金額

8	甲社に対して、¥4,900 のリベート（売上割戻）を実施する要件を満たしていることが判明したので、甲社に対する売掛金から控除した。				
	借方科目	金額	貸方科目	金額

9	当期首に、甲社に対して商品と、商品に係る保守サービスを合わせて ¥16,800 で販売し、現金を受け取った。なお、商品 ¥14,000 は引き渡し済であり、残額は今後 4 年間の保守サービスの金額を前受けしたものである。				
	借方科目	金額	貸方科目	金額

10	9.ののち当期末の決算となり、当期分の保守サービスについて収益計上（役務収益勘定を用いる）を行う。				
	借方科目	金額	貸方科目	金額

11	当社はオフィス用品の販売を行っているが、本日、事務机 20 台（@¥35,000）と椅子 20 脚（@¥21,000）を得意先の乙社へ販売する契約を締結した。先行して事務机 20 台を先方へ引き渡したが、代金は椅子を含めたすべての商品を引き渡した後に請求することとなっているため、事務机の代金についてはまだ顧客に対する債権とはなっていない。ただし、事務机の引き渡しと、椅子の引き渡しは、それぞれ独立した履行義務として識別する。				
	借方科目	金額	貸方科目	金額

12	11.の取引の 1 週間後、販売契約のうち、残りの椅子 20 脚を乙社に引き渡した。当該契約の代金は、今月末に一括してA社に請求書を送付することになっている。				
	借方科目	金額	貸方科目	金額

補足	商品販売時に売手が送料を支払った場合の処理	解答……p.41

下記の取引について仕訳しなさい。ただし、勘定科目は、次の中から最も適当と思われるものを選ぶこと。

ア．現　　　　　金　　イ．売　掛　金　　ウ．売　　　　上　　エ．発　送　費

1	長野商店に、商品 ¥70,000 の販売と送付を 1 つの履行義務として、送料 ¥1,400 を含めた ¥71,400 で掛け売上の処理をした。また、商品の発送時に、配送業者に送料 ¥1,400 を現金で支払い、費用として処理した。				
	借方科目	金額	貸方科目	金額

下記の各取引について仕訳しなさい。ただし、勘定科目は、次の中から最も適当と思われるものを選ぶこと。

ア．当 座 預 金　　イ．受 取 手 形　　ウ．電 子 記 録 債 権　　エ．売 掛 金
オ．クレジット売掛金　カ．不 渡 手 形　　キ．買 掛 金　　ク．電 子 記 録 債 務
ケ．売 上　　　　コ．支 払 手 数 料　　サ．手 形 売 却 損　　シ．電子記録債権売却損

	大阪商店に商品 ¥630,000 を売り渡し、代金のうち ¥350,000 は神戸商店振出の約束手形の裏書譲渡を受け、残額は掛けとした。			
1	借方科目	金額	貸方科目	金額

	上記1．の手形をNS銀行で割引に付し、割引料 ¥5,600 を差し引かれ、手取金を当座預金とした。			
2	借方科目	金額	貸方科目	金額

	上記2．の手形が不渡りとなり、NS銀行から手形金額と共に、満期日以降の利息 ¥1,400 の請求を受け、小切手を振り出して支払った。不渡りとなった手形については、直ちに大阪商店へ償還の請求をした。			
3	借方科目	金額	貸方科目	金額

	商品 ¥210,000 をクレジット払いの条件で販売した。なお、信販会社への手数料（販売代金の5％）は販売時に認識する。			
4	借方科目	金額	貸方科目	金額

	大阪商店に対する売掛金 ¥280,000 について、取引銀行より、電子債権記録機関における債権の発生記録が行われたとの通知を受けた。			
5	借方科目	金額	貸方科目	金額

	上記5．の電子記録債権のうち ¥140,000 を銀行で割り引き、割引料 ¥700 を差し引かれた残額が当座預金口座に振り込まれた。			
6	借方科目	金額	貸方科目	金額

	兵庫商店に対する買掛金 ¥70,000 の支払いを電子債権記録機関で行うため、取引銀行を通して債務の発生記録を行った。			
7	借方科目	金額	貸方科目	金額

	奈良商店に対する買掛金 ¥105,000 の支払いを電子債権記録機関で行うため、取引銀行を通して電子記録債権の譲渡記録を行った。			
8	借方科目	金額	貸方科目	金額

下記の各取引について仕訳しなさい。ただし、勘定科目は、次の中から最も適当と思われるものを選ぶこと。

ア．現　　　　　金	イ．普　通　預　金	ウ．当　座　預　金	エ．別　段　預　金
オ．諸　　資　　産	カ．の　れ　ん	キ．諸　　負　　債	ク．未　払　配　当　金
ケ．資　　本　　金	コ．株式申込証拠金	サ．資　本　準　備　金	シ．利　益　準　備　金
ス．別　途　積　立　金	セ．繰越利益剰余金	ソ．負ののれん発生益	タ．創　　立　　費

1

東都株式会社は、発行可能株式総数 28,000 株のうち、会社設立にさいしてその 4 分の 1 の 7,000 株を発行し、払込金額（1 株あたり ¥6,000）は普通預金とした。払込金額のうち会社法規定の最低額を資本金に組み入れることとした。また、株式の発行その他会社設立のための費用 ¥840,000 を現金で支払った。

借方科目	金額	貸方科目	金額

2

×5 年 6 月 20 日、広島商業株式会社の定時株主総会において、繰越利益剰余金を原資とした配当およびその他の処分について次のとおり決議された。

利益準備金の積立：会社法の規定による額　　配当金：¥3,920,000　　　別途積立金：¥770,000

なお、資本金、資本準備金、利益準備金、繰越利益剰余金の勘定残高は、それぞれ ¥7,000,000、¥700,000、¥630,000、¥6,055,000 であった。

借方科目	金額	貸方科目	金額

3

東西株式会社は、株主総会決議にもとづいて、繰越利益剰余金の借方残高 ¥1,155,000 のうち ¥840,000 を別途積立金を取り崩すことによって処理した。

借方科目	金額	貸方科目	金額

4

千葉産業株式会社は、京浜商事株式会社を吸収合併して、株式 1,000 株（時価@¥42,000）を交付し全額を資本金に組み入れた。なお、京浜商事株式会社の諸資産の額は時価 ¥84,000,000、諸負債の額は時価 ¥45,500,000 であった。

借方科目	金額	貸方科目	金額

5

八重山商工株式会社は、株主総会決議にもとづいて、資本準備金 ¥700,000 および利益準備金 ¥350,000 を資本金に振り替えた。

借方科目	金額	貸方科目	金額

ア. 現　　　　　金	イ. 普 通 預 金	ウ. 当 座 預 金	エ. 別 段 預 金
オ. 諸　　資　　産	カ. の れ ん	キ. 諸　　負　　債	ク. 未 払 配 当 金
ケ. 資　　本　　金	コ. 株式申込証拠金	サ. 資 本 準 備 金	シ. 利 益 準 備 金
ス. 別 途 積 立 金	セ. 繰越利益剰余金	ソ. 負ののれん発生益	タ. 創　　立　　費

6	新株1,000株（1株の払込金額は￥21,000）を発行して増資を行うことになり、払い込まれた1,000株分の申込証拠金は別段預金に預け入れていたが、株式の払込期日となったので、申込証拠金を資本金に充当し、別段預金を当座預金に預け替えた。なお、資本金には会社法が規定する最低額を組み入れることとする。
		借方科目	金額	貸方科目	金額	

問題 06　外貨建取引　　　　　　　　　　　　　　　　　　　　　解答……p.43

下記の一連の取引について仕訳しなさい。ただし、勘定科目は、次の中から最も適当と思われるものを選ぶこと。

ア. 現　　　　　金	イ. 当 座 預 金	ウ. 売 掛 金	エ. 買 掛 金
オ. 売　　　　　上	カ. 仕　　　　　入	キ. 支 払 手 数 料	ク. 為 替 差 損 益

1	6月1日　アメリカの仕入先より商品70ドルを掛けで購入した。この時の為替相場は1ドル￥110であった。
	借方科目　　金額　　貸方科目　　金額

2	7月1日　上記1.の商品代金70ドルを支払うために、取引銀行でドルに両替し、当座預金口座より仕入先に送金した。支払時の為替相場は1ドル￥100であった。
	借方科目　　金額　　貸方科目　　金額

3	8月1日　7月25日の輸入取引によって生じた外貨建て買掛金140ドル（決済日は9月30日）について、1ドル￥110で140ドルを購入する為替予約を取引銀行と契約した。振当処理を行い、為替相場の違いによる差額は、すべて当期の損益として処理する。なお、各日付における直物為替相場は、7月25日は1ドル￥105、8月1日は1ドル￥107である。
	借方科目　　金額　　貸方科目　　金額

4	2月1日　アメリカの取引先に対して、製品210ドルを3か月後に決済の条件で輸出した。輸出時の為替相場は1ドル￥110であったが、350ドルを3か月後に1ドル￥108で売却する為替予約が輸出直前に結ばれていたため、この為替予約により振当処理を行う。
	借方科目　　金額　　貸方科目　　金額

下記の各取引について仕訳しなさい。ただし、勘定科目は、次の中から最も適当と思われるものを選ぶこと。

ア．普 通 預 金　　イ．当 座 預 金　　ウ．仮 払 消 費 税　　エ．備　　　　品
オ．機 械 装 置　　カ．買 掛 金　　キ．未 払 金　　ク．仮 受 消 費 税
ケ．未 払 消 費 税　　コ．仕　　　　入　　サ．給　　　　料　　シ．研 究 開 発 費

1	研究開発に従事している従業員の給料 ¥350,000 および特定の研究開発にのみ使用する目的で購入した機械装置の代金 ¥840,000 を普通預金口座から振り込んで支払った。			
	借方科目	金額	貸方科目	金額

2	研究開発部門を拡張することになったため、実験専用の機器 ¥154,000 を追加購入し、代金は翌月末払いとした。また、研究開発のみの目的で使用するために備品 ¥98,000 も小切手を振り出して購入した。さらに、研究開発部門で働く研究員への今月分の給料と諸手当 ¥238,000 を普通預金口座から振り込んで支払った。			
	借方科目	金額	貸方科目	金額

3	鹿児島商事株式会社から、商品 ¥700,000 と研究開発専用で使用する測定機器備品 ¥560,000 を、翌月末払いの条件で購入した。これらに対する消費税の税率は 10% であり、取引は税抜方式により記帳する。			
	借方科目	金額	貸方科目	金額

下記の各取引について仕訳しなさい。ただし、勘定科目は、次の中から最も適当と思われるものを選ぶこと。また、消費税の会計処理は税抜方式、商品売買の記帳方法は三分法によること。

ア. 現　　　　金　　　イ. 普　通　預　金　　　ウ. 当　座　預　金　　　エ. 定　期　預　金
オ. 売　　掛　　金　　　カ. 仮　払　消　費　税　　　キ. 仮払法人税等　　　ク. 繰延税金資産
ケ. 買　　掛　　金　　　コ. 仮　受　消　費　税　　　サ. 未　払　消　費　税　　　シ. 未払固定資産税
ス. 未払法人税等　　　セ. 備品減価償却累計額　　　ソ. 繰延税金負債　　　タ. 売　　　　上
チ. 受　取　利　息　　　ツ. 受　取　配　当　金　　　テ. 仕　　　　入　　　ト. 減　価　償　却　費
ナ. 法　人　税　等　　　ニ. 法人税等調整額

1	前期の未払分の法人税等 ￥175,000、および消費税 ￥22,400 を、小切手を振り出して納付した。			
	借方科目	金額	貸方科目	金額

2	商品 ￥15,400 を仕入れ、10%の消費税を含めて代金は掛けとした。消費税は税抜方式で処理している。			
	借方科目	金額	貸方科目	金額

3	商品 ￥31,500 を販売し、10%の消費税を含めて代金は掛けとした。消費税は税抜方式で処理している。			
	借方科目	金額	貸方科目	金額

4	中間申告を行い、法人税等 ￥84,000、および消費税 ￥10,500 を、小切手を振り出して納付した。			
	借方科目	金額	貸方科目	金額

5	定期預金（1年満期、利率年0.5%）￥1,400,000 が満期となったため、全額を普通預金口座に振り替えた。また、仮払法人税等に計上する源泉所得税（20%）控除後の受取利息手取額についても普通預金口座に入金された。			
	借方科目	金額	貸方科目	金額

6	保有する甲社株式の配当金 ￥40,320（源泉所得税（20%）控除後）が当座預金口座に入金された。			
	借方科目	金額	貸方科目	金額

7	固定資産税の第4期分を銀行にて現金で納付した。なお、この固定資産税 ￥78,400（これを4期で分納）の納税通知書を受け取ったさいにその全額を未払固定資産税勘定で処理している。			
	借方科目	金額	貸方科目	金額

ア．現　　　　金　　イ．普　通　預　金　　ウ．当　座　預　金　　エ．定　期　預　金
オ．売　　掛　　金　　カ．仮　払　消　費　税　　キ．仮　払　法　人　税　等　　ク．繰　延　税　金　資　産
ケ．買　　掛　　金　　コ．仮　受　消　費　税　　サ．未　払　消　費　税　　シ．未　払　固　定　資　産　税
ス．未　払　法　人　税　等　　セ．備品減価償却累計額　　ソ．繰　延　税　金　負　債　　タ．売　　　　上
チ．受　取　利　息　　ツ．受　取　配　当　金　　テ．仕　　　　入　　ト．減　価　償　却　費
ナ．法　人　税　等　　ニ．法　人　税　等　調　整　額

8	決算にあたり、納付すべき当期の消費税を計上した。なお、当期の仕入先などへの消費税の仮払額は ￥135,800（中間申告納付額 ￥10,500 を除く）、仮受額は ￥155,400 である。			
	借方科目	金額	貸方科目	金額

9	法人税等について決算整理を行い、当期の納税額 ￥210,000 を計上する。なお、仮払法人税等 ￥84,000 は中間納付を行ったさいに計上したものである。			
	借方科目	金額	貸方科目	金額

10	決算を行った結果、税引前当期純利益は ￥630,000 であることが判明した。ただし、減価償却費の損金不算入額が ￥126,000 ある。当期の法人税等の法定実効税率を30％として、未払法人税等を計上する。なお、中間申告の際に、前年度の納付税額の合計 ￥231,000 の50％を現金で納付している。			
	借方科目	金額	貸方科目	金額

11	決算（会計期間は１年）にあたり、当期首に取得した備品（取得原価 ￥168,000、残存価額ゼロ、耐用年数３年、間接法で記帳）について、定額法により減価償却を行った。ただし、税法で認められている耐用年数は６年であるため、税効果会計を適用する。なお、当期の法人税、住民税及び事業税の法定実効税率は30％とする。			
	借方科目	金額	貸方科目	金額

下記の一連の取引について仕訳しなさい。ただし、勘定科目は、次の中から最も適当と思われるものを選ぶこと。

ア．現 金 イ．当 座 預 金 ウ．貯 蔵 品 エ．預 り 金
オ．賞 与 引 当 金 カ．商 品 保 証 引 当 金 キ．退 職 給 付 引 当 金 ク．商品保証引当金戻入
ケ．賞 与 コ．賞 与 引 当 金 繰 入 サ．商 品 保 証 引 当 金 繰 入 シ．退 職 給 付 費 用

1	決算にあたり、翌期に支給予定の賞与のうち当期負担分 ¥56,000 について引当金を設定した。			
	借方科目	金額	貸方科目	金額

2	決算にあたり、従業員に対する退職給付（退職一時金および退職年金）を見積もった結果、当期の負担に属する金額は ¥75,600 と計算されたので、引当金に計上する。			
	借方科目	金額	貸方科目	金額

3	決算にあたり、当期の売上高 ¥1,050,000 に対して1％の商品保証引当金を設定する。			
	借方科目	金額	貸方科目	金額

4	上記3．の翌期において、前期に販売した商品につき無償修理の要望があり、貯蔵品 ¥2,100 のほか ¥7,000 の現金支出をもって修理し、引き渡した。			
	借方科目	金額	貸方科目	金額

5	上記4．の後、期末の決算をむかえ、前年度に販売した商品に付した品質保証期限が経過したため、商品保証引当金の残高 ¥1,400 を取り崩すとともに、当期の売上高 ¥1,155,000 に対して1％の商品保証引当金を、洗替法により設定する。			
	借方科目	金額	貸方科目	金額

6	従業員の退職時に支払われる退職一時金の給付は内部積立方式により行ってきたが、上記2．の翌期において、従業員3名が退職したため退職一時金総額 ¥210,000 を支払うこととなり、源泉所得税分 ¥31,500 を控除した残額を当座預金から支払った。			
	借方科目	金額	貸方科目	金額

7	上記6．の後、当期の決算において従業員に対する退職給付債務を見積もった結果、期末に引当金として計上すべき残高は ¥302,400 であった。なお、決算整理前の退職給付引当金の残高は ¥270,900 である。			
	借方科目	金額	貸方科目	金額

　下記の各取引について、本店、新潟支店、福井支店の仕訳を示しなさい。ただし、勘定科目は、次の中から最も適当と思われるものを選ぶこと。また、仕訳が不要のときは、借方科目欄に「仕訳なし」を記入すること。

ア．現　　　　金　　　イ．広告宣伝費　　　ウ．損　　　　益　　　エ．本　　　店
オ．新　潟　支　店　　カ．福　井　支　店　　キ．仕　訳　な　し

		借方科目	金額	貸方科目	金額
1	新潟支店は福井支店に現金 ¥14,000 を送金した。なお、当社は支店分散計算制度によって処理している。				
	本　　店				
	新 潟 支 店				
	福 井 支 店				
2	新潟支店は福井支店に現金 ¥14,000 を送金した。なお、当社は本店集中計算制度によって処理している。				
	本　　店				
	新 潟 支 店				
	福 井 支 店				
3	本店が既に支払った広告宣伝費 ¥126,000 のうち、新潟支店は ¥35,000、福井支店は ¥21,000 を負担することとなった。				
	本　　店				
	新 潟 支 店				
	福 井 支 店				
4	決算となり、各支店の当期純損益を集計したところ、新潟支店は ¥70,000 の利益、福井支店は ¥7,000 の損失であった。なお、本店は損益勘定を用いて処理を行うものとする。				
	本　　店				
	新 潟 支 店				
	福 井 支 店				

☆インプット学習では、勘定科目等の語句を手で書いて覚えましょう。直前対策時、時短学習では、記号で答えましょう。

問題 01	銀行勘定調整表の作成と勘定記入	解答……p. 46

　決算にあたり、取引銀行から当座預金の残高証明書を取り寄せたところ、その残高は¥1,050,000であり、企業側の当座預金勘定の残高¥875,700とは一致していなかった。そこで、不一致の原因を調査した結果、下記の①から④の事実が明らかとなった。当月（3月）には資料から判明するもの以外の当座預金取引はなかったものとする。

①　仕入先岐阜商店に対する買掛金を支払うために作成した小切手 ¥110,600 が、決算日現在未渡しのまま金庫に入っていた。
②　仕入先愛知商店に振り出した小切手 ¥136,500 が決算日現在、銀行に呈示されていなかった。
③　得意先石川商店から他店振出小切手 ¥37,800 を受け取り、当座預金の増加として処理していたが、決算日現在金庫に入れたままであった。
④　決算日において、銀行の営業時間終了後に ¥35,000 を当座預金に預け入れた。

(1)　答案用紙の銀行勘定調整表を完成しなさい。なお、銀行勘定調整表の［　　］には、①から④の番号を記入し、（　　）には、金額を記入すること。
(2)　当座預金勘定の記入を示しなさい。ただし語句は、次の中から最も適当と思われるものを選ぶこと。また、当座預金勘定は英米式決算法によって締め切り、赤字で記入すべき箇所も黒で記入すること。決算整理仕訳は仕訳帳の15ページに記入されたものとする。
　　ア. 諸口　　イ. 前期繰越　　ウ. 売上　　エ. 現金　　オ. 次期繰越　　カ. 未払金　　キ. 買掛金

(1)

銀 行 勘 定 調 整 表
×8年3月31日　　　　　　　　　　（単位：円）

企業の当座預金勘定の残高		（　　　　　　）	銀行の残高証明書の残高		（　　　　　　）
加算：［　　　］	（　　　　）		加算：［　　　］	（　　　　）	
減算：［　　　］	（　　　　）		減算：［　　　］	（　　　　）	
		（　　　　　　）			（　　　　　　）

(2)

当 座 預 金　　　　　　　　　　　3

×8年		摘　要	仕丁	借　方	貸　方	借または貸	残　高
3	1	前 月 繰 越	✓	1,050,000		借	1,050,000
	7	買　　掛　　金	5		110,600	〃	939,400
	16	仕　　　　　入	8		136,500	〃	802,900
	28	売　　　　　上	10	37,800		〃	840,700
	31	現　　　　　金	15	35,000		〃	875,700
	〃						
	〃						
	〃						
4	1						

次の商品売買に関連する取引の［資料］および［注意事項］にもとづいて、下記の問に答えなさい。

［資料］

×8年		
4月1日	前 期 繰 越	甲商品　数量300個　@¥2,800　　　　乙商品　数量200個　@¥1,050
5日	仕 入 ①	仕入先A商店より甲商品を@¥2,590にて300個、乙商品を@¥1,260にて300個仕入れ、代金のうち ¥455,000は前期に支払っていた手付金を充当し、残額を掛けとした。
10日	売 上 ①	得意先B商事に甲商品550個を@¥3,500にて売り渡し、代金は掛けとした。
15日	仕 入 ②	仕入先C商店より甲商品を@¥2,520にて350個、乙商品を@¥1,400にて300個仕入れた。代金は手許にあった他社振り出しの約束手形 ¥630,000を譲渡し残額は掛けとした。
16日	売 掛 金 回 収	10日に売り渡した商品の掛け代金に関して、当座預金口座に入金された。
20日	売 上 ②	得意先D商事に甲商品を@¥3,850にて250個、乙商品を@¥2,100にて650個売り渡し、代金は掛けとした。
25日	売 掛 金 回 収	E商事に対する売掛金 ¥700,000の回収に関して、電子債権記録機関から取引銀行を通じて債権の発生記録の通知を受けた。
30日	月 次 決 算	甲商品の当月末の実地棚卸数量は150個、正味売却価額は@¥2,450であった。また、乙商品の当月末の実施棚卸数量は140個、正味売却価額は@¥1,400であった。

［注意事項］
1．当社は、売上収益を認識する基準として出荷基準を、払出単価の決定方法として先入先出法を採用している。
2．当社は、商品売買の記帳に関して、「販売のつど売上原価勘定に振り替える方法」を採用している。
3．上記の［資料］以外に商品売買に関連する取引は存在しない。
4．当社は、月次決算によって棚卸減耗損および商品評価損を把握している。棚卸減耗損および商品評価損はいずれも売上原価に算入する。月次決算では便宜上、各勘定を英米式決算法にもとづき締め切っている。

(1) 売掛金勘定および商品勘定に必要な記入を行い、締め切りなさい。ただし語句は、次の中から最も適当と思われるものを選ぶこと。
　　ア．現金　　イ．当座預金　　ウ．電子記録債権　　エ．売上　　オ．売上原価　　カ．次月繰越　　キ．諸口

(2) 当月の売上高と、当月の売上原価は、それぞれいくらになるか答えなさい。

(1)

総 勘 定 元 帳

売 掛 金

4/1　前 期 繰 越　　840,000	4/16　（　　　　　　）（　　　　　　）
（　　）（　　　　　　）（　　　　　　）	（　　）（　　　　　　）（　　　　　　）
（　　）（　　　　　　）（　　　　　　）	（　　）　次 月 繰 越　（　　　　　　）
（　　　　　　）	（　　　　　　）

商 品

4/1　前 期 繰 越（　　　　　　）	4/10（　　　　　　）（　　　　　　）
5　諸　　　口（　　　　　　）	20（　　　　　　）（　　　　　　）
15（　　　　　）（　　　　　　）	30　棚 卸 減 耗 損（　　　　　　）
	〃　商 品 評 価 損（　　　　　　）
	〃（　　　　　）（　　　　　　）
（　　　　　　）	（　　　　　　）

(2)

当 月 の 売 上 高	¥

当 月 の 売 上 原 価	¥

次の固定資産に関連する取引（×8年4月1日から×9年3月31日までの会計期間）の［資料］にもとづいて、下記の問に答えなさい。減価償却に係る記帳は直接法による。なお語句は、次の中から最も適当と思われるものを選ぶこと。

　　ア．現金　　　イ．支払リース料　　　ウ．支払利息　　　エ．リース債務　　　オ．国庫補助金受贈益
　　カ．諸口　　　キ．減価償却費　　　　ク．次期繰越　　　ケ．普通預金　　　　コ．固定資産圧縮損

［資料］固定資産関連取引

取引日	摘　要	内　　　　容
4月1日	前　期　繰　越	建物（取得：×0年4月1日　　　取得価額：¥6,160,000 　　　　残存価額：ゼロ　　　　耐用年数：50年）
同上	リース取引開始	自動車のリース契約を締結し、ただちに引渡しを受け、使用を開始した。 ・リース期間：5年　　　　・年間リース料：¥403,200（後払い） ・リース取引の会計処理：所有権移転外ファイナンス・リース取引に該当 　　　　　　　　　　　　利子抜き法を適用する ・見積現金購入価額：¥1,680,000 ・減価償却：残存価額ゼロ　定額法　　　・耐用年数：6年
6月30日	国庫補助金受入	機械装置の購入に先立ち、国から補助金 ¥525,000 が交付され、同額が当社の普通預金口座に振り込まれた。
10月1日	機械装置購入	機械装置（残存価額：ゼロ　200％定率法（償却率0.400））¥1,050,000 を購入し、ただちに使用を開始した。代金のうち、¥420,000 は現金で支払い、残額は約束手形を振り出して支払った。
10月2日	圧縮記帳処理	上記機械装置に関して、6月30日に受け取った国庫補助金に係る圧縮記帳を直接控除方式にて行った。
3月31日	リース料支払	上記のリース取引につき、年間のリース料を普通預金口座から振り込んだ。
同上	決算整理手続	決算に際して、固定資産の減価償却を行う。ただし、期中に取得した機械装置については月割計算にて減価償却費を算定すること。

⑴　当期の諸勘定（一部）に必要な記入を行い、締め切りなさい。
⑵　×9年3月31日におけるリース料の支払いに関する仕訳を示しなさい。

⑴

総　勘　定　元　帳

建　　　物

4/1	前　期　繰　越	（　　　　　）	3/31	（　　　　　）	（　　　　　）
			〃	（　　　　　）	（　　　　　）
		（　　　　　）			（　　　　　）

機　械　装　置

10/1	（　　　　　）	（　　　　　）	10/2	（　　　　　）	（　　　　　）
			3/31	減　価　償　却　費	（　　　　　）
			〃	（　　　　　）	（　　　　　）
		（　　　　　）			（　　　　　）

リ　ー　ス　資　産

4/1	（　　　　　）	（　　　　　）	3/31	減　価　償　却　費	（　　　　　）
			〃	（　　　　　）	（　　　　　）
		（　　　　　）			（　　　　　）

⑵

借方科目	金額	貸方科目	金額

　次の有価証券に係る一連の取引についての［資料］により、売買目的有価証券勘定および有価証券利息勘定の記入（残高式）を示しなさい。なお、利息を計算するにあたり、本問では便宜上すべて月割りによることとする。
　また、語句は、次の中から最も適当と思われるものを選ぶこと。

ア.普通預金	イ.未収入金	ウ.未収有価証券利息	エ.未払金
オ.有価証券利息	カ.有価証券評価益	キ.有価証券評価損	ク.その他有価証券評価差額金
ケ.損益	コ.諸口	シ.前期繰越	サ.次期繰越

［資料］

日　付		取　引　の　内　容	仕訳帳の ページ数
×6 年	5月1日	売買目的で額面総額 ¥1,400,000 の国債を額面 ¥100 当たり ¥98.60 にて証券会社を通して購入し、代金は購入日までの経過利息 ¥1,400 を含めて後日支払うこととした。なお、この国債は、×6 年 1 月 1 日に発行され、利払日は毎年 6 月および 12 月の各月末日、利率は年 0.3%、償還予定日は×10 年 12 月 31 日である。	3
	6月30日	上記国債の利払日を迎え、当社の普通預金口座に所定の金額が振り込まれた。	6
	10月31日	上記国債のうち額面総額 ¥420,000 分を額面 ¥100 当たり ¥97.50 にて証券会社を通して売却し、代金は売却日までの端数利息 ¥420 を含めて後日当社の普通預金口座に振り込まれることとなった。	10
	12月31日	上記国債の利払日を迎え、当社の普通預金口座に所定の金額が振り込まれた。	14
×7 年	3月31日	本日決算日を迎えた。上記国債の時価は、額面 ¥100 当たり ¥98.80 であった。また、利息に関する決算整理仕訳とともに、必要な決算振替仕訳を行った。	18
	4月1日	開始記入を行う。あわせて経過勘定項目について、再振替仕訳を行った。	1

売 買 目 的 有 価 証 券　　　　　　　　7

日　付			摘　　要	仕 丁	借　方	貸　方	借また は貸	残　高
年	月	日						
×6	5	1						
×7	4	1						

有 価 証 券 利 息　　　　　　　　38

日　付			摘　　要	仕 丁	借　方	貸　方	借また は貸	残　高
年	月	日						
×6	5	1						
×7	4	1						

次に示した栃木物産株式会社の［資料］にもとづいて、答案用紙の（　　　）に適切な金額を記入し、株主資本等変動計算書を完成しなさい。金額が負の値であるときは、金額の前に△を付すこと。なお、会計期間は×1年4月1日から×2年3月31日までの1年間である。

［資料］
1．×1年6月25日に定時株主総会を開催し、剰余金の配当および処分を次のように決定した。
　① 株主への配当金について、その他資本剰余金を財源として ¥700,000、繰越利益剰余金を財源として ¥1,400,000、合計 ¥2,100,000 の配当を行う。
　② 会社法で規定する金額を準備金（資本準備金と利益準備金）として積み立てる。
　③ 繰越利益剰余金を処分し、別途積立金 ¥840,000 を積み立てる。
2．×1年9月1日に新株を発行して増資を行い、払込金 ¥1,260,000 は当座預金とした。なお、会社法が規定する最低限度額を資本金とした。
3．当期末に保有しているその他有価証券（前期末の時価は ¥1,400,000、当期末の時価は ¥1,750,000）について時価評価を行い、全部純資産直入法により処理する。ただし、税法では、その他有価証券の評価差額の計上は認められていないので、税効果会計を適用する。法定実効税率は30％とする。当期中にその他有価証券の売買は行われていない。
4．決算の結果、当期純利益 ¥3,500,000 を計上した。

株 主 資 本 等 変 動 計 算 書
自×1年4月1日　至×2年3月31日
（単位：千円）

| | 株　　主　　資　　本 | | | | 利 益 剰 余 金 |
| | 資 本 金 | 資 本 剰 余 金 | | 資本剰余金合　計 | 利益準備金 |
		資本準備金	その他資本剰余金		
当 期 首 残 高	(21,000)	(1,750)	(840)	(2,590)	(350)
当 期 変 動 額					
剰余金の配当		(　　　)	(　　　)	(　　　)	(　　　)
別途積立金の積立て					
新株の発行	(　　　)	(　　　)		(　　　)	(　　　)
当期純利益					
株主資本以外の項目の当期変動額（純額）					
当 期 変 動 額 合 計	(　　　)	(　　　)	(　　　)	(　　　)	(　　　)
当 期 末 残 高	(　　　)	(　　　)	(　　　)	(　　　)	(　　　)

（下段へ続く）

（上段より続く）

	株　　主　　資　　本				評価・換算差額等		純資産合　計
	利 益 剰 余 金		利益剰余金合　計	株主資本合　計	その他有価証券評価差額金	評価・換算差額等合　計	
	その他利益剰余金						
	別途積立金	繰越利益剰余金					
当 期 首 残 高	(140)	(2,800)	(3,290)	(26,880)	(98)	(98)	(26,978)
当 期 変 動 額							
剰余金の配当		(　　　)	(　　　)	(　　　)			(　　　)
別途積立金の積立て	(　　　)	(　　　)	―	―			―
新株の発行				(　　　)			(　　　)
当期純利益		(　　　)	(　　　)	(　　　)			(　　　)
株主資本以外の項目の当期変動額（純額）					(　　　)	(　　　)	(　　　)
当 期 変 動 額 合 計	(　　　)	(　　　)	(　　　)	(　　　)	(　　　)	(　　　)	(　　　)
当 期 末 残 高	(　　　)	(　　　)	(　　　)	(　　　)	(　　　)	(　　　)	(　　　)

　　熊本物産株式会社は当期末（×1年3月31日）に、収益力の高い宮崎商事株式会社を合併し、宮崎商事株式会社の株主に自社（熊本物産株式会社）の株式6,000株（1株当たりの時価@¥2,100）を交付した。合併時の両社の貸借対照表は［資料］の通りである。次の問に答えなさい。

［資料］合併時の両社の貸借対照表

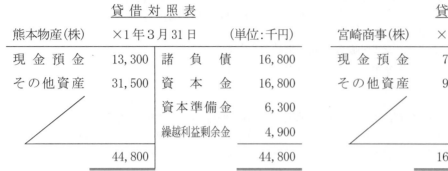

	貸 借 対 照 表		
熊本物産(株)	×1年3月31日		（単位：千円）
現 金 預 金	13,300	諸 負 債	16,800
その他資産	31,500	資 本 金	16,800
		資 本 準 備 金	6,300
		繰越利益剰余金	4,900
	44,800		44,800

	貸 借 対 照 表		
宮崎商事(株)	×1年3月31日		（単位：千円）
現 金 預 金	7,000	諸 負 債	9,800
その他資産	9,800	資 本 金	3,500
		資 本 準 備 金	2,100
		繰越利益剰余金	1,400
	16,800		16,800

　　1．両社のその他資産と、諸負債の時価は帳簿価額と一致している。

　　2．株式の交付によって増加する純資産は、増加額の2分の1を資本金とし、残額を資本準備金とする。

⑴　熊本物産株式会社が行う、合併時の仕訳を示しなさい。勘定科目は、次の中から最も適当と思われるものを選ぶこと。

ア．現 金 預 金　　　イ．そ の 他 資 産　　　ウ．の れ ん　　　エ．子 会 社 株 式
オ．諸 負 債　　　カ．資 本 金　　　キ．資 本 準 備 金　　　ク．繰 越 利 益 剰 余 金
ケ．非 支 配 株 主 持 分　　　コ．負 の の れ ん 発 生 益

⑵　合併後の熊本物産株式会社の貸借対照表を完成しなさい。

⑴　　　　　　　　　　　　　　　　　　　　　　　　　　　　　　　　　　　　（単位：千円）

借方科目	金額	貸方科目	金額

⑵

貸 借 対 照 表

熊本物産株式会社		×1年3月31日		（単位：千円）	
現 金 預 金	（　　　　）	諸 負 債	（　　　　）		
そ の 他 資 産	（　　　　）	資 本 金	（　　　　）		
（　　　　　　）	（　　　　）	資 本 準 備 金	（　　　　）		
		繰 越 利 益 剰 余 金	（　　　　）		
	（　　　　）		（　　　　）		

大分物販株式会社は当期末（×1年3月31日）において、佐賀商会株式会社の発行済株式の100%（6,000株）を1株につき ¥2,100 で取得して支配を獲得した。株式取得処理後の、両社の個別の貸借対照表は［資料］の通りである。次の問に答えなさい。

［資料］当期末（×1年3月31日）の両社の貸借対照表

貸 借 対 照 表

大分物販(株)　　×1年3月31日　　（単位：千円）

現 金 預 金	13,300	諸 負 債	16,800
その他資産	18,900	資 本 金	16,800
子会社株式	12,600	資本準備金	6,300
		繰越利益剰余金	4,900
	44,800		44,800

貸 借 対 照 表

佐賀商会(株)　　×1年3月31日　　（単位：千円）

現 金 預 金	7,000	諸 負 債	9,800
その他資産	9,800	資 本 金	3,500
		資本準備金	2,100
		繰越利益剰余金	1,400
	16,800		16,800

　1．両社のその他資産と、諸負債の時価は帳簿価額と一致している。
　2．大分物販株式会社が有する子会社株式は、佐賀商会株式会社の株式のみである。

⑴　大分物販株式会社が行う、連結修正仕訳を示しなさい。勘定科目は、次の中から最も適当と思われるものを選ぶこと。

ア．現 金 預 金　　イ．そ の 他 資 産　　ウ．の れ ん　　エ．子 会 社 株 式
オ．諸 負 債　　カ．資 本 金　　キ．資 本 剰 余 金　　ク．利 益 剰 余 金
ケ．非 支 配 株 主 持 分　　コ．負ののれん発生益

⑵　支配獲得時における大分物販株式会社の連結貸借対照表を完成しなさい。

⑴　　　　　　　　　　　　　　　　　　　　　　　　　　　　　　　　　（単位：千円）

借方科目	金額	貸方科目	金額

⑵

連 結 貸 借 対 照 表
×1年3月31日　　　　　　　　（単位：千円）

現 金 預 金	(　　　)	諸 負 債	(　　　)
その他資産	(　　　)	資 本 金	(　　　)
(　　　　)	(　　　)	資 本 剰 余 金	(　　　)
		利 益 剰 余 金	(　　　)
(　　　)		(　　　)	

次の資料にもとづいて、答案用紙の×3年度（×3年4月1日から×4年3月31日まで）の連結精算表を作成しなさい。また、［　　］内には適切な語を記入しなさい。なお、（　　）内の金額は貸方金額を示しており、P社およびS社の決算日は3月31日である。

［資料］

1．P社は、×2年3月31日にS社の発行済株式総数（5,000株）の60％を112,000千円で取得して支配を獲得し、それ以降S社を連結子会社として連結財務諸表を作成している。なお、P社のS社に対する持分の変動はない。のれんは、支配獲得時の翌年度から10年間にわたり定額法により償却を行っている。

2．×2年3月31日（支配獲得時）におけるS社の純資産項目は、資本金84,000千円、資本剰余金28,000千円、および利益剰余金14,000千円であった。

3．S社は当期中に、利益剰余金から11,200千円の配当を行い、また、当期純利益39,200千円を計上した。

4．連結会社間の債権債務および取引高は、次の通りであった。

P社からS社		S社からP社	
売　掛　金	12,600 千円	買　掛　金	12,600 千円
売　上　高	35,000 千円	仕　入　高	35,000 千円

5．P社はS社に対して、売上総利益率20％で商品を販売している。年度末にS社が保有する商品のうちP社から仕入れた商品は、×2年度末は4,900千円、×3年度末は7,000千円であった。

6．S社は×3年度中に、P社に土地（帳簿価額12,600千円）を14,000千円で売却した。P社はX3年度末において、この土地を保有している。

×3年度　　　　　　　　　　　連　結　精　算　表　　　　　　　　（単位：千円）

科　　目	個別財務諸表		修　正・消　去		連結財務諸表
	P　社	S　社	借　方	貸　方	
貸　借　対　照　表					連結貸借対照表
売　掛　金	264,600	196,000			
商　　品	56,000	14,000			
土　　地	967,400	84,000			
S　社　株　式	112,000	—			
［　　　　　　　］					
資　産　合　計	1,400,000	294,000			
買　掛　金	(140,000)	(126,000)			( )
資　本　金	(700,000)	(84,000)			( )
資　本　剰　余　金	(350,000)	(28,000)			( )
利　益　剰　余　金	(210,000)	(56,000)			( )
非　支　配　株　主　持　分					( )
負債・純資産合計	(1,400,000)	(294,000)			( )
損　益　計　算　書					連結損益計算書
売　上　高	(1,008,000)	(700,000)			( )
売　上　原　価	756,000	491,400			
販売費及び一般管理費	168,000	193,900			
［　　　　］償却					
営　業　外　収　益	(37,800)	(39,620)			( )
営　業　外　費　用	51,800	16,520			
固　定　資　産　売　却　益		(1,400)			
当　期　純　利　益	(70,000)	(39,200)			( )
非支配株主に帰属する当期純利益					
親会社株主に帰属する当期純利益					( )

| 問題01 | 売上原価と役務原価の算定 | 解答……p.58 |

当社は機器Aの販売と、機器Aに関する設置工事、修繕等のサービスを行っている。次の[資料]にもとづいて、精算表（一部）に記入しなさい。なお、会計期間は1年、決算日は×2年3月31日である。

[資料] 決算整理事項等
1. 商品の期末棚卸高は次のとおりである。なお、収益性の低下による評価損は売上原価に算入し、棚卸減耗損は売上原価に算入しない。売上原価の算定は「仕入」の行で行うこと。

　　機器A：帳簿棚卸数量　：　1,400個　　　　実地棚卸数量　：　1,330個
　　　　　　単位あたり原価　：　@¥100　　　　単位当たり正味売却価額　：　@¥95

2. 仕掛品の残高は、前月の月次決算において作業が完了していない工事、修繕等に対して支払った金額である。このうち、¥210,000分は当期中に作業が完了し、請求（売上計上）がなされたが、役務原価への振替が未処理であった。また、当期末において未完成の工事、修繕等に対し、当月中に一部作業を行い、支払った金額を役務原価に ¥301,000計上しているため、適切に処理する。

精　算　表

勘 定 科 目	残高試算表		修 正 記 入		損益計算書		貸借対照表	
	借　方	貸　方	借　方	貸　方	借　方	貸　方	借　方	貸　方
繰 越 商 品	154,000							
仕 掛 品	735,000							
仕 　 入	686,000							
役 務 原 価	3,640,000							
棚 卸 減 耗 損								
商 品 評 価 損								

次の[資料1][資料2]にもとづいて、精算表（一部）に記入しなさい。また、損益計算書（一部）と貸借対照表（一部）にも記入しなさい。なお、会計期間は1年、決算日は×2年3月31日である。

[資料1] 決算にあたっての修正事項

1．売掛金の中に、前期発生と当期発生で回収が遅延していたものが、それぞれ ¥42,000 と ¥35,000 含まれており、回収の可能性がないものと判断して貸倒れ処理することとした。
2．×2年3月30日に商品の掛け代金 280 ドルの送金があり、取引銀行で円貨に両替し当座預金口座に入金していたが未記帳であった。なお、3月30日の為替相場は1ドル ¥108、売上時の為替相場は1ドル ¥110 であった。

[資料2] 決算整理事項等

1．売掛金の中に、ドル建売掛金 ¥14,980（140 ドル、売上時の為替相場1ドル ¥107）が含まれており、決算時の為替相場は1ドル ¥105 だった。
2．売掛金の残高のうち、得意先甲社に対する ¥140,000 については、売掛金額から担保処分見込額 ¥84,000 を控除した残額の50%の金額を貸倒引当金として設定する。その他の売掛金については、貸倒実績率1%として差額補充法により貸倒引当金を設定する。
3．長期貸付金は、期中に取引先A社に貸し付け、計上したものである。長期貸付金に対して3%の貸倒引当金を設定する。なお、受取利息については処理済みである。

精　算　表

勘定科目	残高試算表		修正記入		損益計算書		貸借対照表	
	借方	貸方	借方	貸方	借方	貸方	借方	貸方
現　金　預　金	466,760							
売　　掛　　金	472,080							
貸　倒　引　当　金		43,400						
長　期　貸　付　金	77,000							
貸　倒　引　当　金								
為　替　差　損　益		350						
貸　倒　損　失								
貸倒引当金繰入								

損益計算書

Ⅲ 販売費及び一般管理費
　　貸倒引当金繰入　（　　　　　）
　　貸　倒　損　失　（　　　　　）
Ⅴ 営　業　外　費　用
　　貸倒引当金繰入　（　　　　　）
　　（　　　　　　　）（　　　　　）

貸借対照表

Ⅰ 流　動　資　産
　　現　金　預　金　　　　（　　　　　）
　　売　　掛　　金　（　　　　　）
　　貸倒引当金（＿＿＿＿）（　　　　　）
Ⅱ 固　定　資　産
　　長　期　貸　付　金　（　　　　　）
　　貸倒引当金（＿＿＿＿）（　　　　　）

次の[資料]にもとづいて、精算表（一部）に記入しなさい。また、損益計算書（一部）および貸借対照表（一部）にも記入しなさい。有価証券の内訳は次のとおりであり、有価証券の保有目的によって適切に処理する。

[資料]

	簿　価	時　価	保有目的
甲社株式	¥14,000	¥10,500	売　買
乙社株式	¥ 5,600	¥ 7,000	売　買
A社社債	¥68,600	¥66,500	満期保有 注1
丙社株式	¥10,500	¥11,900	支　配
丁社株式	¥ 4,200	¥ 4,900	その他 注2

注1：当期首に、発行と同時に@¥100につき@¥98で取得した。
　　　償還期間は5年であり、額面との差額は償却原価法（定額法）により適正に処理する。
注2：法定実効税率を30％とする税効果会計を適用の上、全部純資産直入法を採用している。

精　算　表

勘　定　科　目	残高試算表 借方	残高試算表 貸方	修正記入 借方	修正記入 貸方	損益計算書 借方	損益計算書 貸方	貸借対照表 借方	貸借対照表 貸方
売買目的有価証券	19,600							
満期保有目的債券	68,600							
子　会　社　株　式	10,500							
そ の 他 有 価 証 券	4,200							
有価証券評価（　　）								
有　価　証　券　利　息		1,400						
繰　延　税　金（　　）								
その他有価証券評価差額金								

損益計算書

Ⅳ 営 業 外 収 益
　有 価 証 券 利 息　（　　　　　）

Ⅴ 営 業 外 費 用
　有価証券評価（　）　（　　　　　）

貸借対照表

Ⅰ 流 動 資 産
　有 価 証 券（　　　　）

Ⅱ 固 定 資 産
　投資有価証券（　　　　）
　関係会社株式（　　　　）

Ⅱ 固 定 資 産
　繰延税金（　）（　　　　）

Ⅱ 評 価・換 算 差 額 等
　その他有価証券評価差額金（　　　　）

　次の[資料]にもとづいて、精算表（一部）に記入しなさい。また、損益計算書（一部）および貸借対照表（一部）にも記入しなさい。なお、会計期間は1年、決算日は×6年3月31日である。

[資料]

	取得原価	耐用年数	残存価額	減価償却方法
建　　物	¥140,000	20 年	取得原価の10%	定額法
構　築　物	¥ 56,000	10 年	ゼロ	定額法
備　　品	¥ 84,000	8 年	ゼロ	200％定率法（償却率年25％）
車両運搬具	¥ 70,000	5 年	ゼロ	生産高比例法（総走行可能距離70,000km、当期の走行距離14,000km）

　前払費用は、×5年10月1日に向こう3年分の保険料を支払ったものであり、当期分の費用を計上する。なお、長期前払費用への振替えも併せて行う。

精　算　表

勘 定 科 目	残高試算表 借方	残高試算表 貸方	修正記入 借方	修正記入 貸方	損益計算書 借方	損益計算書 貸方	貸借対照表 借方	貸借対照表 貸方
建　　　　　物	140,000							
構　　築　　物	56,000							
備　　　　　品	84,000							
車　両　運　搬　具	70,000							
前　　払　　費　　用	113,400							
建物減価償却累計額		75,600						
構築物減価償却累計額		22,400						
備品減価償却累計額		21,000						
車両運搬具減価償却累計額		25,200						
減　価　償　却　費								
保　　険　　料								
長　期　前　払　費　用								

損 益 計 算 書

Ⅲ 販売費及び一般管理費

　減　価　償　却　費　（　　　　　）

　保　　険　　料　（　　　　　）

貸 借 対 照 表

Ⅰ 流　動　資　産

　前　払　費　用　　　　　　　　（　　　　　）

Ⅱ 固　定　資　産

　建　　　　　物　（　　　　　）

　減価償却累計額　（　　　　　）（　　　　　）

　構　　築　　物　（　　　　　）

　減価償却累計額　（　　　　　）（　　　　　）

　備　　　　　品　（　　　　　）

　減価償却累計額　（　　　　　）（　　　　　）

　車　両　運　搬　具　（　　　　　）

　減価償却累計額　（　　　　　）（　　　　　）

　長　期　前　払　費　用　　　　（　　　　　）

次の、個別の残高試算表（一部）にもとづいて、下記の［問］に答えなさい。なお、会計期間は1年、決算日は3月31日である。

［問］
⑴　本店および支店の損益勘定を作成しなさい。なお、当社は、総合損益勘定は設けずに支店の純損益は決算日において本店の損益勘定に振り替え、本店の損益勘定において会社全体の純損益を算定している。
⑵　本店における支店勘定の次期繰越額を答えなさい。

決算整理後残高試算表（一部）

借方	本店	支店	貸方	本店	支店
支店	49,000	―	本店	―	49,000
⋮			⋮		
仕入	700,000	280,000	売上	1,050,000	350,000
販売費	70,000	14,000	受取手数料	8,400	―
一般管理費	84,000	21,000			
支払利息	18,900	5,600			
	○○○○	◇◇◇◇		○○○○	◇◇◇◇

⑴

本店の損益勘定

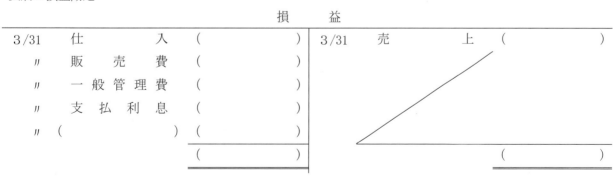

損　益

3/31	仕　　　　　入	（　　　）	3/31	売　　　　　上	（　　　）
〃	販　売　費	（　　　）	〃	受　取　手　数　料	（　　　）
〃	一　般　管　理　費	（　　　）	〃	（　　　）	（　　　）
〃	支　払　利　息	（　　　）			
〃	（　　　）	（　　　）			
		（　　　）			（　　　）

支店の損益勘定

損　益

3/31	仕　　　　　入	（　　　）	3/31	売　　　　　上	（　　　）
〃	販　売　費	（　　　）			
〃	一　般　管　理　費	（　　　）			
〃	支　払　利　息	（　　　）			
〃	（　　　）	（　　　）			
		（　　　）			（　　　）

⑵

本店における支店勘定の次期繰越額 ＿＿＿＿＿＿＿ 円

工 業 簿 記

● 第4・5問 傾向と対策 ●

☆直前対策時、時短学習では、勘定科目を記号で答えましょう。インプット学習では、勘定科目を手で書いて覚えましょう。

問題 01	費目別計算	解答……p.63

下記の各取引について仕訳しなさい。ただし、勘定科目は、次の中から最も適当と思われるものを選ぶこと。

ア．現　　　金　　イ．材　　　料　　ウ．仕　掛　品　　エ．製　　　品
オ．買　掛　金　　カ．材　料　副　費　　キ．賃　金・給　料　　ク．製　造　間　接　費
ケ．材　料　副　費　差　異　　コ．賃　率　差　異　　サ．予　算　差　異　　シ．操　業　度　差　異

<table>
<tr><td rowspan="3">1</td><td colspan="4">当月、素材 3,500kg（購入代価200円／kg）、工場消耗品 35,000円（購入代価）を掛けで購入した。なお、購入に際しては、購入代価の10%を材料副費として予定配賦している。</td></tr>
<tr><td>借方科目</td><td>金額</td><td>貸方科目</td><td>金額</td></tr>
<tr><td></td><td></td><td></td><td></td></tr>
</table>

<table>
<tr><td rowspan="3">2</td><td colspan="4">当月の材料副費の実際発生額は 70,000円であったので、1の材料副費予定配賦額との差額を材料副費差異勘定に振り替える。</td></tr>
<tr><td>借方科目</td><td>金額</td><td>貸方科目</td><td>金額</td></tr>
<tr><td></td><td></td><td></td><td></td></tr>
</table>

<table>
<tr><td rowspan="3">3</td><td colspan="4">当月、素材 693,000円、工場消耗品 15,400円を消費した。</td></tr>
<tr><td>借方科目</td><td>金額</td><td>貸方科目</td><td>金額</td></tr>
<tr><td></td><td></td><td></td><td></td></tr>
</table>

<table>
<tr><td rowspan="3">4</td><td colspan="4">当月の直接工賃金の消費高を計上した。なお、直接工賃金の消費高の計算には、予定消費賃率 1,400円／時間を適用する。また、直接工の作業時間報告書によれば、直接作業時間は 150時間、間接作業時間および手待時間は 50時間であった。</td></tr>
<tr><td>借方科目</td><td>金額</td><td>貸方科目</td><td>金額</td></tr>
<tr><td></td><td></td><td></td><td></td></tr>
</table>

<table>
<tr><td rowspan="3">5</td><td colspan="4">直接工賃金について、賃率差異を計上した。なお、直接工の実際消費賃金は 297,500円であった。</td></tr>
<tr><td>借方科目</td><td>金額</td><td>貸方科目</td><td>金額</td></tr>
<tr><td></td><td></td><td></td><td></td></tr>
</table>

<table>
<tr><td rowspan="3">6</td><td colspan="4">当月の間接工賃金の消費高を計上した。なお、前月の賃金未払額は 28,000円、当月の賃金支給額は 140,000円、当月の賃金未払額は 21,000円であった。</td></tr>
<tr><td>借方科目</td><td>金額</td><td>貸方科目</td><td>金額</td></tr>
<tr><td></td><td></td><td></td><td></td></tr>
</table>

<table>
<tr><td rowspan="3">7</td><td colspan="4">外注加工賃 45,500円、特許権使用料 24,500円を現金で支払い、当月の消費高として計上した。</td></tr>
<tr><td>借方科目</td><td>金額</td><td>貸方科目</td><td>金額</td></tr>
<tr><td></td><td></td><td></td><td></td></tr>
</table>

ア．現　　　　金　　イ．材　　　　料　　ウ．仕　掛　品　　エ．製　　　品
オ．買　　掛　　金　　カ．材　料　副　費　　キ．賃　金・給　料　　ク．製　造　間　接　費
ケ．材　料　副　費　差　異　　コ．賃　率　差　異　　サ．予　算　差　異　　シ．操　業　度　差　異

8	直接作業時間基準により、当月の実際直接作業時間（150 時間）にもとづき、製造間接費を製造指図書に予定配賦した。なお、当工場の年間の製造間接費予算は 3,360,000 円、年間の予定直接作業時間は 1,920 時間である。			
	借方科目	金額	貸方科目	金額

9	当月の製造間接費の実際発生額を集計したところ 287,000 円であった。8．で求めた製造間接費予定配賦額との差額を予算差異勘定と操業度差異勘定に振り替える。			
	借方科目	金額	貸方科目	金額

10	当月は製品 800 個が完成した。製造原価は製品 1 個あたり 1,260 円であった。			
	借方科目	金額	貸方科目	金額

| 問題 02 | 本社工場会計 | 解答……p.64 |

　当社は、本社と工場がそれぞれ独立した会計を行っている。当月の次の取引について、本社と工場で行う仕訳を示しなさい。ただし、勘定科目は、次の中から最も適当と思われるものを選ぶこと。
　また、仕訳が不要のときは、借方科目欄に「仕訳なし」を記入すること。

＊1　材料は、工場にある倉庫へ納入される。
＊2　完成した製品は、工場の倉庫に保管されるが、本社からの指示により、本社の倉庫へ移送される。
　　工場、本社ともに製品の月初在庫はなかった。また、本社への移送時に内部利益は付加していない。
＊3　材料購入代金の他、支払い関係のすべて、および製品の販売は本社が行っている。

［本社元帳の勘定］
ア．現　　　　金　　イ．製　　　品　　ウ．機械減価償却累計額　　エ．買　掛　金
オ．売　上　原　価　　カ．工　　　場　　キ．仕　訳　な　し
［工場元帳の勘定］
ケ．材　　　　料　　コ．仕　掛　品　　イ．製　　　品　　サ．賃　金・給　料
シ．製　造　間　接　費　　ス．本　　　社　　キ．仕　訳　な　し

1	材料 665,000 円を掛けで購入し、工場の材料倉庫に搬入した。				
		借方科目	金額	貸方科目	金額
	本　　　社				
	工　　　場				

2	工場従業員に対して、賃金 455,000 円を現金で支給した。				
		借方科目	金額	貸方科目	金額
	本　　　社				
	工　　　場				

3	工場の機械減価償却費として、14,000 円を計上した。				
		借方科目	金額	貸方科目	金額
	本　　　社				
	工　　　場				

[本社元帳の勘定]
ア. 現　　　　　金　　イ. 製　　　　　　　品　　ウ. 機械減価償却累計額　　エ. 買　掛　金
オ. 売　上　原　価　　カ. 工　　　　　　　場　　キ. 仕　訳　な　し

[工場元帳の勘定]
ケ. 材　　　　　料　　コ. 仕　　掛　　品　　イ. 製　　　　　　　品　　サ. 賃　金・給　料
シ. 製　造　間　接　費　　ス. 本　　　　　社　　キ. 仕　訳　な　し

4	工場での材料の消費額を計上した。消費額のうち直接材料費は 462,000 円、間接材料費は 189,000 円であった。				
		借方科目	金額	貸方科目	金額
	本　　社				
	工　　場				

5	工場での賃金の消費額を計上した。消費額のうち直接労務費は 357,000 円、間接労務費は 98,000 円であった。				
		借方科目	金額	貸方科目	金額
	本　　社				
	工　　場				

6	当月中に行った工場の修繕の代金 210,000 円を本社が現金で支払った。				
		借方科目	金額	貸方科目	金額
	本　　社				
	工　　場				

7	製造間接費 511,000 円を実際配賦した。				
		借方科目	金額	貸方科目	金額
	本　　社				
	工　　場				

8	製品 3,150 個が完成した。完成品の単位製造原価は 400 円であり、工場の倉庫に保管している。				
		借方科目	金額	貸方科目	金額
	本　　社				
	工　　場				

9	本社の指示により、当月完成品のうち8割を本社の倉庫に移送した。				
		借方科目	金額	貸方科目	金額
	本　　社				
	工　　場				

10	当月、本社は 2,240 個の製品を販売し、売上原価を計上した。				
		借方科目	金額	貸方科目	金額
	本　　社				
	工　　場				

(1) 下記の一連の取引について仕訳を示し、製造間接費部門別配賦表を完成しなさい。ただし、勘定科目は、次の中から最も適当と思われるものを選ぶこと。

ア．切 削 部 門 費　　　イ．組 立 部 門 費　　　ウ．動 力 部 門 費　　　エ．修 繕 部 門 費
オ．材　　　　　料　　　カ．仕　掛　品　　　キ．賃 金・給 料　　　ク．経　　　　　費
ケ．製 造 間 接 費

[資料1]

	切削部門	組立部門	動力部門	修繕部門
部門個別費	14,700 円	11,200 円	8,400 円	7,700 円
部門共通費	63,000 円を、切削部門、組立部門、動力部門、修繕部門に対して4：3：2：1の割合で配賦する。			

[資料2]

	#300	#301
切削部門	30 時間	20 時間
組立部門	15 時間	10 時間

1	当月の工場全体で発生した間接材料費 28,000 円、間接労務費 42,000 円、間接経費 35,000 円を製造間接費勘定へ振り替えた。				
	借方科目	金額	貸方科目	金額	
2	集計された製造間接費について製造部門および補助部門の各部門へ振り替えた。部門個別費および部門共通費は[資料1]のとおりである。				
	借方科目	金額	貸方科目	金額	
3	動力部門費と修繕部門費を直接配賦法により切削部門と組立部門へ配賦した。なお、動力部門費は切削部門と組立部門に対して6：4の割合で配賦し、修繕部門費は切削部門と組立部門に対して5：5の割合で配賦する。				
	借方科目	金額	貸方科目	金額	

製造間接費部門別配賦表

費　目	合　計	製造部門		補助部門	
		切削部門	組立部門	動力部門	修繕部門
部 門 個 別 費	42,000	14,700	11,200	8,400	7,700
部 門 共 通 費	63,000				
部　門　費	105,000				
動 力 部 門 費					
修 繕 部 門 費					
製 造 部 門 費	105,000				

(2) 製造部門費実際額を指図書 #300 と #301 に配賦した。なお、配賦基準は切削部門、組立部門どちらも直接作業時間とし、各製造部門の製造指図書別の直接作業時間は[資料2]のとおりであった。指図書別の製造間接費実際配賦額を求めなさい。

#300 ＿＿＿＿＿＿＿＿ 円　　　　#301 ＿＿＿＿＿＿＿＿ 円

当工場は、単純総合原価計算を採用している。次の［資料］にもとづいて、下記の［問］に答えなさい。なお、原価投入額合計を完成品原価と月末仕掛品原価に配分する方法として平均法を用いること。

［資料］
1．生産および原価データ

		原料費	加工費
月初仕掛品	100kg（50%）	50,400 円	35,000 円
当月投入量	900	453,600 円	343,000 円
合　　計	1,000kg	504,000 円	378,000 円
正常減損	100		
月末仕掛品	200（50%）		
完　成　品	700kg		

2．（　　）内は、加工費の進捗度を示す。原料は工程の始点で投入している。
3．発生した減損はすべて正常なものであり、度外視法によって良品の原価に負担させるものとする。

［問］　下記のそれぞれの場合の完成品原価と月末仕掛品原価を答えなさい。
　⑴　正常減損が工程の始点で発生した場合（正常減損を完成品と月末仕掛品の両方に負担させる場合）
　⑵　正常減損が工程の終点で発生した場合（正常減損を完成品のみに負担させる場合）

⑴　当月完成品原価 ＿＿＿＿＿＿＿ 円　　　　月末仕掛品原価 ＿＿＿＿＿＿＿ 円
⑵　当月完成品原価 ＿＿＿＿＿＿＿ 円　　　　月末仕掛品原価 ＿＿＿＿＿＿＿ 円

ＮＳ社は、同一工程で等級製品Ｘ、Ｙを連続生産している。製品原価の計算方法は、1か月の完成品総合原価を等価係数に完成品量を乗じた積数の比で各等級製品に按分する方法を採用している。次の［資料］にもとづいて、下記の問に答えなさい。なお、原価投入額合計を完成品総合原価と月末仕掛品原価に配分する方法として先入先出法を用いること。

［資料］
1．生産データ

月初仕掛品	400 個（50%）
当月投入	5,900
合　　計	6,300 個
正常仕損品	100
月末仕掛品	200（50%）
完　成　品	6,000 個

2．原価データ
月初仕掛品原価

直接材料費	94,500 円
加　工　費	66,500
小　　計	161,000 円

当月製造費用

直接材料費	1,652,000 円
加　工　費	2,520,000
小　　計	4,172,000 円
	4,333,000 円

3．等価係数
　等級製品Ｘ：2.5
　等級製品Ｙ：1.0

（注）
　完成品は、Ｘが4,000個、Ｙが2,000個である。材料は工程の始点で投入し、（　　）内は加工費の進捗度である。
　正常仕損は工程の終点で発生し、それらはすべて当月作業分から生じた。
　正常仕損費はすべて完成品に負担させる。仕損品の売却による処分価額は1個当たり350円である。

［問］　　　　　　　　　　　　　　　　　　　　　　　　　［解答］
⑴　当月の月末仕掛品原価を計算しなさい。　　　　　　　＿＿＿＿＿＿＿ 円
⑵　等級製品Ｘの完成品総合原価を計算しなさい。　　　　＿＿＿＿＿＿＿ 円
⑶　等級製品Ｘの完成品単位原価を計算しなさい。　　　　＿＿＿＿＿＿＿ 円／個
⑷　等級製品Ｙの完成品総合原価を計算しなさい。　　　　＿＿＿＿＿＿＿ 円
⑸　等級製品Ｙの完成品単位原価を計算しなさい。　　　　＿＿＿＿＿＿＿ 円／個

当社は組製品ＸとＹを製造しており、原価計算方法として組別総合原価計算を採用している。原料費は各組製品に直課し、加工費は直接作業時間により各組製品に予定配賦している。原価投入額合計を完成品総合原価と月末仕掛品原価に配分する方法には先入先出法を用いている。次の［資料］にもとづいて、下記の［問］に答えなさい。なお、減損は工程の途中で発生した正常なものであり、正常減損の処理は度外視法によっている。

［資料］
　1．生産データ

	X製品		Y製品	
月初仕掛品	100	個(50%)	300	個(50%)
当月投入量	2,000		3,250	
合　計	2,100	個	3,550	個
正常減損	—		300	
月末仕掛品	200	(50%)	500	(40%)
完成品	1,900	個	2,750	個

　2．原価データ
　　加工費予算額（年間）　57,330,000 円
　　予定直接作業時間（年間）　25,200 時間

　3．当月の直接作業時間
　　X製品　：　　840 時間
　　Y製品　：　1,120 時間

　　（注）　原料は工程の始点で投入し、（　　）内は加工費の進捗度を示す。

［問］
　⑴　答案用紙の組別総合原価計算表を完成しなさい。
　⑵　Y製品の完成品単位原価を計算しなさい。

⑴　　　　　　　　　　　　　　　組別総合原価計算表

	X製品		Y製品	
	原　料　費	加　工　費	原　料　費	加　工　費
月初仕掛品原価	130,900	44,800	410,900	166,600
当月製造費用	2,240,000	(　　　　　)	4,336,500	(　　　　　)
合　計	(　　　　)	(　　　　)	(　　　　)	(　　　　)
月末仕掛品原価	(　　　　)	(　　　　)	(　　　　)	(　　　　)
完成品総合原価	(　　　　)	(　　　　)	(　　　　)	(　　　　)

⑵　＿＿＿＿＿＿＿＿＿　円／個

　次の資料により、工程別総合原価計算表を完成しなさい。ただし、第1工程は平均法により、第2工程は先入先出法によること。また、完成品単位原価は、原価要素別でも算出しなさい。なお、計算上の端数は小数第2位を四捨五入し、小数第1位まで求めること。

［生産データ］

	第1工程		第2工程	
月初仕掛品	700kg	(1/2)	2,800kg	(1/2)
当月投入	35,000		34,300	
合　計	35,700kg		37,100kg	
月末仕掛品	1,400	(1/4)	2,800	(3/4)
完成品	34,300kg		34,300kg	

原料はすべて第1工程の始点で投入される。
また、（　　）内は加工費の進捗度である。

［答案用紙］　　　　　　　　　　　工程別総合原価計算表　　　　　　　　　　（単位：円）

	第1工程			第2工程		
	原料費	加工費	合　計	前工程費	加工費	合　計
月初仕掛品原価	45,500	65,800	(　　　)	178,500	59,500	(　　　)
当月製造費用	490,000	350,000	(　　　)	(　　　)	280,000	(　　　)
合　計	(　　)	(　　)	(　　)	(　　)	(　　)	(　　)
差引:月末仕掛品原価	(　　)	(　　)	(　　)	(　　)	(　　)	(　　)
完成品総合原価	(　　)	(　　)	(　　)	(　　)	(　　)	(　　)
完成品単位原価	(　　)	(　　)	(　　)	(　　)	(　　)	(　　)

当社はA製品を連続的に生産しており、標準原価計算制度を採用している。次の［資料］にもとづいて、答案用紙の各勘定に記入しなさい。なお、仕掛品勘定の記入は、借方に実際発生額を記入し、貸方には標準原価を記入する方法（パーシャルプラン）によること。

［資料］
1．A製品の標準原価カード

直接材料費	……	@ 28千円 × 2 kg	=	56千円
直接労務費	……	@ 7千円 × 5時間	=	35千円
製造間接費	……	@ 14千円 × 5時間	=	70千円
				161千円

※　直接材料は工程始点で投入されているものとする。
※　直接工は直接作業のみに従事しているものとする。

2．当月の生産・販売・実際原価に関するデータ

月初仕掛品	0個		月初製品	10個
当月着手	100		完成品	80
合　計	100個		合　計	90個
月末仕掛品	20 (50%)		月末製品	20
完成品	80個		販売品	70個

（注）（　）内は加工費の進捗度を示す。

実際原価に関するデータ
① 直接材料　実際消費額　7,000千円
（実際：単価 @35千円、消費数量 200kg）
② 直接工賃金実際発生額　4,060千円
③ 製造間接費実際発生額　6,020千円

［答案用紙］

	仕　掛　品	（単位：千円）	
材　　料（　　　　）	製　　　品（　　　　）		
賃　　金（　　　　）	月末有高（　　　　）		
製造間接費（　　　　）	原価差異*（　　　　）		
（　　　　）	（　　　　）		

	製　　品	（単位：千円）	
月初有高（　　　　）	売上原価（　　　　）		
仕　掛　品（　　　　）	月末有高（　　　　）		
（　　　　）	（　　　　）		

* 原価差異は一括して示すこと。

上記問題8の［資料］にもとづいて、答案用紙の各勘定に記入しなさい。なお、原価要素の各勘定の借方には実際発生額を記入し、貸方には標準原価を記入する方法（シングルプラン）によること。ただし、材料については、当月購入したものをすべて消費し、月初、月末ともに材料の在庫はなかったものとする。

［答案用紙］

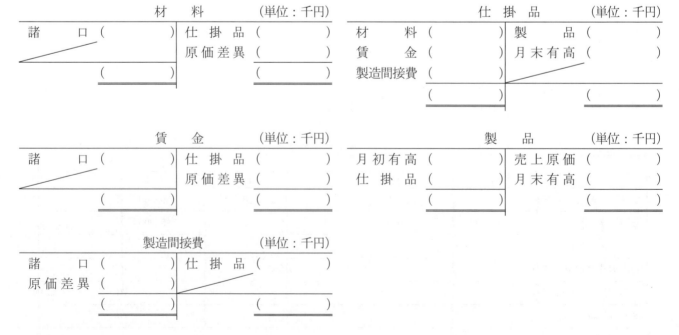

問題10	直接原価計算・Ｐ／Ｌ作成	解答……p.72

製品Ｘを量産するＹ社の資料にもとづき、当月の損益計算書を、⑴全部原価計算方式と、⑵直接原価計算方式により作成しなさい。なお、⑶固定費調整を行い、⑵直接原価計算の営業利益から⑴全部原価計算の営業利益が導けることを確認しなさい。

[当月の資料]
1．生産量と販売量：当月製品生産量　90kg、当月製品販売量　80kg、月末製品在庫量　10kg
2．製品1kgあたり実際製造原価

原料費（変動費）		700円
変動加工費		560円
固定加工費		490円
合　計		1,750円

3．月初仕掛品、月末仕掛品はなかった。
4．製品1kgあたりの売価　3,500円
5．実際販売費及び一般管理費：
　　製品1kgあたりの変動販売費　70円、固定販売費及び一般管理費月額　35,000円

[答案用紙]

(1) 損益計算書(全部原価計算)
(単位：円)

売　上　高	（　　　　　　　）
売　上　原　価	（　　　　　　　）
売　上　総　利　益	（　　　　　　　）
販売費及び一般管理費	（　　　　　　　）
営　業　利　益	（　　　　　　　）

(2) 損益計算書(直接原価計算)
(単位：円)

売　上　高	（　　　　　　　）
変　動　費	（　　　　　　　）
貢　献　利　益	（　　　　　　　）
固　定　費	（　　　　　　　）
営　業　利　益	（　　　　　　　）

(3)
（　　　　　　）円　＋　（　　　　　　）円　－　（　　　　　　）円　＝　（　　　　　　）円

直接原価計算
の営業利益　　　月末在庫品に
含まれる固定加工費　　　月初在庫品に
含まれる固定加工費　　　全部原価計算
の営業利益

問題11	ＣＶＰ分析	解答……p.73

当社は製品Ｘを製造・販売している。製品Ｘの販売単価は3,500円／個であり、当期中は同一の単価が維持された。当期の直接原価計算による損益計算書は下記のとおりであり、売上高営業利益率は15％であった。なお、期首と期末に仕掛品および製品の在庫は存在しなかった。下記の[問]に答えなさい。

損益計算書(直接原価計算)
(単位：円)

売　上　高	（	4,900,000　）
変　動　費	（	2,940,000　）
貢　献　利　益	（	1,960,000　）
固　定　費	（	？　）
営　業　利　益	（	？　）

[問]
⑴　損益分岐点における販売数量を計算しなさい。
⑵　営業利益1,050,000円を達成するために必要であった売上高を計算しなさい。
⑶　売上高が何％落ち込むと損益分岐点の売上高に達するか計算しなさい。
⑷　売上高が840,000円減少するとき営業利益はいくら減少するか計算しなさい。
⑸　損益分岐点の売上高を420,000円引き下げるためには固定費をいくら引き下げる必要があるか計算しなさい。

[答案用紙]

⑴	⑵	⑶	⑷	⑸
個	円	％	円	円

　次の［資料］にもとづき、当期の製造原価報告書および損益計算書を完成しなさい。なお、直接工は直接作業のみに従事している。また、製造間接費は直接労務費を基準にして、その40%にあたる額を予定配賦している。

［資料］
1．素材：期首棚卸高　3,500千円、期末棚卸高　5,600千円、当期購入高　21,000千円
2．工場補修用材料：期首棚卸高　1,400千円、期末棚卸高　1,260千円、当期購入高　2,660千円
3．直接工賃金：期首未払高　3,500千円、当期賃金支払高　19,600千円、期末未払高　4,900千円
4．間接工賃金：期首未払高　2,100千円、当期賃金支払高　3,850千円、期末未払高　1,750千円
5．水道光熱費：1,750千円（当期測定額）
6．工場減価償却費：1,050千円（当期年額）
7．仕掛品：期首棚卸高　1,400千円、期末棚卸高　700千円
8．製品：期首棚卸高　21,000千円、期末棚卸高　7,000千円

［答案用紙］

製 造 原 価 報 告 書

（単位：千円）

I	直 接 材 料 費		
	期 首 棚 卸 高	（　　　　　）	
	当 期 購 入 高	（　　　　　）	
	合　　　　計	（　　　　　）	
	期 末 棚 卸 高	（　　　　　）	（　　　　　　　）
II	直 接 労 務 費		（　　　　　　　）
III	製 造 間 接 費		
	間 接 材 料 費	（　　　　　）	
	間 接 労 務 費	（　　　　　）	
	間 接 経 費	（　　　　　）	
	合　　　　計	（　　　　　）	
	製造間接費配賦差異	（　　　　　）	（　　　　　　　）
	当 期 総 製 造 費 用		（　　　　　　　）
	期 首 仕 掛 品 棚 卸 高		（　　　　　　　）
	合　　　　計		（　　　　　　　）
	期 末 仕 掛 品 棚 卸 高		（　　　　　　　）
	当 期 製 品 製 造 原 価		（　　　　　　　）

損 益 計 算 書

（単位：千円）

I	売　　上　　高		161,700
II	売　　上　　原　　価		
	期 首 製 品 棚 卸 高	（　　　　　）	
	当 期 製 品 製 造 原 価	（　　　　　）	
	合　　　　計	（　　　　　）	
	期 末 製 品 棚 卸 高	（　　　　　）	
	原 価 差 異	（　　　　　）	（　　　　　　　）
	売 上 総 利 益		（　　　　　　　）

（以下略）

簿 記 検 定

模 擬 試 験 問 題 集

2 級

解答・解法のポイント

商 業 簿 記

● 第1問　傾向と対策　解答・解説　●

☆直前対策時、時短学習では、勘定科目を記号で答えましょう。インプット学習では、勘定科目を手で書いて覚えましょう。

| 問題01 | 有価証券 | | | | 問題……p. 1 |

	仕　　　　訳					
	借方科目		金額	貸方科目		金額
1	売 買 目 的 有 価 証 券	ウ	476,000	当 座 預 金	イ	476,000
2	現　　　　　　　　金 有 価 証 券 売 却 損	ア タ	595,000 8,400	売 買 目 的 有 価 証 券	ウ	603,400
3	現　　　　　　　　金	ア	1,449,840	売 買 目 的 有 価 証 券 有 価 証 券 売 却 益 有 価 証 券 利 息	ウ ス サ	1,372,000 14,000 63,840
4	満 期 保 有 目 的 債 券 有 価 証 券 利 息	エ サ	3,494,400 8,820	当 座 預 金	イ	3,503,220
5	子 会 社 株 式	オ	5,040,000	未 払 金	ク	5,040,000
6	そ の 他 有 価 証 券	カ	2,828,000	現 金	ア	2,828,000
7	子 会 社 株 式	オ	16,100,000	そ の 他 有 価 証 券 未 払 金	カ ク	2,100,000 14,000,000
8	そ の 他 有 価 証 券	カ	1,820,000	繰 延 税 金 負 債 その他有価証券評価差額金	ケ コ	546,000 1,274,000

◆ 解　説 ◆

1．付随費用（売買手数料）も含めた金額が有価証券の取得原価です。
　　取得原価　@¥58,800×8株＋¥5,600＝¥476,000
2．移動平均法による単価　{(@¥58,800×7株) + (@¥60,480×5株) + (@¥61,600×8株)} ÷ 20 株＝¥60,340
　　売却した株式の帳簿価額　@¥60,340×10株＝¥603,400
4．取得原価　¥3,500,000×$\dfrac{@¥99}{@¥100}$＋¥29,400＝¥3,494,400

　　端数利息　¥3,500,000×1.46%×$\dfrac{63日（×2年7月1日～×2年9月1日）}{365日}$＝¥8,820

6．「提携関係の強化」は、売買目的や支配目的などの特定の保有目的に当たらないため、その他有価証券勘定で処理します。
7．株式の保有割合（10%＋50%＝60%）が50%を超え、支配を獲得したので、子会社株式勘定で処理します。
　　元々所有していた10%の株式の取得原価もその他有価証券勘定から子会社株式勘定に振り替えます。
8．その他有価証券は、決算において時価評価し、全部純資産直入法で処理します。
　　「時価＞取得原価」、税効果会計（実効税率30%）を適用する場合は、評価差額の30%を繰延税金負債勘定、残りの70%をその他有価証券評価差額金勘定（貸方）で処理します。
　　評価差額：(@¥880－@¥750)×14,000株＝¥1,820,000　　繰延税金負債：¥1,820,000×30%＝¥546,000
　　その他有価証券評価差額金：¥1,820,000－¥546,000＝¥1,274,000

	仕　　　　　　　　　　　訳				
	借方科目	金額	貸方科目		金額
1	ソ フ ト ウ ェ ア　タ	210,000	未　　払　　金　ツ		210,000
2	ソフトウェア償却　ハ	70,000	ソ フ ト ウ ェ ア　タ		70,000
3	備　　　　　　品　ク 前　払　利　息　オ	157,500 17,500	営 業 外 支 払 手 形　チ		175,000
4	営 業 外 支 払 手 形　チ 支　払　利　息　ヒ	35,000 3,500	当　座　預　金　イ 前　払　利　息　オ		35,000 3,500
5	リ ー ス 資 産　コ	157,500	リ ー ス 債 務　ト		157,500
6	リ ー ス 債 務　ト 支　払　利　息　ヒ 減 価 償 却 費　ノ	31,500 3,500 31,500	当　座　預　金　イ リース資産減価償却累計額　セ		35,000 31,500
7	支 払 リ ー ス 料　ヌ	35,000	当　座　預　金　イ		35,000
8	建　　　　　　物　キ	3,500,000	建 設 仮 勘 定　カ 営 業 外 支 払 手 形　チ		2,800,000 700,000
9	修 繕 引 当 金　テ 修　　繕　　費　ネ	91,000 84,000	未　　払　　金　ツ		175,000
10	備　　　　　品　ク 修 繕 引 当 金　テ 修　　繕　　費　ネ	28,000 24,500 17,500	現　　　　　金　ア		70,000
11	車両運搬具減価償却累計額　ス 固 定 資 産 売 却 損　フ 車　両　運　搬　具　ケ	1,050,000 140,000 1,750,000	車　両　運　搬　具　ケ 未　　払　　金　ツ		1,400,000 1,540,000
12	現　　　　　金　ア 固 定 資 産 圧 縮 損　ヘ	280,000 280,000	国 庫 補 助 金 受 贈 益　ニ 車　両　運　搬　具　ケ		280,000 280,000
13	備 品 減 価 償 却 累 計 額　シ 減　価　償　却　費　ノ 貯　　蔵　　品　エ 固 定 資 産 除 却 損　ホ	94,500 10,500 14,000 38,500	備　　　　　品　ク		157,500
14	未　収　入　金　ウ 火　災　損　失　マ	18,200,000 840,000	未　　決　　算　ミ		19,040,000

◆ 解　説 ◆

1．自社利用目的でソフトウェアを購入した場合には、ソフトウェア勘定（資産）で処理します。

2．ソフトウェアは無形固定資産であり、利用可能期間にわたって償却します。
　　￥210,000÷3年＝￥70,000

3．固定資産を割賦購入した場合の代金に含まれる利息は、固定資産の取得原価とは区分して処理します。
　　（本問では、資産の勘定（前払利息）を用いて処理することが指示されています。）
　　営業外支払手形：￥35,000×5枚＝￥175,000
　　前払利息：￥175,000－￥157,500（備品の取得原価）＝￥17,500

4．当月分の利息を前払利息勘定から支払利息勘定に振り替えます。
　　￥17,500÷5＝￥3,500

5．ファイナンス・リース取引（利子抜き法）
　　リース契約締結時の処理
　　利子抜き法の場合、リース資産の見積現金購入価額が取得原価となり、「リース資産」として計上します。また、同額の借入れを行ったと考え、「リース債務」として計上します。リース料総額と見積現金購入価額との差額は利息相当額になります。
　　リース資産：￥157,500（見積現金購入価額）　　　　リース料総額：￥35,000×5年＝￥175,000
　　利息相当額：￥175,000－￥157,500＝￥17,500

6．リース料支払時および決算時の処理
　　リース料総額に含まれている利息は、毎期均等額を費用として処理します。
　　年額のリース料￥35,000のうち利息￥3,500を除いた金額は、リース債務の返済に充てたと考えます。
　　支払利息：￥17,500÷5年＝￥3,500　　　　リース債務：￥35,000－￥3,500＝￥31,500
　　減価償却費：￥157,500÷5年＝￥31,500

<参考>利子込み法

利子込み法の場合、利息を含んだリース料総額を「リース資産」、「リース債務」として計上します。そのため、リース料支払時における支払利息についての処理は必要ありません。問題5、6について利子込み法を採用していた場合の解答は次のとおりです。

問題5.（リース資産）175,000（リース債務）175,000
問題6.（リース債務）35,000（当座預金）35,000
　　　（減価償却費）35,000（リース資産減価償却累計額）35,000

7．オペレーティング・リース取引

オペレーティング・リース取引の場合、リース料を支払ったときに「支払リース料」として費用処理します。

8．請負金額のうち、すでに支払済の¥2,800,000は「建設仮勘定」で処理されています。

また、固定資産等の購入や売却に伴う手形のやりとりは、通常の営業取引（商品売買取引・掛代金の決済取引）で発生する手形と区別して営業外支払手形勘定（負債）または営業外受取手形勘定（資産）で処理をします。

9．修繕にともなう支払いのうち、すでに修繕引当金が設定されている額については、同勘定を取り崩します。

10．改良による支出は、その資産の価値を高める支出（資本的支出）ですから、固定資産の取得原価として処理し、残額については、修繕にともなう支出として処理します。

11．帳簿価額：¥1,400,000（取得原価）－¥1,050,000（減価償却累計額）＝¥350,000
　　固定資産売却損（益）：¥210,000（下取価額）－¥350,000（帳簿価額）＝△¥140,000（損）

車両（新）¥1,750,000	下取価額（売価）¥210,000	固定資産売却損¥140,000	旧車両の帳簿価額¥350,000
	未払金¥1,540,000		

12．圧縮記帳の処理

国庫補助金の受取り

国より交付された補助金を受け取った場合、「国庫補助金受贈益」として収益計上します。

圧縮記帳（直接控除方式）

補助金に相当する額の圧縮記帳（直接控除方式）を行います。「固定資産圧縮損」として費用計上することにより、収益（国庫補助金受贈益）と費用（固定資産圧縮損）が相殺されます。

13．固定資産を除却したときは、処分価額を貯蔵品勘定として処理し、帳簿価額と貯蔵品勘定の差額を固定資産除却損勘定で処理します。

14．未決算（焼失時点の建物の簿価）：$¥56,000,000 - \dfrac{¥56,000,000 \times 0.9}{30年} \times 22年 = ¥19,040,000$

問題03	売上原価対立法、収益の認識基準、複数の履行義務の充足、変動対価（リベート）	問題……p. 5

	仕			訳		
	借方科目		金額	貸方科目		金額
1	売　掛　金	イシ	525,000	売　上	ケ	525,000
	売上原価	シ	315,000	商　品	エ	315,000
2	売　上	ケ	10,500	売　掛　金	イ	10,500
3	売　掛　金	イ	423,500	売　上	ケ	423,500
4	現　金	ア	1,960,000	契　約　負　債	キ	1,960,000
5	契　約　負　債	キス	1,568,000	役　務　収　益	コ	1,568,000
	役　務　原　価	ス	1,015,000	仕　掛　品	オ	1,015,000
6	仕　掛　品	オ	73,500	給　料	セ	70,000
				通　信　費	ソ	3,500
7	売　掛　金	イ	490,000	売　上	ケ	485,100
				返　金　負　債	ク	4,900
8	返　金　負　債	ク	4,900	売　掛　金	イ	4,900
9	現　金	ア	16,800	売　上	ケ	14,000
				契　約　負　債	キ	2,800
10	契　約　負　債	キ	700	役　務　収　益	コ	700
11	契　約　資　産	ウ	700,000	売　上	ケ	700,000
12	売　掛　金	イ	1,120,000	売　上	ケ	420,000
				契　約　資　産	ウ	700,000

◆ 解 説 ◆

1. 商品の販売のつど、商品の原価を商品勘定から売上原価勘定に振り替える方法を売上原価対立法といいます。
2. 売上の計上基準には、出荷基準（または発送基準）、着荷基準、検収基準があります。
   本問の場合、出荷基準を採用しており、出荷時にすでに¥434,000の売上が計上されていますので、解答は¥10,500の返品の仕訳のみとなります。
3. 検収基準では、得意先の検収結果にもとづいて売上を計上しますので、本問では返品分を差し引いた額を売上として計上します。
   売上計上額：¥434,000－¥10,500＝¥423,500
   なお、出荷基準や着荷基準を採用している場合は、すでに出荷時や着荷時に売上（¥434,000）が計上されていますので、解答は¥10,500の返品の仕訳のみとなります。（問題3．参照）
4. 役務（本問では受験指導の講座）を提供している企業において、役務提供の前に対価を受け取っている場合、契約負債の増加として処理します（前受金の増加として処理する場合もあります）。
5. 役務（本問では受験指導の講座）を提供している企業では、当期末までに役務提供が完了している分に対応する役務収益を計上し、すでに役務の対価全額を受け取っている場合には、役務提供完了分を契約負債の減少として処理します。
   $¥1,960,000 \times \dfrac{4}{5} = ¥1,568,000$
   また、役務提供の原価を仕掛品勘定に記録している場合には、役務提供完了分の原価を役務原価勘定に振り替えます。
6. 役務の提供が完了し役務収益を計上するまで、当該案件に直接関わる原価は仕掛品勘定（資産）に計上しておきます。
7. リベートの見積額¥4,900は変動対価に該当し、販売金額のうち、返金する可能性が高いと見積もられる金額については、取引価格（売上）に含めずに返金負債として処理します。
   売上：¥490,000－¥4,900＝¥485,100
8. 返金負債とは、顧客に返金する義務を負債として計上したものです。リベートの支払い時、または売掛金と相殺した時などに返金負債を減少させます。
9. 履行義務が充足されたときに収益が認識されるため、1つの取引の中に異なる履行義務が含まれている場合は、分けて処理します。
   ①商品の販売：一時点で充足される履行義務 ⇒ 収益を認識する
   ②4年間の保守サービスの販売：一定期間（4年間）にわたって充足される履行義務
   　　　　　　　　　　　　　　　⇒ サービス提供前に受け取った対価を契約負債勘定で処理する
10. 4年間の保守サービスの販売のうち、1年間のサービスが提供され、1年分の履行義務が充足されたため、その分の収益を認識し、契約負債を減少させます。
    役務収益：¥2,800÷4年＝¥700
11. 事務机20台の引き渡しと椅子20脚の引き渡しという、複数の履行義務を含む販売契約を結び、履行義務ごとに収益を計上するが、債権（売掛金）はすべての履行義務の充足後に認識するという契約の処理は、債権を認識しない段階における収益の計上を契約資産勘定（資産）で処理します。
12. すべての履行義務を充足して債権が認識されたので、売掛金を計上します。椅子の引き渡しについては、収益を計上し、先行して引き渡していた事務机の代金については、売上時に計上していた契約資産勘定の減少として処理します。

補足	商品販売時に売手が送料を支払った場合の処理				問題……p. 6

	仕			訳		
	借方科目		金額	貸方科目		金額
1	売　　掛　　金　イ		71,400	売　　　　　上　ウ		71,400
	発　　送　　費　エ		1,400	現　　　　　金　ア		1,400

◆ 解 説 ◆

1. 商品の提供及び配送を1つの履行義務として処理するため、送料分として受け取る¥1,400も売上に含めます。
   また、送料は、費用として処理します。
   ※ 本問のように得意先負担の送料を扱う仕訳が、日本商工会議所の試験出題区分表などの改訂のさいに、仕訳例として公表されたため、掲載しています。

問題04	手形、クレジット売掛金、電子記録債権				問題……p. 7

	仕			訳		
	借方科目		金額	貸方科目		金額
1	受　取　手　形　イ		350,000	売　　　　　上　ケ		630,000
	売　　掛　　金　エ		280,000			
2	当　座　預　金　ア		344,400	受　取　手　形　イ		350,000
	手　形　売　却　損　サ		5,600			
3	不　渡　手　形　カ		351,400	当　座　預　金　ア		351,400

	借方科目		金額	貸方科目		金額
4	クレジット売掛金	オ	199,500	売上	ケ	210,000
	支払手数料	コ	10,500			
5	電子記録債権	ウ	280,000	売掛金	エ	280,000
6	当座預金	ア	139,300	電子記録債権	ウ	140,000
	電子記録債権売却損	シ	700			
7	買掛金	キ	70,000	電子記録債務	ク	70,000
8	買掛金	キ	105,000	電子記録債権	ウ	105,000

◆ 解 説 ◆

1．手形の裏書譲渡を受けたときは、受取手形勘定で処理します。なお、その手形が自社が振り出した約束手形のときは、支払手形の減少として処理します。

3．不渡りとなった手形金額だけでなく、不渡りに関係する利息などの費用も含めて、手形の譲渡人である大阪商店に請求します。この請求額を不渡手形勘定（資産）で処理します。

4．クレジット払いの条件で商品を販売したときは、クレジット売掛金勘定（資産）で処理します。なお、信販会社への手数料を売掛金の回収時に認識する方法も考えられます。

5．売掛金について、電子債権記録機関において債権の発生記録が行われたときには、電子記録債権勘定（資産）に振り替えます。

6．電子記録債権は、手形の割引と同様に銀行で割り引くことができます。
　　仕訳も手形の割引と同様ですが、割引料は電子記録債権売却損勘定（費用）で処理します。

7．買掛金について、電子債権記録機関において債務の発生記録が行われたときには、電子記録債務勘定（負債）に振り替えます。

8．電子記録債権は、買掛金などの支払いに充てることができます。この場合、電子記録債権を仕入先などに「譲渡する」という表現を用います。

問題05	株式の発行、剰余金の配当、合併、株主資本の計数の変動	問題……p. 8

	仕			訳		
	借方科目		金額	貸方科目		金額
1	普通預金	イ	42,000,000	資本金	ケ	21,000,000
				資本準備金	サ	21,000,000
	創立費	タ	840,000	現金	ア	840,000
2	繰越利益剰余金	セ	5,082,000	未払配当金	ク	3,920,000
				利益準備金	シ	392,000
				別途積立金	ス	770,000
3	別途積立金	ス	840,000	繰越利益剰余金	セ	840,000
4	諸資産	オ	84,000,000	諸負債	キ	45,500,000
	のれん	カ	3,500,000	資本金	ケ	42,000,000
5	資本準備金	サ	700,000	資本金	ケ	1,050,000
	利益準備金	シ	350,000			
6	株式申込証拠金	コ	21,000,000	資本金	ケ	10,500,000
				資本準備金	サ	10,500,000
	当座預金	ウ	21,000,000	別段預金	エ	21,000,000

◆ 解 説 ◆

1．資本金組入額の会社法規定の最低額は、払込金額の２分の１です。
　　設立時の株式発行等の費用は、創立費勘定で処理します（増資時には株式交付費勘定で処理）。

2．会社法の規定による利益準備金の積立額は、次の２つのうち、いずれか小さい方です。

①配当金の10分の１：¥3,920,000×$\frac{1}{10}$＝¥392,000

②資本金の４分の１－（資本準備金＋利益準備金）：¥7,000,000×$\frac{1}{4}$－（¥700,000＋¥630,000）＝¥420,000

　　よって、①＜②より、利益準備金の積立額は¥392,000です。
　　なお、本問では、繰越利益剰余金を配当原資としていますが、その他資本剰余金を配当原資とする場合には利益準備金ではなく、資本準備金を積み立てます。

3．繰越利益剰余金勘定は、当期純損失の計上により借方残高となることがあります。この場合、株主総会の承認を得てから別途積立金などを用いて、その借方残高を処理する（減額したり、貸方残高にする）ことができます。

4．他社を吸収合併した場合、資産と負債を時価で引き継ぎます。そして、「資産－負債」の金額と、増加した純資産（本問では資本金）の金額を比較し、借方差額であればのれん勘定（資産）、貸方差額であれば負ののれん発生益勘定（収益）で処理します。

5．資本準備金や利益準備金から資本金に振り替えるためには、株主総会の決議が必要となります。このように、株主資本の項目間で金額を振り替えることを「株主資本の計数の変動」といいます。上記3．もこれに該当します。

6．会社法が規定する資本金に組み入れる最低額は、払込金の2分の1であり、資本金としなかった残額は、資本準備金で処理します。

処理済：(別 段 預 金)　　21,000,000　　(株式申込証拠金)　　21,000,000

| 問題06 | 外貨建取引 | | | | | 問題……p. 9 |

	仕		訳		
	借方科目	金額	貸方科目		金額
1	仕　　　　　入　カ	7,700	買　　掛　　金　エ		7,700
2	買　　掛　　金　エ	7,700	当　座　預　金　イ 為　替　差　損　益　ク		7,000 700
3	為　替　差　損　益　ク	700	買　　掛　　金　エ		700
4	売　　掛　　金　ウ	22,680	売　　　　　上　オ		22,680

◆ 解 説 ◆

1．取引発生時の処理

仕入時の為替相場を用いて、円建てに換算します。

買掛金：@¥110×70ドル＝¥7,700

2．代金決済時の処理

支払時の為替相場でドルに両替しています。70ドルの支払いに変わりはありませんが、為替相場の変動により、円建てに換算すると、買掛金¥7,700に対し、実際に支払った金額は¥7,000となります。支払いが少なく済んだので、差額は「為替差損益」として貸方計上します。

当座預金：@¥100×70ドル＝¥7,000　　　　　為替差損益：¥7,700－¥7,000＝¥700（益）

3．為替予約の処理

買掛金は輸入取引時の直物為替相場で計上されていますが、為替予約によって、将来の買掛金決済時の換算額が固定されるので、差額を「為替差損益」として借方計上します。

輸入取引時：@¥105×140ドル＝¥14,700　　　　　為替予約：@¥110×140ドル＝¥15,400

為替差損益：¥15,400－¥14,700＝¥700（損）

4．為替予約の処理（事前・同時予約）

為替予約を取引の発生前、あるいは同時に行った場合、取引の金額を予約のレートで換算します。為替予約のレートで換算すると、決済の時にその金額で決済されるため、為替差損益は生じなくなります（決算時の換算替えも不要です）。

@¥108×210ドル＝¥22,680

また、外国との取引が頻繁に行われている場合、一定期間の取引額を見積もって為替予約をしておくことがあり、これを包括予約といいます。

| 問題07 | 研究開発費 | | | | | 問題……p. 10 |

	仕		訳		
	借方科目	金額	貸方科目		金額
1	研　究　開　発　費　シ	1,190,000	普　通　預　金　ア		1,190,000
2	研　究　開　発　費　シ	490,000	未　　払　　金　キ 当　座　預　金　イ 普　通　預　金　ア		154,000 98,000 238,000
3	仕　　　　　入　コ 研　究　開　発　費　シ 仮　払　消　費　税　ウ	700,000 560,000 126,000	買　　掛　　金　カ 未　　払　　金　キ		770,000 616,000

◆ 解 説 ◆

1．研究開発目的の支出は、すべて研究開発費で処理します。2．も同様です。

3．商品と、研究開発目的で使用する測定機器備品は分けて処理をします。消費税の処理を忘れないようにしましょう。

	仕			訳		
	借方科目	金額		貸方科目		金額
1	未 払 法 人 税 等 ス 未 払 消 費 税 サ	175,000 22,400		当 座 預 金 ウ		197,400
2	仕 入 テ 仮 払 消 費 税 カ	15,400 1,540		買 掛 金 ケ		16,940
3	売 掛 金 オ	34,650		売 上 タ 仮 受 消 費 税 コ		31,500 3,150
4	仮 払 法 人 税 等 キ 仮 払 消 費 税 カ	84,000 10,500		当 座 預 金 ウ		94,500
5	普 通 預 金 イ 仮 払 法 人 税 等 キ	1,405,600 1,400		定 期 預 金 エ 受 取 利 息 チ		1,400,000 7,000
6	当 座 預 金 ウ 仮 払 法 人 税 等 キ	40,320 10,080		受 取 配 当 金 ツ		50,400
7	未 払 固 定 資 産 税 シ	19,600		現 金 ア		19,600
8	仮 受 消 費 税 コ	155,400		仮 払 消 費 税 カ 未 払 消 費 税 サ		146,300 9,100
9	法 人 税 等 ナ	210,000		仮 払 法 人 税 等 キ 未 払 法 人 税 等 ス		84,000 126,000
10	法 人 税 等 ナ	226,800		仮 払 法 人 税 等 キ 未 払 法 人 税 等 ス		115,500 111,300
11	減 価 償 却 費 ト 繰 延 税 金 資 産 ク	56,000 8,400		備品減価償却累計額 セ 法 人 税 等 調 整 額 ニ		56,000 8,400

◆ 解　説 ◆

1. 会社の法人税等や消費税の最終的な納付期限は、原則として決算日後2か月以内です。したがって、前期の法人税等や消費税の未払額は当期に納めることになります。

2. 税抜方式では、消費税の仮払額を仮払消費税勘定（資産）で処理します。

3. 税抜方式では、消費税の仮受額を仮受消費税勘定（負債）で処理します。

4. 法人税等の中間申告納付額は仮払法人税等勘定（資産）、消費税の中間申告納付額は仮払消費税勘定（資産）で処理します。仮払金勘定を用いることもありますが、本問では語群から選択します。

5. 受取利息は源泉所得税控除前の金額で計上し、源泉所得税は仮払法人税等勘定で処理します。
　　源泉所得税控除前の利息：¥1,400,000×0.5％＝¥7,000　　　源泉所得税：¥7,000×20％＝¥1,400

6. 源泉所得税控除前の配当金：¥40,320÷（100％−20％）＝¥50,400　　　源泉所得税：¥50,400×20％＝¥10,080

7. ¥78,400÷4＝¥19,600

8. 仮払消費税：¥135,800＋¥10,500（中間申告納付による仮払）＝¥146,300
　　未払消費税：¥155,400（仮受消費税）−¥146,300（仮払消費税）＝¥9,100

9. 未払法人税等：¥210,000−¥84,000（中間申告納付による仮払）＝¥126,000

10. 損金不算入額があるということは、会計上の利益に比べ、課税所得（税法上の利益）の方が増加します。したがって、税引前当期純利益に損金不算入額を加算して求めた課税所得に実効税率をかけて、当期の法人税等の金額を計算します。
　　課税所得：¥630,000（税引前当期純利益）＋¥126,000（損金不算入額）＝¥756,000
　　法人税等：¥756,000×30％＝¥226,800　　　　　仮払法人税等：¥231,000×50％＝¥115,500
　　未払法人税等：¥226,800−¥115,500＝¥111,300

11. 税法で認められる償却額を超過した分については、損金（税法上の費用）に算入することができないため、会計上の利益に比べ、課税所得（税法上の利益）が増加します。税効果会計では、利益の増加分に対する税金を前払いしたと考え、繰延税金資産勘定を借方に計上します。また、法人税等調整額勘定を貸方に計上することにより、法人税等の金額を間接的に控除します。
　　会計上の償却額：¥168,000÷3年＝¥56,000　　　税法上の償却額：¥168,000÷6年＝¥28,000
　　損金不算入額（利益の増加額）：¥56,000−¥28,000＝¥28,000　　繰延税金資産：¥28,000×30％＝¥8,400

| 問題09 | 賞与引当金、商品保証引当金、退職給付引当金 | 問題……p.13 |

	仕			訳		
	借方科目	金額		貸方科目		金額
1	賞 与 引 当 金 繰 入 コ	56,000		賞 与 引 当 金 オ		56,000

	借方		金額	貸方		金額
2	退 職 給 付 費 用	シ	75,600	退 職 給 付 引 当 金	キ	75,600
3	商 品 保 証 引 当 金 繰 入	サ	10,500	商 品 保 証 引 当 金	カ	10,500
4	商 品 保 証 引 当 金	カ	9,100	貯 蔵 品 現 金	ウ ア	2,100 7,000
5	商 品 保 証 引 当 金 商 品 保 証 引 当 金 繰 入	カ サ	1,400 11,550	商 品 保 証 引 当 金 戻 入 商 品 保 証 引 当 金	ク カ	1,400 11,550
6	退 職 給 付 引 当 金	キ	210,000	預 り 金 当 座 預 金	エ イ	31,500 178,500
7	退 職 給 付 費 用	シ	31,500	退 職 給 付 引 当 金	キ	31,500

◆ 解 説 ◆

1．翌期に従業員に対して支給する賞与のうち、当期負担分について引当金を設定し、賞与引当金勘定（負債）で処理します。
2．当期の負担に属する金額を引当金計上します。（第3問の総合問題で出題されることがあります。）
3．¥1,050,000×1％＝¥10,500
4．商品保証の対象となっている商品に修理依頼があった場合には、修理にかかった金額（貯蔵品の消費額や現金支出額）について、商品保証引当金の減少の処理をします。
5．洗替法によるため、前期に設定した商品保証引当金の残額は取り崩し、商品保証引当金戻入勘定で処理します。
6．内部積立方式は、社内で退職給付引当金を積み立てる方法です。退職給付引当金を取り崩し、退職一時金を支払います。なお、年金基金に掛け金を支払っていく方法は外部積立方式といいます。
7．期末に引当金として計上すべき残高になるように、退職給付引当金の決算整理前残高との差額を引当金計上します。（第3問の総合問題で出題されることがあります。）

			問題10	本支店会計			問題……p.14

		仕			訳		
		借方金額		金額	貸方金額		金額
1	本　　店	仕 訳 な し	キ				
	新 潟 支 店	福 井 支 店	カ	14,000	現　　金	ア	14,000
	福 井 支 店	現　　金	ア	14,000	新 潟 支 店	オ	14,000
2	本　　店	福 井 支 店	カ	14,000	新 潟 支 店	オ	14,000
	新 潟 支 店	本　　店	エ	14,000	現　　金	ア	14,000
	福 井 支 店	現　　金	ア	14,000	本　　店	エ	14,000
3	本　　店	新 潟 支 店 福 井 支 店	オ カ	35,000 21,000	広 告 宣 伝 費	イ	56,000
	新 潟 支 店	広 告 宣 伝 費	イ	35,000	本　　店	エ	35,000
	福 井 支 店	広 告 宣 伝 費	イ	21,000	本　　店	エ	21,000
4	本　　店	新 潟 支 店 損　　益	オ ウ	70,000 7,000	損　　益 福 井 支 店	ウ カ	70,000 7,000
	新 潟 支 店	損　　益	ウ	70,000	本　　店	エ	70,000
	福 井 支 店	本　　店	エ	7,000	損　　益	ウ	7,000

◆ 解 説 ◆

1．支店分散計算制度では、支店相互間の取引を、それぞれの支店勘定で記帳します。本店が関与していない場合、本店における仕訳は不要です。
2．本店集中計算制度では、各支店の帳簿には本店勘定のみを設け、支店相互間の取引が本店を通して行われたとみなして処理します。本問では新潟支店から本店に送金され、続いて本店から福井支店に送金されたと考え、処理します。
3．本店が計上した費用の一部を、各支店に負担させる取引です。各支店において費用の発生を記録し、相手勘定科目は本店勘定で処理します。
4．各支店が計上した純損益を、本店が受け入れるための取引です。各支店では、損益勘定から本店勘定に振り替える仕訳を行います。また、本店では、会社全体の純損益を集計するため、各支店の純損益を損益勘定に記録します。

☆インプット学習では、勘定科目等の語句を手で書いて覚えましょう。直前対策時、時短学習では、記号で答えましょう。

問題01	銀行勘定調整表の作成と勘定記入	問題……p.15

(1)

銀 行 勘 定 調 整 表
×8年3月31日 （単位：円）

企業の当座預金勘定の残高		（ 875,700 ）	銀行の残高証明書の残高		（ 1,050,000 ）
加算：	［ ① ］	（ 110,600 ）	加算：	［ ④ ］	（ 35,000 ）
減算：	［ ③ ］	（ 37,800 ）	減算：	［ ② ］	（ 136,500 ）
		（ 948,500 ）			（ 948,500 ）

(2)

当 座 預 金　　　　3

×8年		摘　要	仕丁	借　方	貸　方	借または貸	残　高
3	1	前 月 繰 越	✔	1,050,000		借	1,050,000
	7	買　　掛　　金	5		110,600	〃	939,400
	16	仕　　　　　入	8		136,500	〃	802,900
	28	売　　　　　上	10	37,800		〃	840,700
	31	現　　　　　金	15	35,000		〃	875,700
	〃	買　掛　金　キ	〃	110,600		〃	986,300
	〃	現　　　金　エ	〃		37,800	〃	948,500
	〃	次 期 繰 越　オ	✔		948,500		
				1,233,400	1,233,400		
4	1	前 期 繰 越　イ	✔	948,500		借	948,500

◆ 解　説 ◆

　銀行勘定調整表の作成と当座預金勘定への記入の問題です。銀行勘定調整表の作成では、帳簿残高と銀行残高の不一致原因について、企業側の調整項目なのか銀行側の調整項目なのかをすぐに判断できるようにしておきましょう。

　　不一致原因①：未渡小切手　　→　企業側の調整項目　　不一致原因③：誤記入　　　　→　企業側の調整項目
　　不一致原因②：未取付小切手　→　銀行側の調整項目　　不一致原因④：時間外預入　→　銀行側の調整項目

　決算整理仕訳が必要となるのは、上記のうち企業側の調整項目である①と③です。
　　①についての決算整理仕訳　　　　当座預金　110,600 ／ 買掛金　110,600
　　③についての決算整理仕訳　　　　現　金　37,800 ／ 当座預金　37,800

　これらの決算整理仕訳を当座預金勘定に転記し、英米式決算法により締め切ります。なお、次期繰越と前期繰越は、転記による記入ではないため、仕丁欄には「✔」を記入します。

(1)

総 勘 定 元 帳

売 掛 金

4/1	前 期 繰 越		840,000	4/16	（ **当 座 預 金　イ** ）	（	1,925,000 ）
（ 10)	（ **売　　上　エ** ）	（	1,925,000 ）	25)	電 子 記 録 債 権　ウ	（	700,000 ）
20)	（ **売　　上　エ** ）	（	2,327,500 ）	30	次 月 繰 越	（	2,467,500 ）
		（	5,092,500 ）			（	5,092,500 ）

商 品

4/1	前 期 繰 越	（	1,050,000 ）	4/10	（ **売 上 原 価　オ** ）	（	1,487,500 ）
5	諸　　　　口	（	1,155,000 ）	20	（ **売 上 原 価　オ** ）	（	1,431,500 ）
15	（ **諸　　口　キ** ）	（	1,302,000 ）	30	棚 卸 減 耗 損	（	14,000 ）
				〃	商 品 評 価 損	（	10,500 ）
				〃	（ 次 月 繰 越　カ ）	（	563,500 ）
		（	3,507,000 ）			（	3,507,000 ）

(2)

当 月 の 売 上 高	¥ 4,252,500		当 月 の 売 上 原 価	¥ 2,943,500

◆ 解　説 ◆

　商品売買に係る一連の取引に関する問題です。収益の認識基準（出荷基準）、払出単価の決定方法（先入先出法）、記帳方法（売上原価対立法）、棚卸減耗損・商品評価損の処理方法など、注意事項をよく確認して解答しましょう。各商品の動きと各取引の仕訳は以下の通りです。

甲商品

甲 商 品

前期繰越	300個 @¥2,800	300個	@¥2,800	10日売上　550個
5日仕入		250個	@¥2,590	売価@¥3,500
	300個 @¥2,590	50個	@¥2,590	20日売上　250個
15日仕入		200個	@¥2,520	売価@¥3,850
	350個 @¥2,520	150個	@¥2,520	帳簿棚卸高

乙商品

乙 商 品

前期繰越	200個 @¥1,050	200個	@¥1,050	
5日仕入	300個 @¥1,260	300個	@¥1,260	20日売上　650個
15日仕入		150個	@¥1,400	売価@¥2,100
	300個 @¥1,400	150個	@¥1,400	帳簿棚卸高

4月1日　前期繰越
　　　甲商品：@¥2,800×300個＝¥840,000　　　　乙商品：@¥1,050×200個＝¥210,000
　　　¥840,000＋¥210,000＝¥1,050,000

4月5日　仕入①
　　　商　　　　　　品　　　1,155,000 ＊　　　前　払　金　　　455,000
　　　　　　　　　　　　　　　　　　　　　　　買　掛　金　　　700,000
　　　＊　甲商品：@¥2,590×300個＝¥777,000　　　乙商品：@¥1,260×300個＝¥378,000
　　　　　¥777,000＋¥378,000＝¥1,155,000

4月10日　売上①
　　　売　掛　金　　　1,925,000　　　　売　　　　　　上　　　1,925,000 ＊1
　　　売 上 原 価　　　1,487,500 ＊2　　商　　　　　　品　　　1,487,500
　　　＊1　甲商品：@¥3,500×550個＝¥1,925,000
　　　＊2　甲商品：@¥2,800×300個＝¥840,000　　　@¥2,590×250個＝¥647,500
　　　　　¥840,000＋¥647,500＝¥1,487,500

4月15日　仕入②
　　　　　商　　　　品　　1,302,000 ＊　　受　取　手　形　　630,000
　　　　　　　　　　　　　　　　　　　　買　　掛　　金　　672,000
　　　　＊　甲商品：@¥2,520×350個＝¥882,000　　乙商品：@¥1,400×300個＝¥420,000
　　　　　　¥882,000＋¥420,000＝¥1,302,000

4月16日　売掛金回収
　　　　　当　座　預　金　　1,925,000　　売　　掛　　金　　1,925,000

4月20日　売上②
　　　　　売　　掛　　金　　2,327,500　　売　　　　　上　　2,327,500 ＊1
　　　　　売　上　原　価　　1,431,500 ＊2　商　　　　　品　　1,431,500
　　　　＊1　甲商品：@¥3,850×250個＝¥962,500　　乙商品：@¥2,100×650個＝¥1,365,000
　　　　　　¥962,500＋¥1,365,000＝¥2,327,500
　　　　＊2　甲商品：@¥2,590×50個＝¥129,500　　　　@¥2,520×200個＝¥504,000
　　　　　　乙商品：@¥1,050×200個＝¥210,000　　　　@¥1,260×300個＝¥378,000
　　　　　　　　　　　@¥1,400×150個＝¥210,000
　　　　　　¥129,500＋¥504,000＋¥210,000＋¥378,000＋¥210,000＝¥1,431,500

4月25日　売掛金回収（電子記録債権）
　　　　　電　子　記　録　債　権　　700,000　　売　　掛　　金　　700,000

4月30日　月次決算（商品勘定において相手勘定を明示するため仕訳を分けています。）
　　　　　商　品　評　価　損　　10,500 ＊1　商　　　　　品　　10,500
　　　　　棚　卸　減　耗　損　　14,000 ＊2　商　　　　　品　　14,000
　　　　　売　上　原　価　　24,500　　　　　商　品　評　価　損　　10,500
　　　　　　　　　　　　　　　　　　　　　　棚　卸　減　耗　損　　14,000
　帳簿残高　甲商品：@¥2,520×150個＝¥378,000　　乙商品：@¥1,400×150個＝¥210,000
　　＊1　甲商品：（@¥2,520－¥2,450）×150個＝¥10,500
　　＊2　乙商品：@¥1,400×（150個－140個）＝¥14,000
　次月繰越：¥378,000＋¥210,000－¥10,500－¥14,000＝¥563,500
　当月の売上高：¥1,925,000＋¥2,327,500＝**¥4,252,500**
　当月の売上原価：¥1,487,500＋¥1,431,500＋¥24,500＝**¥2,943,500**

| 問題 03 | 固定資産 | 問題……p.17 |

(1)

総　勘　定　元　帳

建　物

4/1	前　期　繰　越	(5,174,400)	3/31	（減価償却費　キ）	(123,200)
			〃	（次　期　繰　越　ク）	(5,051,200)
		(5,174,400)			(5,174,400)

機　械　装　置

10/1	（諸　　　　口　カ）	(1,050,000)	10/2	（固定資産圧縮損　コ）	(525,000)
			3/31	減　価　償　却　費	(105,000)
			〃	（次　期　繰　越　ク）	(420,000)
		(1,050,000)			(1,050,000)

リ　ー　ス　資　産

4/1	（リ　ー　ス　債　務　エ）	(1,680,000)	3/31	減　価　償　却　費	(336,000)
			〃	（次　期　繰　越　ク）	(1,344,000)
		(1,680,000)			(1,680,000)

(2)

仕		訳	
借方科目	金額	貸方科目	金額
リ　ー　ス　債　務　エ	336,000	普　通　預　金　ケ	403,200
支　払　利　息　ウ	67,200		

◆ 解 説 ◆

固定資産に係る取引に関する問題です。減価償却の記帳方法、それぞれの減価償却の方法などに注意して解答しましょう。先に問の内容と解答欄を確認しておくと効率よく解けます。各取引の仕訳は以下の通りです。

4月1日　前期繰越
　　　建物：×0年4月1日～×8年3月31日まで8年分償却済み
　　　　　　¥6,160,000÷50年＝¥123,200（年間の償却額）
　　　　　　¥6,160,000－（¥123,200×8年）＝¥5,174,400

4月1日　リース取引開始
　　　利子抜き法を適用するため見積現金購入価額を取得価額とします。
　　　　リ　ー　ス　資　産　　1,680,000　　リ　ー　ス　債　務　　1,680,000

6月30日　国庫補助金受入
　　　　普　通　預　金　　　525,000　　国庫補助金受贈益　　　525,000

10月1日　機械装置購入
　　　　機　械　装　置　　1,050,000　　現　　　　　　金　　　420,000
　　　　　　　　　　　　　　　　　　　　営業外支払手形　　　630,000

10月2日　圧縮記帳処理
　　　　固定資産圧縮損　　　525,000　　機　械　装　置　　　525,000

3月31日　リース料支払　…⑵
　　　　リ　ー　ス　債　務　　336,000　　普　通　預　金　　403,200
　　　　支　払　利　息　　　　67,200 ＊
　　＊　¥403,200×5年＝¥2,016,000　（リース料総額）
　　　　¥2,016,000－¥1,680,000＝¥336,000　（利息相当額）
　　　　¥336,000÷5年＝¥67,200　（1年間の利息配分額）

3月31日　決算整理手続
　　　機械装置は圧縮記帳後の取得原価で減価償却をします。また、所有権移転外ファイナンス・リース取引のリース資産は、残存価額ゼロ、リース期間を耐用年数として、減価償却をします。
　　　　減　価　償　却　費　　564,200　　建　　　　　　物　　123,200
　　　　　　　　　　　　　　　　　　　　機　械　装　置　　105,000 ＊
　　　　　　　　　　　　　　　　　　　　リ　ー　ス　資　産　　336,000 ＊＊

　　＊　（¥1,050,000－¥525,000）×0.400×$\frac{6か月}{12か月}$＝¥105,000

　＊＊　¥1,680,000÷5年＝¥336,000

売買目的有価証券　　　　　　　　　7

年	月	日	摘　要	仕丁	借　方	貸　方	借または貸	残　高
×6	5	1	未　払　金　エ	3	1,380,400		借	1,380,400
	10	31	諸　　　口　コ	10		414,120	〃	966,280
×7	3	31	有価証券評価益　カ	18	1,960		〃	968,240
	〃		次　期　繰　越　サ	✓		968,240		
					1,382,360	1,382,360		
×7	4	1	前　期　繰　越　シ	✓	968,240		借	968,240

有価証券利息　　　　　　　　　　38

年	月	日	摘　要	仕丁	借　方	貸　方	借または貸	残　高
×6	5	1	未　払　金　エ	3	1,400		借	1,400
	6	30	普　通　預　金　ア	6		2,100	貸	700
	10	31	未　収　入　金　イ	10		420	〃	1,120
	12	31	普　通　預　金　ア	14		1,470	〃	2,590
×7	3	31	未収有価証券利息　ウ	18		735	〃	3,325
	〃		損　　　益　ケ	〃	3,325			
					4,725	4,725		
×7	4	1	未収有価証券利息　ウ	1	735		借	735

◆　解　説　◆

　有価証券に係る一連の取引を問う問題です。一つひとつの取引を丁寧に読み取り、仕訳をしましょう。仕訳のつど、売買目的有価証券勘定および有価証券利息勘定に記入していくと効率よく解けます。

×6年

5月1日　有価証券の購入

　　　売買目的有価証券　　　1,380,400 *1　　　未　払　金　　　1,381,800 *2
　　　有価証券利息　　　　　　　　1,400

　　*1　$¥1,400,000 \times \dfrac{@¥98.60}{@¥100} = ¥1,380,400$

　　*2　$¥1,380,400 + ¥1,400 = ¥1,381,800$

6月30日　有価証券利息の受取り

　　　普　通　預　金　　　　2,100　　　有　価　証　券　利　息　　　2,100 *

　　*　$¥1,400,000 \times 0.3\% \times \dfrac{6か月　（×6年 1/1～6/30）}{12か月} = ¥2,100$

10月31日　有価証券の売却（有価証券利息勘定において相手勘定を明示するため仕訳を分けています。）

　　　未　収　入　金　　　409,500 *2　　　売買目的有価証券　　　414,120 *1
　　　有価証券売却損　　　　4,620 *3
　　　未　収　入　金　　　　　420　　　有　価　証　券　利　息　　　　420

　　*1　$¥1,380,400 \times \dfrac{¥420,000}{¥1,400,000} = ¥414,120$ （売却分の帳簿価額）

　　*2　$¥420,000 \times \dfrac{@¥97.50}{@¥100} = ¥409,500$ （売却価額）

　　*3　$¥409,500$ （売却価額）$- ¥414,120$ （帳簿価額）$= \triangle ¥4,620$ （売却損）

12月31日　有価証券利息の受取り

　　　普　通　預　金　　　　1,470　　　有　価　証　券　利　息　　　1,470 *

　　*　$(¥1,400,000 - ¥420,000) \times 0.3\% \times \dfrac{6か月　（×6年 7/1～12/31）}{12か月} = ¥1,470$

×7年

3月31日　売買目的有価証券の評価替え

| 売買目的有価証券 | 1,960 | 有価証券評価益 | 1,960 ＊ |

＊　$（¥1,400,000－¥420,000）×\dfrac{@¥98.80}{@¥100}=¥968,240$　（期末の時価）

　　　$¥1,380,400－¥414,120=¥966,280$　（期末の帳簿価額）

　　　$¥968,240（時価）－¥966,280（帳簿価額）=¥1,960$　（評価益）

3月31日　有価証券利息の未収計上

| 未収有価証券利息 | 735 | 有価証券利息 | 735 ＊ |

＊　$（¥1,400,000－¥420,000）×0.3％×\dfrac{3か月（×7年\ 1/1～3/31）}{12か月}=¥735$

3月31日　決算振替仕訳

| 有価証券利息 | 3,325 | 損　　益 | 3,325 ＊ |

＊　$△¥1,400＋¥2,100＋¥420＋¥1,470＋¥735=¥3,325$

4月1日　再振替仕訳

| 有価証券利息 | 735 | 未収有価証券利息 | 735 |

問題 05　　**株主資本等変動計算書**　　　　　　　　　　　　　　　問題……p.19

株 主 資 本 等 変 動 計 算 書
自×1年4月1日　至×2年3月31日　　　　　　　　　　（単位：千円）

	株　　　　主　　　　資　　　　本				利 益 剰 余 金
	資　本　金	資　本　剰　余　金			
		資本準備金	その他資本剰余金	資本剰余金合　計	利益準備金
当 期 首 残 高	(21,000)	(1,750)	(840)	(2,590)	(350)
当 期 変 動 額					
剰余金の配当		(70)	(△ 770)	(△ 700)	(140)
別途積立金の積立て					
新 株 の 発 行	(630)	(630)		(630)	
当 期 純 利 益					
株主資本以外の項目の当期変動額（純額）					
当期変動額合計	(630)	(700)	(△ 770)	(△ 70)	(140)
当 期 末 残 高	(21,630)	(2,450)	(70)	(2,520)	(490)

（下段へ続く）

（上段より続く）

	株　　主　　資　　本				評価・換算差額等		純資産合　計
	利 益 剰 余 金			株主資本合　計	その他有価証券評価差額金	評価・換算差額等合　計	
	その他利益剰余金		利益剰余金合　計				
	別途積立金	繰越利益剰余金					
当 期 首 残 高	(140)	(2,800)	(3,290)	(26,880)	(98)	(98)	(26,978)
当 期 変 動 額							
剰余金の配当		(△1,540)	(△1,400)	(△2,100)			(△2,100)
別途積立金の積立て	(840)	(△ 840)	―	―			―
新 株 の 発 行				(1,260)			(1,260)
当 期 純 利 益		(3,500)	(3,500)	(3,500)			(3,500)
株主資本以外の項目の当期変動額（純額）					(245)	(245)	(245)
当期変動額合計	(840)	(1,120)	(2,100)	(2,660)	(245)	(245)	(2,905)
当 期 末 残 高	(980)	(3,920)	(5,390)	(29,540)	(343)	(343)	(29,883)

◆ 解 説 ◆

　株主資本等変動計算書を作成する問題です。問題と答案用紙の金額の単位が違うこと、金額が負の値になるときは△をつけることなどに注意して解答しましょう。各取引の仕訳は以下の通りです（仕訳の単位は千円）。

1．剰余金の配当
　　会社法の規定により、株主配当金の10分の1の金額を、資本準備金と利益準備金の合計額が資本金の金額の4分の1に達するまで、準備金として積み立てます。

その他資本剰余金	770 *2	未 払 配 当 金	700
		資 本 準 備 金	70 *1
繰 越 利 益 剰 余 金	1,540 *3	未 払 配 当 金	1,400
		利 益 準 備 金	140 *1

　　*1　$21,000千円 \times \dfrac{1}{4} = 5,250千円$　（資本金の4分の1）

　　　　$5,250千円 - (1,750千円 + 350千円) = 3,150千円$　（積立上限額）　…　①

　　　　$2,100千円 \times \dfrac{1}{10} = 210千円$　（株主配当金の10分の1）　…　②

　　　　①＞②より、準備金の積立額は②となり、配当財源ごとに株主配当金の10分の1を、それぞれ準備金として積み立てます。

　　*2　700千円＋70千円＝770千円　　　　　　　　　　　*3　1,400千円＋140千円＝1,540千円

2．別途積立金の積立て

| 繰 越 利 益 剰 余 金 | 840 | 別 途 積 立 金 | 840 |

3．新株の発行（増資）

| 当 座 預 金 | 1,260 | 資 本 金 | 630 |
| | | 資 本 準 備 金 | 630 |

4．株主資本以外（その他有価証券の評価替え）
　　その他有価証券の評価替えは必ず洗替法で処理します。

前期末	その他有価証券	140 *1	繰 延 税 金 負 債	42
			その他有価証券評価差額金	98
再振替	繰 延 税 金 負 債	42	その他有価証券	140
	その他有価証券評価差額金	98		
当期末	その他有価証券	490	繰 延 税 金 負 債	147
			その他有価証券評価差額金	343 *2

　　*1　98千円÷0.7＝140千円　（前期末の評価差額：評価益相当）
　　　　1,400千円－140千円＝1,260千円　（取得原価）
　　*2　1,750千円－1,260千円＝490千円　（当期末の評価差額：評価益相当）
　　　　490千円×0.7＝343千円

5．当期純利益の振替

| 損 益 | 3,500 | 繰 越 利 益 剰 余 金 | 3,500 |

(1)　　　　　　　　　　　　　　　　　　　　　　　　　　　　　　　　　　（単位：千円）

仕　　　　　　訳				
借方科目	金額	貸方科目		金額
現　　金　　預　　金　ア イ	7,000	諸　　　　負　　　　債　オ		9,800
そ　　の　　他　　資　　産　イ	9,800	資　　　　本　　　　金　カ		6,300
の　　　　れ　　　　ん　ウ	5,600	資　　本　　準　　備　　金　キ		6,300

(2)
貸　借　対　照　表

熊本物産株式会社　　　　　　　　　×1年3月31日　　　　　　　　　　（単位：千円）

現　金　預　金	(20,300)	諸　　負　　債	(26,600)
そ　の　他　資　産	(41,300)	資　　本　　金	(23,100)
（ の　れ　ん　ウ ）	(5,600)	資　本　準　備　金	(12,600)
		繰　越　利　益　剰　余　金	(4,900)
	(67,200)		(67,200)

◆　解　説　◆

⑴　合併で承継した資産と負債は時価で受け入れます（本問では帳簿価額と一致しています）（仕訳の単位は千円）。
　①　承継した諸資産と諸負債の差額＜株主資本の増加額……のれん　　（無形固定資産）
　②　承継した諸資産と諸負債の差額＞株主資本の増加額……負ののれん発生益　（特別利益）
　　本問では①になります。

現　金　預　金	7,000	諸　　負　　債	9,800
そ　の　他　資　産	9,800	資　　本　　金	6,300 *1
の　　れ　　ん	5,600 *2	資　本　準　備　金	6,300 *1

*1　@¥2,100×6,000株＝12,600千円　（株主資本の増加額）

　　$12,600千円 × \dfrac{1}{2} = 6,300千円$　（資本金）

　　12,600千円－6,300千円＝6,300千円　（資本準備金）

*2　（7,000千円＋9,800千円）－9,800千円＝7,000千円　（承継した諸資産と諸負債の差額）

　　12,600千円（株主資本の増加額）－7,000千円（承継した諸資産と諸負債の差額）＝5,600千円　（のれん）

⑵　合併前の熊本物産株式会社の貸借対照表に、⑴で行った合併の仕訳を加算して、合併後の熊本物産株式会社の貸借対照表を完成します。

現金預金：13,300千円＋7,000千円＝20,300千円　　　諸負債：16,800千円＋9,800千円＝26,600千円
その他資産：31,500千円＋9,800千円＝41,300千円　　資本金：16,800千円＋6,300千円＝23,100千円
のれん：5,600千円　　　　　　　　　　　　　　　　資本準備金：6,300千円＋6,300千円＝12,600千円
　　　　　　　　　　　　　　　　　　　　　　　　　繰越利益剰余金：4,900千円

(1)　　　　　　　　　　　　　　　　　　　　　　　　　　　　　　　　　　　　　　（単位：千円）

仕		訳	
借方科目	金額	貸方科目	金額
資　　　　本　　　　金　カ	3,500	子　会　社　株　式　エ	12,600
資　本　剰　余　金　キ	2,100		
利　益　剰　余　金　ク	1,400		
の　　　れ　　　ん　ウ	5,600		

(2)

連 結 貸 借 対 照 表

×1年 3 月31日　　　　　　　　　　　　　　　（単位：千円）

現 金 預 金	(20,300)	諸　　負　　債	(26,600)
そ の 他 資 産	(28,700)	資　　本　　金	(16,800)
（ の れ ん ウ ）	(5,600)	資 本 剰 余 金	(6,300)
		利 益 剰 余 金	(4,900)
	(54,600)		(54,600)

◆ 解 説 ◆

(1)　本問では、大分物販株式会社は、佐賀商会株式会社の発行済株式の100%を取得して、完全子会社とします。また、個別会計上の資本準備金、繰越利益剰余金は、連結会計では資本剰余金、利益剰余金に集約されます（仕訳の単位は千円）。

　① 子会社株式の取得（大分物販株式会社が処理済み）

　　　　子 会 社 株 式　　12,600 *　　　現 金 預 金 な ど　　　12,600

　　* ＠¥2,100×6,000株＝12,600千円

　② 投資と資本の相殺消去
　　　親会社の投資と子会社の資本を相殺消去します。

　　　　資　　本　　金　　 3,500　　　　子 会 社 株 式　　12,600
　　　　資 本 剰 余 金　　 2,100
　　　　利 益 剰 余 金　　 1,400
　　　　の　　れ　　ん　　 5,600 *

　　* 12,600千円－（3,500千円＋2,100千円＋1,400千円）＝5,600千円　　（のれん）

(2)　個別財務諸表を合算し、連結修正仕訳によって連結上あるべき数値に調整します。

現金預金：13,300千円＋7,000千円＝20,300千円　　　　諸負債：16,800千円＋9,800千円＝26,600千円
その他資産：18,900千円＋9,800千円＝28,700千円　　　資本金：16,800千円＋3,500千円－3,500千円＝16,800千円
のれん：5,600千円　　　　　　　　　　　　　　　　　資本剰余金：6,300千円＋2,100千円－2,100千円＝6,300千円
　　　　　　　　　　　　　　　　　　　　　　　　　　利益剰余金：4,900千円＋1,400千円－1,400千円＝4,900千円

×3年度　　　　　　　　　　　　　連　結　精　算　表　　　　　　　　　　　（単位：千円）

科　　目	個別財務諸表		修　正　・　消　去		連結財務諸表
	P　社	S　社	借　方	貸　方	
貸　借　対　照　表					連結貸借対照表
売　　掛　　金	264,600	196,000		12,600	448,000
商　　　　品	56,000	14,000		1,400	68,600
土　　　　地	967,400	84,000		1,400	1,050,000
S　社　株　式	112,000	－		112,000	
［の　れ　ん］			36,400	3,640	29,120
				3,640	
資　産　合　計	1,400,000	294,000	36,400	134,680	1,595,720
買　　掛　　金	(140,000)	(126,000)	12,600		(253,400)
資　　本　　金	(700,000)	(84,000)	84,000		(700,000)
資　本　剰　余　金	(350,000)	(28,000)	28,000		(350,000)
利　益　剰　余　金	(210,000)	(56,000)	14,000	11,200	(225,680)
			3,640		
			5,600		
			980		
			63,840	36,540	
非　支　配　株　主　持　分			4,480	50,400	(66,640)
			560	5,600	
				15,680	
負債・純資産合計	(1,400,000)	(294,000)	217,700	119,420	(1,595,720)
損　益　計　算　書					連結損益計算書
売　　上　　高	(1,008,000)	(700,000)	35,000		(1,673,000)
売　上　原　価	756,000	491,400	1,400	35,000	1,212,820
				980	
販売費及び一般管理費	168,000	193,900			361,900
［の　れ　ん］償却			3,640		3,640
営　業　外　収　益	(37,800)	(39,620)	6,720		(70,700)
営　業　外　費　用	51,800	16,520			68,320
固　定　資　産　売　却　益		(1,400)	1,400		
当　期　純　利　益	(70,000)	(39,200)	48,160	35,980	(97,020)
非支配株主に帰属する当期純利益			15,680	560	15,120
親会社株主に帰属する当期純利益			63,840	36,540	(81,900)

＊　矢印（→）は、解答するさいに金額を移記するものです。

◆　解　説　◆

　連結精算表の問題です。本問では修正仕訳のすべての金額を記入できるような精算表にしましたが、本試験などでは、ある程度仕訳の金額を集計して記入する答案用紙であることがほとんどなので、金額を間違わないように記入しましょう。また、本問では連結株主資本等変動計算書を作成しないため、純資産科目の「当期首残高」「当期変動額」の区別は必要ありませんが、解説の仕訳では表示しておきます。各連結修正仕訳は以下の通りです（仕訳の単位は千円）。

連結開始仕訳

① 投資と資本の相殺消去

資本金当期首残高	84,000	S　社　株　式	112,000
資本剰余金当期首残高	28,000	非支配株主持分当期首残高	50,400 ＊2
利益剰余金当期首残高	14,000		
の　　れ　　ん	36,400 ＊1		

＊1　（84,000千円＋28,000千円＋14,000千円）×60％＝75,600千円　　（P社持分）
　　　112,000千円－75,600千円＝36,400千円
＊2　（84,000千円＋28,000千円＋14,000千円）×40％＝50,400千円

② のれんの償却

利益剰余金当期首残高	3,640 *	の れ ん	3,640

のれん償却

* 36,400千円÷10年＝3,640千円

③ 利益剰余金の非支配株主持分への振替え

利益剰余金当期首残高	5,600 *	非支配株主持分当期首残高	5,600

非支配株主に帰属する当期純利益

* 56,000千円－（39,200千円－11,200千円）＝28,000千円　（利益剰余金の×3年度期首残高）
28,000千円－14,000千円＝14,000千円　（支配獲得時から×3年度期首まで（×2年度）の利益剰余金増加額）
14,000千円×40%＝5,600千円

当期の連結修正仕訳

① のれんの償却

の れ ん 償 却	3,640	の れ ん	3,640

② S社の当期（×3年度）純利益の非支配株主持分への振替え

非支配株主に帰属する当期純利益	15,680 *	非支配株主持分当期変動額	15,680

* 39,200千円×40%＝15,680千円

③ S社の配当の修正

営 業 外 収 益	6,720 *1	利益剰余金当期変動額	11,200
受取配当金		株主配当金	
非支配株主持分当期変動額	4,480 *2		

*1　11,200千円×60%＝6,720千円
*2　11,200千円×40%＝4,480千円

④ 売掛金と買掛金の相殺消去

買 掛 金	12,600	売 掛 金	12,600

⑤ 売上高と仕入高（売上原価）の相殺消去

売 上 高	35,000	売 上 原 価	35,000

⑥ 期首商品の未実現利益の修正（ダウンストリーム）

利益剰余金当期首残高	980 *	売 上 原 価	980

売上原価

* 4,900千円×20%＝980千円

⑥の連結修正仕訳は、次の(1)と(2)の仕訳を１つにまとめたものです。

(1) 前期（×2年度）における未実現利益の消去

利益剰余金当期首残高	980	商 品	980

売上原価

(2) 当期（×3年度）における未実現利益の実現

商 品	980	売 上 原 価	980

⑦ 期末商品の未実現利益の消去（ダウンストリーム）

売 上 原 価	1,400 *	商 品	1,400

* 7,000千円×20%＝1,400千円

⑧ 土地売却に係る未実現利益の消去（アップストリーム）

固 定 資 産 売 却 益	1,400 *1	土 地	1,400
非支配株主持分当期変動額	560	非支配株主に帰属する当期純利益	560 *2

*1　14,000千円－12,600千円＝1,400千円
*2　1,400千円×40%＝560千円

　仮に、連結株主資本等変動計算書の記入欄がある場合は、純資産の項目は「当期首残高」と「当期変動額」を分けて処理します（以下、連結精算表の該当部分のみ抜粋）。

×3年度　　　　　　　　　　　　　連　結　精　算　表　　　　　　　　　　　（単位：千円）

科　　目	個別財務諸表		修正・消去		連結財務諸表
	P 社	S 社	借　方	貸　方	
貸借対照表					連結貸借対照表
利 益 剰 余 金	（　210,000　）	（　56,000　）	88,060	47,740	（　225,680　）
非 支 配 株 主 持 分			5,040	71,680	（　66,640　）
損 益 計 算 書					連結損益計算書
当 期 純 利 益	（　70,000　）	（　39,200　）	48,160	35,980	（　97,020　）
非支配株主に帰属する当期純利益			15,680	560	15,120
親会社株主に帰属する当期純利益			63,840	36,540	（　81,900　）
株主資本等変動計算書					連結株主資本等変動計算書
利益剰余金当期首残高	（　161,000　）	（　28,000　）	14,000		（　164,780　）
			3,640		
			5,600		
			980		
配 当 金	21,000	11,200		11,200	21,000
親会社株主に帰属する当期純利益	（　70,000　）	（　39,200　）	63,840	36,540	（　81,900　）
利益剰余金当期末残高	（　210,000　）	（　56,000　）	88,060	47,740	（　225,680　）
非支配株主持分当期首残高				50,400	（　56,000　）
				5,600	
非支配株主持分当期変動額			4,480	15,680	（　10,640　）
			560		
非支配株主持分当期末残高			5,040	71,680	（　66,640　）

　＊　親会社の配当は21,000千円と仮定。　　　＊　矢印（→）は、解答するさいに金額を移記するものです。

| 問題01 | 売上原価と役務原価の算定 | 問題……p.23 |

精 算 表

勘 定 科 目	残高試算表		修 正 記 入		損益計算書		貸借対照表	
	借 方	貸 方	借 方	貸 方	借 方	貸 方	借 方	貸 方
繰 越 商 品	154,000		140,000	154,000			126,350	
				7,000				
				6,650				
仕 掛 品	735,000		301,000	210,000			826,000	
仕 入	686,000		154,000	140,000	706,650			
			6,650					
役 務 原 価	3,640,000		210,000	301,000	3,549,000			
棚 卸 減 耗 損			7,000		7,000			
商 品 評 価 損			6,650	6,650				

◆ 解 説 ◆

① 売上原価を算定するさいの期末商品棚卸高は、帳簿残高です。

  仕 入 154,000   繰 越 商 品 154,000
  繰 越 商 品 140,000 ＊   仕 入 140,000
 ＊ ＠￥100×1,400個＝￥140,000

② 棚卸減耗損と商品評価損を計上し、繰越商品を減らします。また、商品評価損を売上原価に振り替えます。

  棚 卸 減 耗 損 7,000 ＊1   繰 越 商 品 7,000
  商 品 評 価 損 6,650 ＊2   繰 越 商 品 6,650
  仕 入 6,650   商 品 評 価 損 6,650
 ＊1 ＠￥100×（1,400個－1,330個）＝￥7,000
 ＊2 （＠￥100－＠￥95）×1,330個＝￥6,650

③ 請求（売上計上）された工事等に対する費用は、仕掛品勘定から役務原価勘定へ振り替えます。

  役 務 原 価 210,000   仕 掛 品 210,000

④ 未完成の工事等に対する費用は、役務原価勘定から仕掛品勘定へ振り替えます。

  仕 掛 品 301,000   役 務 原 価 301,000

精 算 表

勘 定 科 目	残高試算表		修 正 記 入		損益計算書		貸借対照表	
	借 方	貸 方	借 方	貸 方	借 方	貸 方	借 方	貸 方
現 金 預 金	466,760		30,240				497,000	
売 掛 金	472,080			77,000			364,000	
				30,800				
				280				
貸 倒 引 当 金		43,400	42,000	28,840				30,240
長 期 貸 付 金	77,000						77,000	
貸 倒 引 当 金				2,310				2,310
為 替 差 損 益		350	560			490		
			280					
貸 倒 損 失			35,000		35,000			
貸 倒 引 当 金 繰 入			28,840		28,840			
			2,310		2,310			

損 益 計 算 書

III 販売費及び一般管理費
　貸 倒 引 当 金 繰 入 （　　28,840　）
　貸 倒 損 失 （　　35,000　）
V 営 業 外 費 用
　貸 倒 引 当 金 繰 入 （　　2,310　）
　（ 為 替 差 損 ）（　　490　）

貸 借 対 照 表

I 流 動 資 産
　現 金 預 金 （　　497,000　）
　売 掛 金 （　364,000　）
　　貸 倒 引 当 金 （　　30,240　）（　333,760　）
II 固 定 資 産
　長 期 貸 付 金 （　77,000　）
　　貸 倒 引 当 金 （　　2,310　）（　74,690　）

◆ 解 説 ◆

　貸倒引当金に関する問題です。決算にあたっての修正事項に売掛金等に関する処理があるときや、貸倒れの処理等があるときには、貸倒引当金の設定額・繰入額に影響するので注意しましょう。また、外貨建ての通貨・預金や営業債権・債務があるときには、期末に換算替えが必要となります。各取引の仕訳は以下の通りです。

① 売掛金の貸倒れ処理
　　貸し倒れた売掛金が前期に発生したものであれば、まず貸倒引当金を取り崩します。貸倒引当金の残高よりも貸し倒れた金額が大きいときや、当期に発生した売掛金の貸倒れは、貸倒損失勘定で処理します。
　　　　貸 倒 引 当 金 　　42,000 　　売 　掛 　金 　　77,000
　　　　貸 倒 損 失 　　35,000

② 外貨建て売掛金の入金
　　売上時に計上した売掛金の金額と、入金時の換算額との差額は為替差損益勘定で処理します。
　　　　現 金 預 金 　　30,240 *2 　　売 　掛 　金 　　30,800 *1
　　　　為 替 差 損 益 　　560
　　＊1 　@¥110×280ドル＝¥30,800 　（売上時）
　　＊2 　@¥108×280ドル＝¥30,240 　（入金時）

③ 外貨建て売掛金の換算替え
　　外貨建ての売掛金は、決算時の為替相場で換算替えし、差額は為替差損益勘定で処理します。
　　　　為 替 差 損 益 　　280 * 　　売 　掛 　金 　　280
　　＊ 　@¥107×140ドル＝¥14,980 　（売上時）　　@¥105×140ドル＝¥14,700 　（決算時）
　　　　¥14,700－¥14,980＝△¥280 　（為替差損）

④ 貸倒引当金の設定（売掛金）
　　債務者の財務状態が悪化し、貸倒れの危険性がある一部の売掛金については、個別に回収不能額を見積もり貸倒引当金を設定する場合があります。その場合は、その他の売掛金と分けて設定額を計算します。
　　　　貸 倒 引 当 金 繰 入 　　28,840 * 　　貸 倒 引 当 金 　　28,840
　　＊ 　¥472,080－（¥77,000＋¥30,800＋¥280）＝¥364,000 　（貸借対照表の売掛金残高）
　　　　甲 社：（¥140,000－¥84,000）×50％＝¥28,000
　　　　その他：（¥364,000－¥140,000）×１％＝¥2,240
　　　　¥28,000＋¥2,240－（¥43,400－¥42,000）＝¥28,840

⑤ 貸倒引当金の設定（長期貸付金）
　　営業外債権に係る貸倒引当金繰入額は、損益計算書の営業外費用の区分に計上します。
　　　　貸 倒 引 当 金 繰 入 　　2,310 * 　　貸 倒 引 当 金 　　2,310
　　＊ 　¥77,000×３％＝¥2,310

精　算　表

勘　定　科　目	残高試算表		修　正　記　入		損益計算書		貸借対照表	
	借　方	貸　方	借　方	貸　方	借　方	貸　方	借　方	貸　方
売買目的有価証券	19,600			2,100			17,500	
満期保有目的債券	68,600		280				68,880	
子　会　社　株　式	10,500						10,500	
そ　の　他　有　価　証　券	4,200		700				4,900	
有価証券評価（ 損 ）			2,100		2,100			
有　価　証　券　利　息		1,400		280		1,680		
繰　延　税　金（ 負 債 ）				210				210
その他有価証券評価差額金				490				490

損　益　計　算　書
Ⅳ　営　業　外　収　益
　　有　価　証　券　利　息　　（　　1,680　）

Ⅴ　営　業　外　費　用
　　有価証券評価（ 損 ）　（　　2,100　）

貸　借　対　照　表
Ⅰ　流　動　資　産
　　有　価　証　券（　17,500　）

Ⅱ　固　定　資　産
　　投資有価証券（　73,780　）
　　関係会社株式（　10,500　）

Ⅱ　固　定　資　産
　　繰延税金（ 負 債 ）（　　210　）

Ⅱ　評　価・換　算　差　額　等
　　その他有価証券評価差額金（　　490　）

◆　解　説　◆

① 売買目的有価証券　（甲社株式、乙社株式）

売買目的有価証券は決算時に時価による評価替えを行います。貸借対照表では流動資産の区分に「有価証券」で表示します。有価証券評価益と有価証券評価損は、相殺して損益計算書に表示します。

　　　　有　価　証　券　評　価　損　　　　2,100 ＊　　売買目的有価証券　　　　　2,100
　　　＊（￥10,500＋￥7,000）－（￥14,000＋￥5,600）＝△￥2,100
　　　　　　　　期末時価の合計　　　　　　　帳簿価額の合計

② 満期保有目的債券　（A社社債）

満期保有目的債券は、決算時に時価による評価替えは行いません。ただし、償却原価法を用いる場合は評価替えをします。償還日が決算日の翌日から1年超の満期保有目的債券は、貸借対照表では固定資産（投資その他の資産）の区分に「投資有価証券」で表示します。

　　　　満期保有目的債券　　　　　　280　　有　価　証　券　利　息　　　　280 ＊
　　＊　￥68,600÷@￥98＝700口　　　　　額面金額：@￥100×700口＝￥70,000

　　（￥70,000－￥68,600）×$\frac{1年}{5年}$＝￥280　（貸借対照表価額に加算する）

③ 子会社株式　（丙社株式）

子会社株式は、原則、取得原価で評価するため決算整理は不要です。子会社株式、関連会社株式は合算し、貸借対照表の固定資産（投資その他の資産）の区分に「関係会社株式」で表示します。

④ その他有価証券　（丁社株式）

その他有価証券は決算において時価で評価しますが、税効果会計を適用する場合は、評価差額のうち税金相当額を繰延税金資産または繰延税金負債で処理し、残額をその他有価証券評価差額金勘定（純資産）で処理します。また、その他有価証券は、貸借対照表の固定資産（投資その他の資産）の区分に「投資有価証券」で表示します。

　　　　その　他　有　価　証　券　　　700 ＊1　繰　延　税　金　負　債　　　210 ＊2
　　　　　　　　　　　　　　　　　　　　　その他有価証券評価差額金　　490 ＊3
　　　＊1　￥4,900－￥4,200＝￥700　（評価益相当）
　　　＊2　￥700×30％＝￥210
　　　＊3　￥700－￥210＝￥490
　　投資有価証券：（￥68,600＋￥280）＋￥4,900＝￥73,780
　　　　　　　　　　満期保有目的債券　　　その他
　　　　　　　　　　　　　　　　　　　　有価証券

精　算　表

勘定科目	残高試算表 借方	残高試算表 貸方	修正記入 借方	修正記入 貸方	損益計算書 借方	損益計算書 貸方	貸借対照表 借方	貸借対照表 貸方
建　　　　物	140,000						140,000	
構　築　物	56,000						56,000	
備　　　　品	84,000						84,000	
車両運搬具	70,000						70,000	
前　払　費　用	113,400			75,600			37,800	
建物減価償却累計額		75,600		6,300				81,900
構築物減価償却累計額		22,400		5,600				28,000
備品減価償却累計額		21,000		15,750				36,750
車両運搬具減価償却累計額		25,200		14,000				39,200
減価償却費			41,650		41,650			
保　険　料			18,900		18,900			
長期前払費用			56,700				56,700	

損益計算書
Ⅲ　販売費及び一般管理費
　　減価償却費　（　　41,650　）
　　保　険　料　（　　18,900　）

貸借対照表
Ⅰ　流　動　資　産
　　前　払　費　用　　　　　　　　（　37,800　）
Ⅱ　固　定　資　産
　　建　　　　物　（　140,000　）
　　減価償却累計額　（　81,900　）（　58,100　）
　　構　築　物　（　56,000　）
　　減価償却累計額　（　28,000　）（　28,000　）
　　備　　　　品　（　84,000　）
　　減価償却累計額　（　36,750　）（　47,250　）
　　車　両　運　搬　具　（　70,000　）
　　減価償却累計額　（　39,200　）（　30,800　）
　　長　期　前　払　費　用　　　　（　56,700　）

◆ 解　説 ◆

1．減価償却費の計上
　① 建物　（定額法）
　　¥140,000×0.9÷20年＝¥6,300

　② 構築物　（定額法）
　　¥56,000÷10年＝¥5,600

　③ 備品　（200%定率法）
　　（¥84,000－¥21,000（試算表の減価償却累計額））×25%＊＝¥15,750

＊　200%定率法の償却率は、本問では与えられていますが、自分で算定できるようにしておきましょう。

　　200%定率法の償却率は、定額法の償却率（ ＝$\dfrac{1年}{耐用年数}$ ）の200%（2倍）です。

　　$\dfrac{1年}{耐用年数}×200\%＝\dfrac{1}{8}×200\%＝25\%$

　④ 車両運搬具　（生産高比例法）
　　$¥70,000×\dfrac{14,000km}{70,000km}＝¥14,000$

減価償却費：¥6,300＋¥5,600＋¥15,750＋¥14,000＝¥41,650

2．前払費用の処理
　　　保　険　料　　　18,900 ＊1　　前　払　費　用　　　75,600
　　　長期前払費用　　56,700 ＊2
　　＊1　$¥113,400×\dfrac{6か月（×5年10月1日～×6年3月31日）}{36か月}＝¥18,900$
　　＊2　$¥113,400×\dfrac{18か月（×7年4月1日～×8年9月30日）}{36か月}＝¥56,700$

⑴

本店の損益勘定

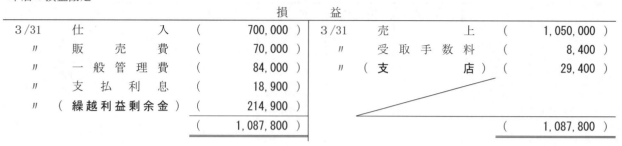

損　益

3/31	仕　　　入	(700,000)	3/31	売　　　上	(1,050,000)
"	販　売　費	(70,000)	"	受取手数料	(8,400)
"	一般管理費	(84,000)	"	(支　　店)	(29,400)
"	支払利息	(18,900)			
"	(繰越利益剰余金)	(214,900)			
		(1,087,800)			(1,087,800)

支店の損益勘定

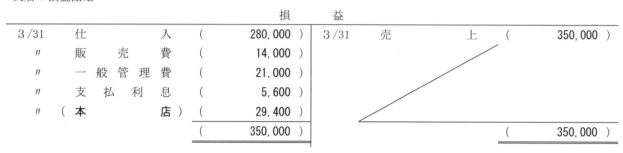

損　益

3/31	仕　　　入	(280,000)	3/31	売　　　上	(350,000)
"	販　売　費	(14,000)			
"	一般管理費	(21,000)			
"	支払利息	(5,600)			
"	(本　　店)	(29,400)			
		(350,000)			(350,000)

⑵

本店における支店勘定の次期繰越額　_____78,400_____　円

◆　解　説　◆

　本支店会計における、会社全体の当期純損益を計算するときの損益勘定の締切りと、本店における支店勘定（あるいは支店における本店勘定）の次期繰越額を求める問題です。資料より個別の決算整理が済んでいること、支店勘定と本店勘定が等しいので内部取引の処理も正しく終わっていることがわかるため、本支店それぞれの損益勘定にそのまま転記をすることができます。

⑴　まず、支店の損益勘定を締め切り、支店の純損益は本店勘定に振り替えます。本店では支店勘定を通して支店の純損益を受け入れ、本店の純損益と合算して会社全体の純損益を計算し、繰越利益剰余金勘定に振り替えます。

①　支店の純損益の振替仕訳
　　　　　　損　　　　益　　29,400 ＊　　　　本　　　　店　　　29,400
　　　＊　支店の損益勘定の貸借差額

②　本店における支店の純損益の受入れ
　　　支店勘定と本店勘定は、貸借が逆で金額が一致します。
　　　　　　支　　　　店　　29,400　　　　　　損　　　　益　　　29,400

③　本店の損益の振替仕訳
　　　本店の純損益と支店の純損益を合算して会社全体の純損益を計算し、繰越利益剰余金勘定に振り替えます。
　　　　　　損　　　　益　　214,900 ＊　　　繰越利益剰余金　　214,900
　　　＊　本店の損益勘定の貸借差額

⑵　本店勘定の次期繰越額は、支店の当期純損益を本店勘定に振り替え、本店勘定の残高に加減して求めます。同様に、支店勘定の次期繰越額は、本店において、支店の当期純損益を支店勘定を用いて受け入れ、支店勘定の残高に加減して求めます。支店勘定と本店勘定の金額は、貸借逆で一致します。
　　　本問の支店勘定と本店勘定は￥78,400（＝￥49,000＋￥29,400）で次期へ繰り越されます。

● 第4・5問　傾向と対策　解答・解説 ●

☆直前対策時、時短学習では、勘定科目を記号で答えましょう。インプット学習では、勘定科目を手で書いて覚えましょう。

| 問題01 | 費目別計算 | | | | | | | | | | 問題……p.28 |

	仕			訳					
	借方科目		金額	貸方科目					金額
1	材　　　　料	イ	808,500	買　　掛　　金				オカ	735,000
				材　料　副　費				オカ	73,500
2	材　料　副　費	カ	3,500	材　料　副　費　差　異				ケ	3,500
3	仕　　掛　　品	ウ	693,000	材　　　　料				イ	708,400
	製　造　間　接　費	ク	15,400						
4	仕　　掛　　品	ウ	210,000	賃　金　・　給　料				キ	280,000
	製　造　間　接　費	ク	70,000						
5	賃　率　差　異	コ	17,500	賃　金　・　給　料				キ	17,500
6	製　造　間　接　費	ク	133,000	賃　金　・　給　料				キ	133,000
7	仕　　掛　　品	ウ	70,000	現　　　　金				ア	70,000
8	仕　　掛　　品	ウ	262,500	製　造　間　接　費				ク	262,500
9	予　算　差　異	サ	7,000	製　造　間　接　費				ク	24,500
	操　業　度　差　異	シ	17,500						
10	製　　　　品	エ	1,008,000	仕　　掛　　品				ウ	1,008,000

◆ 解　説 ◆

1．材料副費の予定配賦時には、材料副費勘定の貸方に記入します。
　　材料副費の予定配賦額：(@200円×3,500kg＋35,000円)×10％＝73,500円
　　　　　　　　　　　　　　　　購入対価の合計
　　材料の購入原価：735,000円（購入対価の合計）＋73,500円（材料副費予定配賦額）＝808,500円
2．材料副費差異：73,500円－70,000円＝3,500円（有利差異（貸方差異））
　　　　　　　　　予定配賦額　　実際発生額
3．素材の消費額（直接材料費）は仕掛品勘定に、工場消耗品の消費額（間接材料費）は製造間接費勘定に振り替えます。
4．直接労務費：@1,400円×150時間（直接作業時間）＝210,000円　　　　　　　　⇒仕掛品勘定へ振替え

　　間接労務費：@1,400円×50時間（間接作業時間および手待時間）＝70,000円　　　⇒製造間接費勘定へ振替え
5．賃率差異：(210,000円＋70,000円)－297,500円＝△17,500円（不利差異（借方差異））
　　　　　　　　予定消費賃金　　　実際消費賃金
6．間接労務費：140,000円－28,000円＋21,000円＝133,000円　　　　　　　⇒製造間接費勘定へ振替え
　　　　　　　　当月支給　　前月未払　　当月未払
7．外注加工賃、特許権使用料の消費額は直接経費です。　　　　　　　　　⇒仕掛品勘定へ振替え
8．製造間接費の予定配賦
　　予定配賦率：3,360,000円（年間製造間接費予算）÷1,920時間（予定直接作業時間）＝@1,750円
　　予定配賦額：@1,750円（予定配賦率）×150時間（実際直接作業時間）＝262,500円
9．固定予算による差異分析（月間の数値は年間の数値を12か月で割って求める）
　　予算差異：固定予算額と実際発生額との差額（固定予算では操業度に関わらず予算許容額が固定される）
　　　　　　　280,000円－287,000円＝△7,000円（不利差異（借方差異））
　　　　　　　月間予算額　　実際発生額
　　操業度差異：@1,750円×(150時間－160時間)＝△17,500円（不利差異（借方差異））
　　　　　　　　予定配賦率　　実際直接　　基準直接
　　　　　　　　　　　　　　　作業時間　　作業時間
10．完成した製品の製造原価を、仕掛品勘定から製品勘定へ振り替えます。
　　完成した製品の製造原価：@1,260円×800個＝1,008,000円

		仕		訳			
		借方金額		金額	貸方金額		金額
1	本　社	工　　　　場	カ	665,000	買　掛　金	エ	665,000
	工　場	材　　　　料	ケ	665,000	本　　　　社	ス	665,000
2	本　社	工　　　　場	カ	455,000	現　　　金	ア	455,000
	工　場	賃　金　・　給　料	サ	455,000	本　　　　社	ス	455,000
3	本　社	工　　　　場	カ	14,000	機械減価償却累計額	ウ	14,000
	工　場	製　造　間　接　費	シ	14,000	本　　　　社	ス	14,000
4	本　社	仕　訳　な　し	キ				
	工　場	仕　　掛　　品 製　造　間　接　費	コ シ	462,000 189,000	材　　　　料	ケ	651,000
5	本　社	仕　訳　な　し	キ				
	工　場	仕　　掛　　品 製　造　間　接　費	コ シ	357,000 98,000	賃　金　・　給　料	サ	455,000
6	本　社	工　　　　場	カ	210,000	現　　　金	ア	210,000
	工　場	製　造　間　接　費	シ	210,000	本　　　　社	ス	210,000
7	本　社	仕　訳　な　し	キ				
	工　場	仕　　掛　　品	コ	511,000	製　造　間　接　費	シ	511,000
8	本　社	仕　訳　な　し	キ				
	工　場	製　　　　品	イ	1,260,000	仕　　掛　　品	コ	1,260,000
9	本　社	製　　　　品	イ	1,008,000	工　　　　場	カ	1,008,000
	工　場	本　　　　社	ス	1,008,000	製　　　　品	イ	1,008,000
10	本　社	売　上　原　価	オ	896,000	製　　　　品	イ	896,000
	工　場	仕　訳　な　し	キ				

◆　解　説　◆

1．材料は工場の倉庫に搬入されるので、工場側で増加します。材料購入に要する支払いは本社が行うため、本社側で買掛金が増加します。

2．工場では賃金・給料を計上します。また、従業員に対する賃金の支払いも本社が行うため、本社側で現金が減ります。

3．工場の機械減価償却費は、間接経費なので工場側で製造間接費勘定で処理します。一方、機械減価償却累計額は本社側で記録しています。

4．材料を直接材料費として消費した場合は仕掛品勘定、間接材料費として消費した場合は製造間接費勘定に振り替えます。

5．賃金・給料を直接労務費として消費した場合は仕掛品勘定、間接労務費として消費した場合は製造間接費勘定に振り替えます。4と5においては、本社で行う仕訳はありません。

6．工場の修繕の代金は、間接経費となるので、工場側で製造間接費勘定で処理します。一方、修繕代金の支払いも本社が行うため、本社側で現金が減ります。

7．製造間接費勘定から仕掛品勘定に振り替えます。本社で行う仕訳はありません。

8．工場において製品が完成した場合は、完成品の製造原価を仕掛品勘定から製品勘定に振り替えます。本社で行う仕訳はありません。
　　製品：@400円×3,150個＝1,260,000円

9．工場では製品が減り、本社では製品が増えます。
　　移送した製品：@400円×3,150個×0.8＝1,008,000円

10．本社において、販売した製品の製造原価を、製品勘定から売上原価勘定に振り替えます。工場で行う仕訳はありません。
　　売上原価：@400円×2,240個＝896,000円

(1)

	仕		訳		
借方科目		金額	貸方科目		金額
1	製 造 間 接 費 ケ	105,000	材 料 オ		28,000
			賃 金 ・ 給 料 キ		42,000
			経 費 ク		35,000
2	切 削 部 門 費 ア	39,900	製 造 間 接 費 ケ		105,000
	組 立 部 門 費 イ	30,100			
	動 力 部 門 費 ウ	21,000			
	修 繕 部 門 費 エ	14,000			
3	切 削 部 門 費 ア	19,600	動 力 部 門 費 ウ		21,000
	組 立 部 門 費 イ	15,400	修 繕 部 門 費 エ		14,000

製造間接費部門別配賦表

費　　目	合　　計	製　造　部　門		補　助　部　門	
		切 削 部 門	組 立 部 門	動 力 部 門	修 繕 部 門
部 門 個 別 費	42,000	14,700	11,200	8,400	7,700
部 門 共 通 費	63,000	25,200	18,900	12,600	6,300
部 門 費	105,000	39,900	30,100	21,000	14,000
動 力 部 門 費	21,000	12,600	8,400		
修 繕 部 門 費	14,000	7,000	7,000		
製 造 部 門 費	105,000	59,500	45,500		

(2)

#300 ___63,000___ 円　　　　　#301 ___42,000___ 円

◆ 解 説 ◆

(1) 各部門への製造間接費の配賦金額を計算しながら、製造間接費部門別配賦表に記入し、仕訳をしていきます。

① 製造間接費の金額を集計します。

② 部門個別費＋部門共通費配賦額を計算し、製造間接費勘定から各部門費勘定へ振り替えます。

切削部門：$14,700円 + \dfrac{63,000円}{4+3+2+1} \times 4 = 39,900円$　　　　動力部門：$8,400円 + \dfrac{63,000円}{4+3+2+1} \times 2 = 21,000円$

組立部門：$11,200円 + \dfrac{63,000円}{4+3+2+1} \times 3 = 30,100円$　　　　修繕部門：$7,700円 + \dfrac{63,000円}{4+3+2+1} \times 1 = 14,000円$

③ 直接配賦法により、各補助部門費を配賦基準にもとづいて、各製造部門に配賦します。

動力部門費の各製造部門への配賦額

切削部門：$\dfrac{21,000円}{6+4} \times 6 = 12,600円$　　　　　　　　組立部門：$\dfrac{21,000円}{6+4} \times 4 = 8,400円$

修繕部門費の各製造部門への配賦額

切削部門：$\dfrac{14,000円}{5+5} \times 5 = 7,000円$　　　　　　　　組立部門：$\dfrac{14,000円}{5+5} \times 5 = 7,000円$

(2) 製造部門ごとに製造部門費実際配賦率を求め、各製造指図書の製造間接費実際配賦額を計算します。

切削部門費実際配賦率：$\dfrac{39,900円 + 12,600円 + 7,000円}{30 \text{ 時間} + 20 \text{ 時間}} = 1,190円／時間$

組立部門費実際配賦率：$\dfrac{30,100円 + 8,400円 + 7,000円}{15 \text{ 時間} + 10 \text{ 時間}} = 1,820円／時間$

指図書#300への製造間接費配賦額：$1,190円／時間 \times 30時間 + 1,820円／時間 \times 15時間 = \mathbf{63,000円}$

指図書#301への製造間接費配賦額：$1,190円／時間 \times 20時間 + 1,820円／時間 \times 10時間 = \mathbf{42,000円}$

⑴　当月完成品原価　　722,750　円　　　　　　月末仕掛品原価　　159,250　円

⑵　当月完成品原価　　739,200　円　　　　　　月末仕掛品原価　　142,800　円

◆　解　説　◆

⑴　両者負担の場合

平均法　　　　　　　　　　仕掛品

月初	100 kg	完成	700 kg
(	50 *1)	(	700)
当月			
~~900~~　→	800 kg	~~減損~~	~~100~~ kg
(	750)	(	~~0~~ *3)
		月末	200 kg
		(	100 *2)
			900 kg
		(	800)

*1：50kg＝月初仕掛品100kg×加工進捗度50%

*3：正常減損が工程始点で発生→両者に負担させる

⑵　完成品のみ負担の場合

平均法　　　　　　　　　　仕掛品

月初	100 kg	完成	700 kg
(	50 *1)	(	700)
当月			
	900 kg	減損	100 kg
(	850)	(	100 *4)
		月末	200 kg
		(	100 *2)
			1,000 kg
		(	900)

*2：100kg＝月末仕掛品200kg×加工進捗度50%

*4：100kg＝正常減損100kg×加工進捗度100%

　問題文の指示により、⑴、⑵ともに、原価投入額合計を完成品原価と月末仕掛品原価に配分する方法として平均法を用いて処理します。

⑴　両者負担の場合

月末仕掛品原料費：$\dfrac{504,000円}{700kg＋200kg}×200kg＝112,000円$　　　当月完成品原料費：504,000円－112,000円＝392,000円

月末仕掛品加工費：$\dfrac{378,000円}{700kg＋100kg}×100kg＝47,250円$　　　当月完成品加工費：378,000円－47,250円＝330,750円

月末仕掛品原価：112,000円＋47,250円＝**159,250円**　　　当月完成品原価：392,000円＋330,750円＝**722,750円**

⑵　完成品のみ負担の場合

月末仕掛品原料費：$\dfrac{504,000円}{700kg＋100kg＋200kg}×200kg＝100,800円$

月末仕掛品加工費：$\dfrac{378,000円}{700kg＋100kg＋100kg}×100kg＝42,000円$

月末仕掛品原価：100,800円＋42,000円＝**142,800円**

当月完成品原料費：504,000円－100,800円＝403,200円　　　当月完成品加工費：378,000円－42,000円＝336,000円

当月完成品原価：403,200円＋336,000円＝**739,200円**

(1)	月末仕掛品原価	98,000	円
(2)	等級製品Xの完成品総合原価	3,500,000	円
(3)	等級製品Xの完成品単位原価	875	円／個
(4)	等級製品Yの完成品総合原価	700,000	円
(5)	等級製品Yの完成品単位原価	350	円／個

◆ 解 説 ◆

先入先出法　　　　仕掛品

月初	400個	完成	6,000個
	(200*1)		(6,000)
当月			
	5,900個	仕損	100個
	(6,000)		(100*3)
		月末	200個
			(100*2)
			6,300個
			(6,200)

先入先出法を用いて計算します。

*1：200個＝月初仕掛品400個×加工進捗度50%

*2：100個＝月末仕掛品200個×加工進捗度50%

*3：100個＝正常仕損100個×加工進捗度100%

　月末仕掛品に正常仕損費を負担させないようにするために、仕損品の数量を含めて按分します。

　月末仕掛品原価を先に計算し、完成品総合原価は貸借差額により計算することで、完成品総合原価に正常仕損費を負担させることになります。仕損品に処分価額がある場合は、完成品総合原価から処分価額を控除します。

(1)月末仕掛品原価

直接材料費：$\dfrac{1,652,000円}{5,900個} \times 200個 = 56,000円$

加　工　費：$\dfrac{2,520,000円}{6,000個} \times 100個 = 42,000円$

合　　　計：　　　　　　98,000円

(2)(4)完成品総合原価を積数で按分します。　　　積数＝等価係数×完成品数量

完成品総合原価

直接材料費：94,500円＋1,652,000円－56,000円＝ 1,690,500円

加　工　費：66,500円＋2,520,000円－42,000円＝ 2,544,500円

処　分　価　額：　　　　　　＠350円×100個＝△ 35,000円

合　　　計：　　　　　　　　　　　　4,200,000円

積数

等級製品X：2.5×4,000個＝10,000個

等級製品Y：1.0×2,000個＝ 2,000個

各等級製品の完成品総合原価

等級製品X：$\dfrac{4,200,000円}{10,000個＋2,000個} \times 10,000個 = 3,500,000円$

等級製品Y：$\dfrac{4,200,000円}{10,000個＋2,000個} \times 2,000個 = 700,000円$

(3)(5)各等級製品の完成品総合原価を完成品数量で割り、単位原価を求めます。

等級製品X：3,500,000円÷4,000個＝875円／個

等級製品Y：700,000円÷2,000個＝350円／個

⑴
                          組別総合原価計算表

	X製品		Y製品	
	原 料 費	加 工 費	原 料 費	加 工 費
月初仕掛品原価	130,900	44,800	410,900	166,600
当月製造費用	2,240,000	(1,911,000)	4,336,500	(2,548,000)
合 計	(2,370,900)	(1,955,800)	(4,747,400)	(2,714,600)
月末仕掛品原価	(224,000)	(98,000)	(735,000)	(182,000)
完成品総合原価	(2,146,900)	(1,857,800)	(4,012,400)	(2,532,600)

⑵ _____2,380_____ 円／個

◆ 解 説 ◆

先入先出法　　　X製品

月初　　　100個	完成　　1,900個
(　　　　50*1)	(　　　1,900　)
当月	
2,000個	
(　　　1,950　)	月末　　　200個
	(　　　100*2)
	2,100個
	(　　　2,000　)

*1：50個＝月初仕掛品100個×加工進捗度50%
*2：100個＝月末仕掛品200個×加工進捗度50%

先入先出法　　　Y製品

月初　　　300個	完成　　2,750個
(　　　　150*3)	(　　　2,750　)
当月	
3,250 →2,950個	減損　　　300個
(　　　2,800　)	(=2 *5)
	月末　　　500個
	(　　　200*4)
	3,550 →3,250個
	(　　　2,950　)

*3：150個＝月初仕掛品300個×加工進捗度50%
*4：200個＝月末仕掛品500個×加工進捗度40%
*5：正常減損が工程途中で発生→両者に負担させる

⑴ 答案用紙の組別総合原価計算表に記入していきます。
　① 加工費の予定配賦（配賦基準：直接作業時間）
　　予定配賦率＝加工費予算額÷予定直接作業時間　　　⇒　　　57,330,000円÷25,200時間＝2,275円/時間
　　X製品への配賦額：2,275円/時間×　840時間＝1,911,000円

　　Y製品への配賦額：2,275円/時間×1,120時間＝2,548,000円

　② 先入先出法による月末仕掛品原価・完成品総合原価の算定（X製品）
　　月末仕掛品原価

　　　原料費：$\frac{2,240,000円}{2,000個}$×200個＝**224,000円**　　　　　加工費：$\frac{1,911,000円}{1,950個}$×100個＝**98,000円**

　　月末仕掛品原価（X製品）：224,000円＋98,000円＝322,000円

　　完成品総合原価
　　　原料費：2,370,900円－224,000円＝**2,146,900円**　　　加工費：1,955,800円－98,000円＝**1,857,800円**
　　完成品総合原価（X製品）：2,146,900円＋1,857,800円＝4,004,700円

　③ 先入先出法による月末仕掛品原価・完成品総合原価の算定（Y製品）
　　減損は工程の途中で発生したので、度外視法で両者に負担させます。したがって、正常減損の数量を無視（度外視）したボックス図を作成します。
　　月末仕掛品原価

　　　原料費：$\frac{4,336,500円}{2,950個}$×500個＝**735,000円**　　　加工費：$\frac{2,548,000円}{2,800個}$×200個＝**182,000円**

　　月末仕掛品原価（Y製品）：735,000円＋182,000円＝917,000円

　　完成品総合原価
　　　原料費：4,747,400円－735,000円＝**4,012,400円**　　　加工費：2,714,600円－182,000円＝**2,532,600円**
　　完成品総合原価（Y製品）：4,012,400円＋2,532,600円＝6,545,000円

⑵ Y製品の完成品単位原価は、Y製品の完成品総合原価をY製品の完成品数量で割って求めます。
　　6,545,000円÷2,750個＝2,380円／個

工程別総合原価計算表　　　　　　　　　　　　　　　（単位：円）

	第1工程			第2工程		
	原料費	加工費	合計	前工程費	加工費	合計
月初仕掛品原価	45,500	65,800	(111,300)	178,500	59,500	(238,000)
当月製造費用	490,000	350,000	(840,000)	(926,100)	280,000	(1,206,100)
合計	(535,500)	(415,800)	951,300	(1,104,600)	(339,500)	(1,444,100)
差引：月末仕掛品原価	(21,000)	(4,200)	(25,200)	(75,600)	(16,800)	(92,400)
完成品総合原価	(514,500)	(411,600)	(926,100)	(1,029,000)	(322,700)	(1,351,700)
完成品単位原価	(15)	(12)	(27)	(30)	(9.4)	(39.4)

◆　解　説　◆

第1工程
平均法　　　　　　　仕掛品

月初　700kg	完成　34,300kg
(350 *1)	(34,300)
当月	
35,000kg	月末　1,400kg
(34,300)	(350 *2)
	35,700kg
	(34,650)

*1：350kg＝月初仕掛品　700kg×加工進捗度1/2
*2：350kg＝月末仕掛品1,400kg×加工進捗度1/4

第2工程
先入先出法　　　　　仕掛品

月初　2,800kg	完成　34,300kg
(1,400 *3)	(34,300)
当月	
34,300kg	月末　2,800kg
(35,000)	(2,100 *4)
	37,100kg
	(36,400)

*3：1,400kg＝月初仕掛品2,800kg×加工進捗度1/2
*4：2,100kg＝月末仕掛品2,800kg×加工進捗度3/4

　問題文の指示にしたがい、原価投入額合計を完成品原価と月末仕掛品原価に配分する方法として第1工程では平均法、第2工程では先入先出法を用いて処理します。完成品単位原価を求める時は完成品数量で割って求めます。

第1工程　　（平均法）
原料費

　月末仕掛品：$\dfrac{535,500円}{35,700kg}×1,400kg＝$ **21,000円**

　完成品総合原価：535,500円－21,000円＝**514,500円**
　完成品単位原価：514,500円÷34,300kg＝**15円／kg**

加工費

　月末仕掛品：$\dfrac{415,800円}{34,650kg}×350kg＝$ **4,200円**

　完成品総合原価：415,800円－4,200円＝**411,600円**
　完成品単位原価：411,600円÷34,300kg＝**12円／kg**

合計
　月末仕掛品：21,000円＋4,200円＝**25,200円**
　完成品総合原価：514,500円＋411,600円＝**926,100円**
　完成品単位原価：926,100円÷34,300kg＝**27円／kg**

第2工程　　（先入先出法）
前工程費

　月末仕掛品：$\dfrac{926,100円}{34,300kg}×2,800kg＝$ **75,600円**

　完成品総合原価：1,104,600円－75,600円＝**1,029,000円**
　完成品単位原価：1,029,000円÷34,300kg＝**30円／kg**

加工費

　月末仕掛品：$\dfrac{280,000円}{35,000kg}×2,100kg＝$ **16,800円**

　完成品総合原価：339,500円－16,800円＝**322,700円**
　完成品単位原価：322,700円÷34,300kg＝**9.40円／kg**

合計
　月末仕掛品：75,600円＋16,800円＝**92,400円**
　完成品総合原価：1,029,000円＋322,700円＝**1,351,700円**
　完成品単位原価：1,351,700円÷34,300kg＝**39.40円／kg**

仕　掛　品	（単位：千円）			製　品	（単位：千円）	
材　　　料（　7,000）	製　　　品（　12,880）①		④ 月 初 有 高（　1,610）	売 上 原 価（　11,270）⑤		
賃　　　金（　4,060）	月 末 有 高（　2,170）②		① 仕　掛　品（　12,880）	月 末 有 高（　3,220）⑥		
製造間接費（　6,020）	原 価 差 異*（　2,030）③		（　14,490）	（　14,490）		
（　17,080）	（　17,080）					

＊　原価差異は一括して示すこと。

◆　解　説　◆

仕　掛　品				製　品		
月初　　　0個	完成　　　80個		月初　　　10個			
（　　　0　）	（　　　80　）			販売　　　70個		
当月　　　100個	月末　　　20個		完成　　　80個			
（　　　90　）	（　　　10*1　）			月末　　　20個		
実際発生額	100個			90個		
を記入する	（　　　90　）					

*1：10個＝月末仕掛品20個×加工進捗度50％

解答の各番号の金額は、以下の計算式で求めます。
仕掛品勘定の借方に実際発生額、貸方に標準原価が記入されるため、原価差異は仕掛品勘定において把握されます。
　① 161千円×80個＝12,880千円
　② 56千円×20個＋（35千円＋70千円）×10個＝2,170千円
　③ 貸借差額（原価差異は不利差異となる）

製品勘定はすべて標準原価で記入されます。
　④ 161千円×10個＝1,610千円　　　⑤ 161千円×70個＝11,270千円　　　⑥ 161千円×20個＝3,220千円

```
          材　料　　（単位：千円）                         仕　掛　品　　（単位：千円）
諸　口（  7,000）仕掛品（  5,600）①     ① 材　料（  5,600）製　　品（ 12,880）④
              原価差異（  1,400）     ② 賃　金（  3,150）月末有高（  2,170）⑤
    （  7,000）    （  7,000）        ③ 製造間接費（ 6,300）
                                        （ 15,050）    （ 15,050）

          賃　金　　（単位：千円）                         製　品　　（単位：千円）
諸　口（  4,060）仕掛品（  3,150）②     ⑥ 月初有高（ 1,610）売上原価（ 11,270）⑦
              原価差異（    910）     ④ 仕掛品（ 12,880）月末有高（  3,220）⑧
    （  4,060）    （  4,060）        （ 14,490）    （ 14,490）

          製造間接費　（単位：千円）
諸　口（  6,020）仕掛品（  6,300）③
原価差異（  280）
    （  6,300）    （  6,300）
```

◆　解　説　◆

```
        仕　掛　品                              製　品
月初       0個 │ 完成     80個          月初     10個 │
（    0    ）│（    80  ）                       │ 販売     70個
当月     100個 │                       完成     80個 │ 月末     20個
（    90   ）│ 月末     20個                       │
↑          │（   10*1 ）                        90個
標準原価        │    100個
を記入する      │（    90  ）
```

*1：10個＝月末仕掛品20個×加工進捗度50％

　解答の各番号の金額は、以下の計算式で求めます。
　仕掛品勘定、製品勘定はすべて標準原価で記入されます。シングルプランでは、原価要素の各勘定において、実際発生額と標準原価が記入されるため、原価差異は原価要素の各勘定において把握されます。

①　56千円×100個＝5,600千円　　②　35千円×90個＝3,150千円　　③　70千円×90個＝6,300千円
④　161千円×80個＝12,880千円　　⑤　56千円×20個＋（35千円＋70千円）×10個＝2,170千円
⑥　161千円×10個＝1,610千円　　⑦　161千円×70個＝11,270千円　　⑧　161千円×20個＝3,220千円

　原価要素の各勘定において把握された原価差異の合計は、問題8の仕掛品勘定で把握された原価差異の金額と同じになります（△は不利差異を表す）。
　原価差異の合計：△1,400千円（材料）＋△910千円（賃金）＋280千円（製造間接費）＝△2,030千円（不利差異）

(1)　　　　　損益計算書(全部原価計算)
　　　　　　　　　　　　　　　　（単位：円）
　売　　上　　高　　（　280,000　）①
　売　上　原　価　　（　140,000　）②
　　売　上　総　利　益　（　140,000　）
　販売費及び一般管理費　（　40,600　）③
　営　業　利　益　　（　99,400　）

(2)　　　　　損益計算書(直接原価計算)
　　　　　　　　　　　　　　　　（単位：円）
　売　　上　　高　　（　280,000　）①
　変　　動　　費　　（　106,400　）④
　　貢　献　利　益　　（　173,600　）
　固　　定　　費　　（　79,100　）⑤
　営　業　利　益　　（　94,500　）

(3)
　（　94,500　）円　＋　（　4,900　）円　－　（　0　）円　＝　（　99,400　）円
　　直接原価計算　　　　⑥月末在庫品に　　　⑦月初在庫品に　　　　　全部原価計算
　　の営業利益　　　　含まれる固定加工費　　含まれる固定加工費　　　の営業利益

◆　解　説　◆

仕　掛　品

月初	0 kg	完成	90 kg
当月投入	90 kg		
		月末	0 kg
			90 kg

製　　品

月初	0 kg	販売	80 kg
完成	90 kg		
		月末	10 kg
			90 kg

解答の各番号の金額は、以下の計算式で求めます。
① ＠3,500円×80kg＝280,000円
② ＠1,750円×80kg＝140,000円
③ ＠70円×80kg＋35,000円＝40,600円　（販売費及び一般管理費＝変動販売費＋固定販売費及び一般管理費月額）
④ （＠700円＋＠560円＋＠70円）×80kg＝106,400円　（変動費＝原料費＋変動加工費＋変動販売費）
⑤ ＠490円×90kg＋35,000円＝79,100円　（固定費＝固定加工費＋固定販売費及び一般管理費月額）
　※　固定加工費は1kgあたり固定加工費　＠490円に、当月投入量90kgをかけて求める。
⑥ ＠490円×10kg＝4,900円　（月末在庫品に含まれる固定加工費＝1kgあたり固定加工費×月末在庫数量）
⑦ 0円　（月初仕掛品及び月初製品在庫がともに0のため）

(1)	(2)	(3)	(4)	(5)
875 個	5,687,500 円	37.5 ％	336,000 円	168,000 円

◆ 解 説 ◆

　問題資料の推定箇所は次のように求めます。
　　営業利益：4,900,000円×15％＝735,000円　　（売上高と売上高営業利益率より）
　　固定費：1,960,000円－735,000円＝1,225,000円　　（貢献利益と営業利益より）
　また、貢献利益率を求めておくと、問題が解きやすくなります。
　　貢献利益率：1,960,000円÷4,900,000円＝0.4

⑴　損益分岐点では、貢献利益の金額と固定費の金額が等しくなり、営業利益がゼロとなります。損益分岐点における販売数
　量をＸ個とすると、次の式ができます。
　　　@3,500円×Ｘ個×0.4＝1,225,000円　　　　1,400Ｘ＝1,225,000　　　　Ｘ＝**875個**
⑵　まず、営業利益1,050,000円を達成するために必要であった貢献利益を計算し、貢献利益率で割り戻して、そのときの売
　上高を求めます。
　　　1,050,000円＋1,225,000円＝2,275,000円　　　　2,275,000円÷0.4＝**5,687,500円**
⑶　損益分岐点の売上高と当期の売上高を比較して求めます。
　　　損益分岐点売上高：@3,500円×875個＝3,062,500円　　　（⑴の解答より）
　　　$\dfrac{4,900,000円－3,062,500円}{4,900,000円}$ ×100％＝**37.5％**
⑷　売上高が840,000円減少するときの貢献利益の減少額を計算します。固定費は一定なので、貢献利益の減少額が営業利益
　の減少額となります。
　　　840,000円×0.4＝**336,000円**
⑸　損益分岐点の売上高を420,000円引き下げたときの貢献利益を求め、そのときの貢献利益の金額と等しくなる（営業利益
　がゼロになる）固定費の金額と、当期の固定費の金額を比較します。
　　　（3,062,500円－420,000円）×0.4＝1,057,000円　　　（損益分岐点売上高を420,000円引き下げたときの固定費）
　　　1,225,000円－1,057,000円＝**168,000円**　　　（固定費の引き下げ額）

製　造　原　価　報　告　書

（単位：千円）

I　直　接　材　料　費
　　　　期　首　棚　卸　高　（　　　　　3,500　）
　　　　当　期　購　入　高　（　　　　21,000　）
　　　　　合　　　　　計　　（　　　　24,500　）
　　　　期　末　棚　卸　高　（　　　　　5,600　）　（　　　　　18,900　）
II　直　接　労　務　費　　　　　　　　　　　　　　　（　　　　　21,000　）
III　製　造　間　接　費
　　　　間　接　材　料　費　（　　　　　2,800　）
　　　　間　接　労　務　費　（　　　　　3,500　）
　　　　間　接　経　費　　　（　　　　　2,800　）
　　　　　合　　　　　計　　（　　　　　9,100　）
　　　　製造間接費配賦差異　（　　　　　　700　）　（　　　　　　8,400　）
　　　　当　期　総　製　造　費　用　　　　　　　　　（　　　　　48,300　）
　　　　期　首　仕　掛　品　棚　卸　高　　　　　　　（　　　　　　1,400　）
　　　　　合　　　　　計　　　　　　　　　　　　　　（　　　　　49,700　）
　　　　期　末　仕　掛　品　棚　卸　高　　　　　　　（　　　　　　　700　）
　　　　当　期　製　品　製　造　原　価　　　　　　　（　　　　　49,000　）

損　　益　　計　　算　　書

（単位：千円）

I　売　　　上　　　高　　　　　　　　　　　　161,700
II　売　　上　　原　　価
　　　　期　首　製　品　棚　卸　高　（　　　　21,000　）
　　　　当　期　製　品　製　造　原　価　（　　　49,000　）
　　　　　合　　　　　計　　（　　　　70,000　）
　　　　期　末　製　品　棚　卸　高　（　　　　7,000　）
　　　　原　　価　　差　　異　（　　　　　700　）　（　　　　　63,700　）
　　　　売　　上　　総　　利　　益　　　　　　　　（　　　　　98,000　）

（以下略）

◆ 解 説 ◆

製造原価報告書と損益計算書のつながりを理解しましょう。製造原価報告書は、損益計算書における当期製品製造原価の明細を示すものです。製造原価報告書の製造間接費は、実際発生額から配賦差異を加減して予定配賦額となるように記入します。

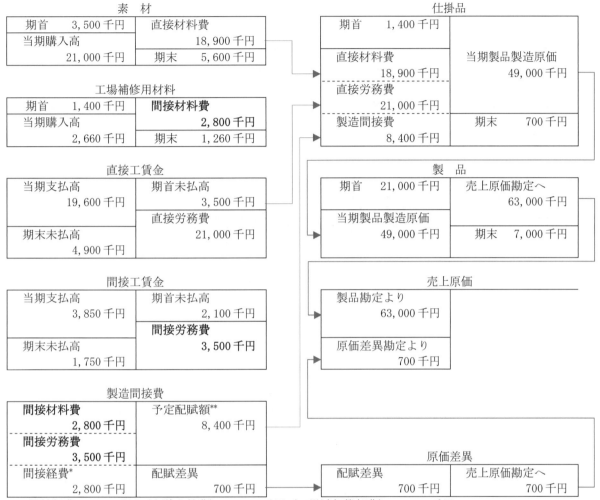

* 間接経費：1,750千円（水道光熱費）＋1,050千円（工場減価償却費）＝2,800千円

** 予定配賦額：21,000千円（直接労務費）×40％＝8,400千円

第1回 解答・解説

第1問（20点）　＊ 勘定科目は**記号での解答**となります。参考として、勘定科目も記入しています。

1
借方科目		金額	貸方科目		金額
備　　　品	ウ	2,537,600	現　　　金	ア	2,537,600

備品：@¥260,000×10台－¥62,400＝¥2,537,600

Point
取得原価
＝購入代価－割戻額

2
借方科目		金額	貸方科目		金額
退職給付引当金	エ	13,200,000	預　り　金	ウ	1,960,000
			当　座　預　金	ア	11,240,000

当座預金：¥13,200,000－¥1,960,000＝¥11,240,000

Point
内部積立方式なので、退職給付引当金を計上しており、支払時に取り崩すことになる。

3
借方科目		金額	貸方科目		金額
現　　　金	ア	72,000	売　　　上	カ	54,000
			契　約　負　債	オ	18,000

契約負債：¥72,000－¥54,000＝¥18,000
　　　　　 販売価額　 商品売価

Point
1つの取引の中に異なる履行義務が含まれている場合は、分けて処理する。

商品の販売：引き渡し済
⇒　収益を認識する

3年間の保守サービスの販売：サービス提供前
⇒　契約負債勘定で処理

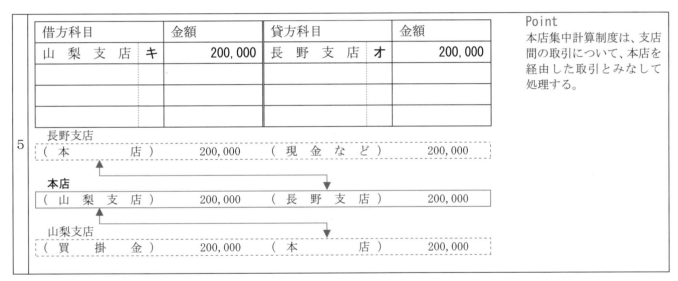

4

(1)

借方科目		金額	貸方科目		金額
売　掛　金	イ	640,000	売　　　　上	カ	627,200
			返　金　負　債	オ	12,800

売上：¥640,000－¥12,800＝¥627,200

Point
リベートの見積額は変動対価に該当し、販売金額のうち、返金する可能性が高いと見積もられる金額については、取引価格（売上）に含めず、返金負債として処理する。

(2)

借方科目		金額	貸方科目		金額
返　金　負　債	オ	12,800	当　座　預　金	ア	12,800

Point
リベートの支払い時、または売掛金と相殺した時などに返金負債を減少させる。

5

借方科目		金額	貸方科目		金額
山　梨　支　店	キ	200,000	長　野　支　店	オ	200,000

長野支店
（　本　　　　　店　）　200,000　（　現　金　な　ど　）　200,000

本店
（　山　梨　支　店　）　200,000　（　長　野　支　店　）　200,000

山梨支店
（　買　　掛　　金　）　200,000　（　本　　　　　店　）　200,000

Point
本店集中計算制度は、支店間の取引について、本店を経由した取引とみなして処理する。

４以外　仕訳１組につき４点
４(1)、(2)　仕訳１組につき２点　合計20点

第２問 （20点）
問１

当座預金勘定調整表
（３月31日現在）　　　　　　　　　　　（単位：円）

当座預金銀行残高					（	1,382,880 ）
（加算）	〔 (3) 〕	（	56,000 ）			
	〔 (4) 〕	（	80,000 ）	（★	136,000 ）	
（減算）	〔 (1) 〕	（	208,000 ）			
	〔 (2) 〕	（	156,000 ）	（★	364,000 ）	
当座預金帳簿残高				（★	1,154,880 ）	

注　〔　　〕には〔**資料Ⅱ**〕の番号(1)から(4)、（　　）には金額を記入すること。

貸借対照表に計上される当座預金の金額	￥	★　1,230,880

問２　＊ 勘定科目は**記号での解答**となります。参考として、勘定科目も記入しています。

〔**資料Ⅰ**〕に関する仕訳

番号	借　方　科　目		金　　額	貸　方　科　目		金　　額
(1)	為 替 差 損 益	キ	6,400	現　　　　　金	ア	6,400
(4)	現　　　　　金	ア	6,400	受 取 配 当 金	ク	8,000
	仮 払 法 人 税 等	エ	1,600			

〔**資料Ⅱ**〕に関する仕訳

番号	借　方　科　目		金　　額	貸　方　科　目		金　　額
(1)	仕　訳　な　し					
(2)	当 座 預 金	イ	156,000	電 子 記 録 債 権	ウ	156,000
(3)	仕　訳　な　し					
(4)	現　　　　　金	ア	80,000	当 座 預 金	イ	80,000

★１つにつき２点
仕訳１組につき２点
合計20点

解説

Step 1 決算に必要な整理仕訳

[資料Ⅰ]

(1) 外貨の換算替え … 問2

（ 為 替 差 損 益 ）	6,400	（ 現　　　金 ）	6,400

現金：100ドル×16枚＋50ドル×32枚＝3,200ドル
　　　＠¥110×3,200ドル＝¥352,000（3月31日の為替レートによる換算額）
　　　¥358,400－¥352,000＝¥6,400（現金の減少 → 損）

(2) 仮払金の計上

（ 仮　払　金 ）	30,000	（ 現　　　金 ）	30,000

(3) 誤処理の訂正（小切手の預入れ忘れ）

（ 現　　　金 ）	80,000	（ 当 座 預 金 ）	80,000

(4) 源泉所得税の処理 … 問2

（ 現　　　金 ）	6,400	（ 受 取 配 当 金 ）	8,000
（ 仮 払 法 人 税 等 ）	1,600		

受取配当金：¥6,400÷0.8＝¥8,000（配当金総額）
仮払法人税等：¥8,000×0.2＝¥1,600（源泉所得税額）

[資料Ⅱ]

(1) 未取付小切手 … 問2

（ 仕　訳　な　し ）			

(2) 電子記録債権の決済（未処理）… 問2

（ 当 座 預 金 ）	156,000	（ 電 子 記 録 債 権 ）	156,000

(3) 時間外預入 … 問2

（ 仕　訳　な　し ）			

(4) 誤処理の訂正（小切手の預入れ忘れ）… 問2

（ 現　　　金 ）	80,000	（ 当 座 預 金 ）	80,000

Step 2 当座預金勘定調整表（銀行残高基準法）の作成

　銀行残高基準法では、両者区分調整法における「当座預金銀行残高」からスタートし、銀行側の調整後、企業側の加算と減算を逆にして調整します。

当座預金勘定調整表（両者区分調整法）

当座預金帳簿残高		（ 1,154,880 ）	当座預金銀行残高		（ 1,382,880 ）
（加算）→減算に	［(2)］	（ 156,000 ）	（加算）	［(3)］	（ 56,000 ）
（減算）→加算に	［(4)］	（ 80,000 ）	（減算）	［(1)］	（ 208,000 ）
		（ 1,230,880 ）			（ 1,230,880 ）

貸借対照表に計上される当座預金の金額：¥1,230,880 … 問1

第3問 (20点)

損　　益

日	付	摘　　要		金　額	日	付	摘　　要		金　額
3	31	仕　　　　入	① ★	1,478,800	3	31	売　　　　上		3,200,000
3	31	棚 卸 減 耗 損	② ★	6,400	3	31	有 価 証 券 利 息	⑥ ★	10,400
3	31	商 品 評 価 損	③ ★	19,600	3	31	支　　　　店	⑨ ★	169,200
3	31	支 払 家 賃	⑧ ★	328,000					
3	31	給　　　　料	⑦ ★	320,000					
3	31	減 価 償 却 費	⑤ ★	56,000					
3	31	貸 倒 引 当 金 繰 入	④ ★	4,000					
3	31	（ 繰 越 利 益 剰 余 金 ）	⑩ ★	1,166,800					
				3,379,600					3,379,600

＊　上記の○番号は、解説の番号と対応しています。

★1つにつき2点
合計20点

【解　説】

Step 1 未処理事項等の処理

1．売掛金の回収

本店

（ 現 金 預 金 ）	40,000	（ 売 　 掛 　 金 ）	40,000

> **Point**
> 売掛金の減少は、貸倒引当金の設定額に影響する。

本店

現金預金：¥1,360,000＋¥40,000＝¥1,400,000
売 掛 金：¥1,120,000－¥40,000＝¥1,080,000

2．営業用の車両の取得

本店

（ 車 両 運 搬 具 ）	1,000,000	（ 未 　 払 　 金 ）	1,000,000

> **Point**
> 営業外取引の未払いは、未払金勘定で処理する。

本店

車両運搬具：¥1,000,000
未 払 金：¥1,000,000

3．誤記帳

支店

（ 本 　 　 店 ）	1,600	（ 現 金 預 金 ）	1,600

> **Point**
> 過剰計上しているので、過剰分を取り消す。

現金預金：¥29,600－¥28,000＝¥1,600（過剰計上）

支店

現金預金：¥500,000－¥1,600＝¥498,400

Step 2 決算整理事項等の処理

1．売上原価の算定（仕入勘定で計算）

本店

（ 仕 入 ）	286,800	（ 繰 越 商 品 ）	286,800
（ 繰 越 商 品 ）	320,000	（ 仕 入 ）	320,000
（ 棚 卸 減 耗 損 ）	6,400	（ 繰 越 商 品 ）	6,400
（ 商 品 評 価 損 ）	19,600	（ 繰 越 商 品 ）	19,600

支店

（ 仕 入 ）	192,000	（ 繰 越 商 品 ）	192,000
（ 繰 越 商 品 ）	172,800	（ 仕 入 ）	172,800
（ 棚 卸 減 耗 損 ）	10,800	（ 繰 越 商 品 ）	10,800

期末帳簿棚卸高
　本店：@¥800×400個＝¥320,000
　支店：@¥540×320個＝¥172,800
棚卸減耗損
　本店：@¥800×（400個－392個）＝¥6,400
　支店：@¥540×（320個－300個）＝¥10,800
商品評価損
　本店：（@¥800－@¥750）×392個＝¥19,600

本店
　仕　　入：¥1,512,000＋¥286,800－¥320,000＝¥1,478,800 … ①
　棚卸減耗損：¥6,400 … ②
　商品評価損：¥19,600 … ③
　繰 越 商 品：¥286,800－¥286,800＋¥320,000－¥6,400－¥19,600＝¥294,000

支店
　仕　　入：¥564,000＋¥192,000－¥172,800＝¥583,200
　棚卸減耗損：¥10,800
　繰 越 商 品：¥192,000－¥192,000＋¥172,800－¥10,800＝¥162,000

2．貸倒引当金の設定

本店

（ 貸 倒 引 当 金 繰 入 ）	4,000	（ 貸 倒 引 当 金 ）	4,000

　貸倒引当金繰入：¥1,080,000×1％＝¥10,800（設定額）
　　　　　　　　　¥10,800－¥6,800＝¥4,000　（繰入額）

支店

（ 貸 倒 引 当 金 繰 入 ）	800	（ 貸 倒 引 当 金 ）	800

　貸倒引当金繰入：¥360,000×1％＝¥3,600（設定額）
　　　　　　　　　¥3,600－¥2,800＝¥800　（繰入額）

本店
　貸倒引当金繰入：¥4,000 … ④
　貸 倒 引 当 金：¥6,800＋¥4,000＝¥10,800

支店
　貸倒引当金繰入：¥800
　貸 倒 引 当 金：¥2,800＋¥800＝¥3,600

3．減価償却費の計上

本店（備品）

（ 減 価 償 却 費 ）	36,000	（ 備品減価償却累計額 ）	36,000

減価償却費：¥180,000÷5年＝¥36,000

支店（備品）

（ 減 価 償 却 費 ）	28,000	（ 備品減価償却累計額 ）	28,000

減価償却費：¥140,000÷5年＝¥28,000

本店（車両運搬具）

（ 減 価 償 却 費 ）	20,000	（ 車両運搬具減価償却累計額 ）	20,000

減価償却費：$¥1,000,000 \times \dfrac{6,000km}{300,000km} = ¥20,000$

本店
減　価　償　却　費：¥36,000＋¥20,000＝**¥56,000** … ⑤
備品減価償却累計額：¥72,000＋¥36,000＝¥108,000
車両運搬具減価償却累計額：¥20,000

支店
減　価　償　却　費：¥28,000
備品減価償却累計額：¥28,000＋¥28,000＝¥56,000

4．満期保有目的債券の評価替え（償却原価法）

本店

（ 満期保有目的債券 ）	800	（ 有 価 証 券 利 息 ）	800

有価証券利息：（¥800,000－¥792,000）÷10年＝¥800（償却額）
　　　　　　　　額面額　　　取得価額

本店
有 価 証 券 利 息：¥9,600＋¥800＝**¥10,400** … ⑥
満期保有目的債券：¥792,800＋¥800＝¥793,600

5．経過勘定項目

本店

（ 給　　　料 ）	28,000	（ 未 払 給 料 ）	28,000
（ 前 払 家 賃 ）	24,000	（ 支 払 家 賃 ）	24,000

支店

（ 給　　　料 ）	20,000	（ 未 払 給 料 ）	20,000
（ 支 払 家 賃 ）	20,000	（ 未 払 家 賃 ）	20,000

本店
給　　　料：¥292,000＋¥28,000＝**¥320,000** … ⑦
未払給料：¥28,000
支払家賃：¥352,000－¥24,000＝**¥328,000** … ⑧
前払家賃：¥24,000

支店
給　　　料：¥244,000＋¥20,000＝¥264,000
未払給料：¥20,000
支払家賃：¥220,000＋¥20,000＝¥240,000
未払家賃：¥20,000

６．支店損益の算定

本店

（ 支 店 ）	169,200	（ 損 益 ）	**169,200** ⑨

本店の損益勘定

支店

（ 損 益 ）	169,200	（ 本 店 ）	169,200

支店の損益勘定

（支店）　　　　　　　損　　　　益

仕　　　　　　入 ¥	583,200	売　　　　　　上 ¥	1,296,000
棚 卸 減 耗 損 ¥	10,800		
支 払 家 賃 ¥	240,000		
給　　　　　　料 ¥	264,000		
減 価 償 却 費 ¥	28,000		
貸 倒 引 当 金 繰 入 ¥	800		
支 店 の 純 利 益 ¥	**169,200**		

本店

支店：¥696,400＋¥169,200＝¥865,600　　（借方）

支店

本店：¥698,000－¥1,600＋¥169,200＝¥865,600　　（貸方）

Step 3　本店損益の算定

本店

（ 損 益 ）	1,166,800 ⑩	（ **繰越利益剰余金** ）	1,166,800

本店

繰越利益剰余金：¥440,000＋¥1,166,800＝¥1,606,800

Point

答案用紙の本店の損益勘定を参考にして、計算用紙に支店の損益勘定を集計し、貸借差額で純利益を計算する。

支店勘定と本店勘定の金額は、貸借逆で一致する。

Point

答案用紙の本店の損益勘定で当期純利益以外の金額を記入し、貸借差額で当期純利益を計算する。

第1回

第4問 （28点）

問1 （12点） ＊ 勘定科目は**記号での解答**となります。参考として、勘定科目も記入しています。

(1)

借方科目		金額	貸方科目		金額
仕 掛 品	イ	560,000	材 料	ア	560,000

（先入先出法）　　　材料（素材）

前 月 繰 越 1,200個 @200円 240,000円	消 費 高 3,200個 560,000円*3
仕 入 高 3,000個 @160円 480,000円	
	次 月 繰 越 1,000個*1 @160円 160,000円*2

＊1　月末在庫量：1,200個＋3,000個－3,200個＝1,000個
＊2　月末在庫高：@160円×1,000個＝160,000円
＊3　貸借差額

Point
材料消費高は先入先出法で計算するので、次月繰越の素材の単価は当月購入分の@160円となる。

素材は直接材料となるので、仕掛品勘定に振り替える。

(2)

借方科目		金額	貸方科目		金額
仕 掛 品	イ	560,000	賃金・給料	エ	573,440
製造間接費	オ	13,440			

仕 掛 品：@1,120円×500時間＝560,000円（直接工の直接作業時間に対する賃金消費高）
製造間接費：@1,120円× 12時間＝ 13,440円（直接工の間接作業時間に対する賃金消費高）

Point
直接労務費
直接工の直接作業時間に対する賃金消費高

間接労務費
直接工の間接作業時間に対する賃金消費高

(3)

借方科目		金額	貸方科目		金額
仕 掛 品	イ	700,000	製造間接費	オ	700,000

仕掛品：9,240,000円÷6,600時間＝@1,400円
　　　　@1,400円×500時間＝700,000円

Point
予定配賦率
＝製造間接費予算÷予定総直接作業時間

予定配賦額
＝予定配賦率×直接工の実際直接作業時間

仕訳1組につき4点　合計12点

問2 （16点）

(1)

予算部門別配賦表 （単位：円）

費　目	合　計	製造部門		補助部門		
		第1製造部	第2製造部	材料倉庫部	修繕部	工場事務部
部　門　費	50,880,000	23,280,000	19,200,000	3,200,000	2,400,000	2,800,000
材料倉庫部費	3,200,000	2,400,000	800,000			
修繕部費	2,400,000	1,440,000	960,000			
工場事務部費	2,800,000	1,680,000	1,120,000			
製造部門費	50,880,000	★28,800,000	★22,080,000			

(2)

第1製造部の予定配賦率 ＝ 　★　5,000　 円/時間

第2製造部の予定配賦率 ＝ 　★　4,600　 円/時間

★1つにつき4点
合計16点

解説

Step 1 予算部門別配賦表の作成

材料倉庫部費

第1製造部： $\dfrac{3,200,000円}{1,200kg＋400kg} \times 1,200kg ＝ 2,400,000円$

第2製造部： $\dfrac{3,200,000円}{1,200kg＋400kg} \times 400kg ＝ 800,000円$

修繕部費

第1製造部： $\dfrac{2,400,000円}{480時間＋320時間} \times 480時間 ＝ 1,440,000円$

第2製造部： $\dfrac{2,400,000円}{480時間＋320時間} \times 320時間 ＝ 960,000円$

工場事務部費

第1製造部： $\dfrac{2,800,000円}{24人＋16人} \times 24人 ＝ 1,680,000円$

第2製造部： $\dfrac{2,800,000円}{24人＋16人} \times 16人 ＝ 1,120,000円$

> **Point**
> 直接配賦法を採用しているので、補助部門相互間の用役提供の授受を無視して、製造部門にのみ配賦する。
>
> 配賦基準にもとづいて、補助部門費を第1製造部と第2製造部に按分する。
>
> 第1製造部および第2製造部に集計された金額が、それぞれの予算額（補助部門費配賦後）となる。

Step 2 部門別予定配賦率の算定

予定配賦率

第1製造部の予定配賦率： $\dfrac{28,800,000円}{5,760時間} ＝ 5,000円/時間$

第2製造部の予定配賦率： $\dfrac{22,080,000円}{4,800時間} ＝ 4,600円/時間$

> **Point**
> 予定配賦率
> $＝ \dfrac{製造部門費の合計}{予定直接作業時間}$

第5問 (12点)

問1	★	2,450	個

問2	★	4,560,000	円

問3	★	30	%

問4	★	432,000	円

★1つにつき3点
合計12点

解説

Step 1 推定箇所の算定

推定箇所

　営 業 利 益：4,200,000円×12％＝504,000円

　製造固定費：1,680,000円－456,000円－504,000円＝720,000円

貢献利益 1,680,000円		
製造固定費 （　　？　　）円	固定販売費及び一般管理費 456,000円	営業利益 504,000円

> **Point**
> 営業利益
> ＝売上高×売上高営業利益率
>
> 貢献利益
> ＝製造固定費＋固定販売費及び一般管理費＋営業利益

Step 2 数値の算定

問1

　損益分岐点における販売数量：2,940,000円÷@1,200円＝**2,450個**

　貢　献　利　益　率：1,680,000円÷4,200,000円＝0.4（40％）

　固　　定　　費：720,000円＋456,000円＝1,176,000円

　損益分岐点における売上高：1,176,000円÷0.4＝2,940,000円

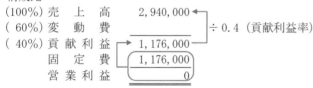

貢献利益 1,176,000円	
固定費 1,176,000円	営業利益 0円

> **Point**
> 貢献利益率
> ＝貢献利益÷売上高
>
> 変動費
> ＝変動売上原価＋変動販売費
>
> 固定費
> ＝製造固定費＋固定販売費及び一般管理費
>
> 貢献利益
> ＝固定費＋営業利益
>
> 損益分岐点では、営業利益はゼロとなる。
>
> 売上高の40％が貢献利益となるので、割り戻すことにより売上高を計算する。

問2

目標営業利益を達成するための売上高：$(1,176,000円＋648,000円) ÷ 0.4$

$$＝4,560,000円$$

構成比
(100%) 売　上　高　　　4,560,000
(60%) 変　動　費　　　　　　　　　　÷ 0.4（貢献利益率）
(40%) 貢　献　利　益　→ 1,824,000
　　　　固　定　費　　　1,176,000
　　　　営　業　利　益　　　648,000

貢献利益	
1,824,000円	
固定費	目標営業利益
1,176,000円	648,000円

Point
貢献利益
＝固定費＋営業利益

売上高の40％が貢献利益
となるので、割り戻すこと
により売上高を計算する。

問3

$$安全余裕率＝\frac{売上高－損益分岐点売上高}{売上高}$$

$$＝\frac{4,200,000円－2,940,000円}{4,200,000円}＝0.3（30\%）$$

売上高（100%）	
損益分岐点比率（70%）	安全余裕率（30%）

Point
安全余裕率が問われてい
る。

損益分岐点比率
売上高に占める損益分岐
点売上高の割合

問4

営業利益の減少額：$△1,080,000円×0.4＝△432,000円$

構成比
(100%) 売　上　高　△ 1,080,000
(60%) 変　動　費　　　　　　　　　×0.4（貢献利益率）
(40%) 貢　献　利　益　△　432,000
　　　　固　定　費　　　　　　－　　固定費の増減なし
　　　　営　業　利　益　△　432,000

Point
変動費と貢献利益は、売上
高の増減に比例する。

売上高の40％が貢献利益
となる。

固定費は売上高の増減に
係わらず一定となるので、
貢献利益の減少分だけ営
業利益も減少する。

第 1 問（20点）　＊ 勘定科目は**記号での解答**となります。参考として、勘定科目も記入しています。

	借方科目		金額	貸方科目		金額
1	建　　　物	イ	3,520,000	建 設 仮 勘 定	エ	5,280,000
	構　築　物	ウ	1,320,000			
	修　繕　費	カ	440,000			

共通工事費の配賦率：$\dfrac{¥480,000}{¥3,200,000+¥1,200,000+¥400,000}=0.1$

共通工事費の配賦額
　建　　物：¥3,200,000×0.1＝¥320,000
　構築物：¥1,200,000×0.1＝¥120,000
　修繕費：¥　400,000×0.1＝¥　40,000

Point
各勘定の金額に、共通工事費の配賦額を加算する。

	借方科目		金額	貸方科目		金額
2	繰越利益剰余金	カ	1,300,000	未 払 配 当 金	イ	1,000,000
				利 益 準 備 金	オ	100,000
				別 途 積 立 金	キ	200,000

未 払 配 当 金：＠¥500×2,000株＝¥1,000,000
利 益 準 備 金：

　　¥8,000,000×$\dfrac{1}{4}$＝¥2,000,000（資本金の額の４分の１）

　　¥2,000,000−（¥1,600,000＋¥160,000）＝¥240,000（積立上限額）… ①

　　¥1,000,000×$\dfrac{1}{10}$＝¥100,000（株主配当金の10分の１）……………… ②

　　①＞②より、¥100,000（利益準備金の積立額）
繰越利益剰余金：¥1,000,000＋¥100,000＋¥200,000＝¥1,300,000

Point
繰越利益剰余金をすべて処分するわけではない。

積立上限額
＝資本金の額の４分の１
−（資本準備金＋利益準備金）

株主配当金の10分の１を準備金に積み立てる必要があるが、積立上限額までとなる。

	借方科目		金額	貸方科目		金額
3	その他資本剰余金	ウ	800,000	資 本 準 備 金	イ	800,000
	繰越利益剰余金	オ	600,000	利 益 準 備 金	エ	600,000

Point
その他資本剰余金は、資本準備金に振り替える。

繰越利益剰余金は、利益準備金に振り替える。

(1)

借方科目		金額	貸方科目		金額
契　約　資　産	ウ	220,000	売　　　　　上	キ	220,000

契約資産：¥44,000×5台＝¥220,000

Point
複数の履行義務を含み、債権（売掛金等）はすべての履行義務の充足後に認識するという契約の場合、履行義務の一部のみの充足による収益の計上は、契約資産勘定（資産）で処理する。

4

(2)

借方科目		金額	貸方科目		金額
売　　掛　　金	イ	720,000	売　　　　　上	キ	500,000
			契　約　資　産	ウ	220,000

売　上：¥100,000×5台＝¥500,000
売掛金：¥500,000＋¥220,000＝¥720,000

Point
すべての履行義務を充足し、債権が認識されたので、売掛金を計上する。
また、先行して、一部の履行義務を充足したときに計上した契約資産を減少させる。

5

借方科目		金額	貸方科目		金額
満期保有目的債券	オ	788,000	当　座　預　金	イ	788,640
有価証券利息	キ	640			

満期保有目的債券：$¥800,000 × \dfrac{@¥98.50}{@¥100} = ¥788,000$（帳簿価額）

有価証券利息：$¥800,000 × 0.365\% × \dfrac{80日}{365日} = ¥640$（端数利息）

当　座　預　金：¥788,000＋¥640＝¥788,640

Point
前回の利払日の翌日から売買日当日までの日数
　30日（4月）
　31日（5月）
　19日（6月）
　80日

4以外　仕訳1組につき4点
4(1)、(2)　仕訳1組につき2点　合計20点

第2問 (20点)

(1)

総 勘 定 元 帳

買 掛 金

年	月	日	摘 要		借 方	年	月	日	摘 要		貸 方
X1	2	28	普 通 預 金		1,260,000	X1	1	1	前 期 繰 越		1,260,000
	7	31	諸 口	★	2,160,000		4	30	商 品	★	2,160,000
	12	31	次 期 繰 越	★	1,971,200		11	1	商 品		1,936,000
							12	31	為 替 差 損 益	★	35,200
					5,391,200						5,391,200

商 品

年	月	日	摘 要		借 方	年	月	日	摘 要		貸 方
X1	1	1	前 期 繰 越	★	1,600,000	X1	2	1	売 上 原 価		800,000
	4	30	買 掛 金		2,160,000		5	16	売 上 原 価	★	1,016,000
	11	1	買 掛 金	★	1,936,000		7	1	売 上 原 価		648,000
							11	16	売 上 原 価	★	1,080,000
							12	31	棚 卸 減 耗 損		19,360
							12	31	次 期 繰 越		2,132,640
					5,696,000						5,696,000

(2)

① 当期の売上総利益　　　¥　★　3,326,000

② 当期の為替差損　　　　¥　★　7,200

★1つにつき2点
合計20点

Step 1 輸入関連取引

1月1日

前期繰越

商品の前期繰越額

商品X：@¥1,000×1,600個＝¥1,600,000

買掛金の前期繰越額

¥1,260,000（円建ての金額）

¥1,260,000÷@¥105＝12,000ドル（ドル建ての金額）

2月28日

買掛金支払い

（ 買 掛 金 ）	1,260,000	（ 普 通 預 金 ）	1,272,000
（ 為 替 差 損 益 ）	12,000		

普通預金：@¥106×12,000ドル＝¥1,272,000（支払時の為替相場で換算）
為替差損益：貸借差額

4月30日

輸入（商品X）

（ 商 品 ）	2,160,000	（ 買 掛 金 ）	2,160,000

買掛金：@10ドル×2,000個＝20,000ドル
　　　　@¥108×20,000ドル＝¥2,160,000（輸入時の為替相場で換算）

7月31日

買掛金支払い

（ 買 掛 金 ）	2,160,000	（ 普 通 預 金 ）	2,120,000
		（ 為 替 差 損 益 ）	40,000

普通預金：@¥106×20,000ドル＝¥2,120,000（支払時の為替相場で換算）
為替差損益：貸借差額

11月1日

輸入（商品X）

（ 商 品 ）	1,936,000	（ 買 掛 金 ）	1,936,000

買掛金：@11ドル×1,600個＝17,600ドル
　　　　@¥110×17,600ドル＝¥1,936,000（輸入時の為替相場で換算）

12月31日

決算（換算替え）

買掛金の換算替え

（ 為 替 差 損 益 ）	35,200	（ 買 掛 金 ）	35,200

為替差損益：@¥112×17,600ドル＝¥1,971,200（決算時の為替相場で換算）
　　　　　　¥1,971,200－¥1,936,000＝¥35,200（買掛金の増加 → 為替差損）

12月31日

決算（棚卸減耗）

（ 棚 卸 減 耗 損 ）	19,360	（ 商 品 ）	19,360

商品有高帳

日 付	受 入			払 出			残 高		
	数 量	単 価	金 額	数 量	単 価	金 額	数 量	単 価	金 額
1/1	1,600	1,000	1,600,000				1,600	1,000	1,600,000
1/31				800	1,000	800,000	800	1,000	800,000
4/30	2,000	1,080	2,160,000				800	1,000	800,000
							2,000	1,080	2,160,000
5/15				800	1,000	800,000			
				200	1,080	216,000	1,800	1,080	1,944,000
6/30				600	1,080	648,000	1,200	1,080	1,296,000
11/1	1,600	1,210	1,936,000				1,200	1,080	1,296,000
							1,600	1,210	1,936,000
11/15				1,000	1,080	1,080,000	200	1,080	216,000
							1,600	1,210	1,936,000

12月31日

次期繰越

商品X

棚 卸 減 耗 損：¥19,360 （問題文より）

次 期 繰 越 額：¥2,132,640 （商品勘定における貸借差額により算定）

買掛金の次期繰越額：¥1,971,200 （買掛金勘定における貸借差額により算定）

Step 3 当期の売上総利益、為替差損

当期の売上総利益：¥6,870,000 － ¥3,544,000 ＝ ¥3,326,000
　　　　　　　　　　売上高　　　　　　売上原価

当期の為替差損：¥7,200

売 上

2/1	1,440,000	（＝＠¥1,800× 800個）
5/16	2,000,000	（＝＠¥2,000×1,000個）
7/1	1,230,000	（＝＠¥2,050× 600個）
11/16	2,200,000	（＝＠¥2,200×1,000個）
合計	6,870,000	

売 上 原 価

（商品有高帳1/31より） 2/1	800,000	
（商品有高帳5/15より） 5/16	1,016,000	
（商品有高帳6/30より） 7/1	648,000	
（商品有高帳11/15より） 11/16	1,080,000	
合計	3,544,000	

為替差損益

2/28	12,000	7/31	40,000
12/31	35,200	為替差損	7,200

第3問 （20点）

損　益　計　算　書

自 X1年4月1日　至 X2年3月31日　　　　　（単位：円）

①	I	売　　上　　高		（	4,099,200 ）
	II	売　上　原　価			
④	1	期首商品棚卸高	（ 768,000 ）		
⑤	2	当期商品仕入高	（ 2,525,280 ）		
		合　　　計	（ 3,293,280 ）		
⑥	3	期末商品棚卸高	（ 726,480 ）		
		差　　　引	（ 2,566,800 ）		
⑦	4	棚卸減耗損	（★ 1,600 ）		
⑧	5	商品評価損	（★ 2,400 ）	（	2,570,800 ）
		（ 売 上 総 利 益 ）		（	1,528,400 ）
	III	販売費及び一般管理費			
	1	給　　　料	1,152,000		
	2	通　信　費	64,000		
	3	保　険　料	33,600		
⑨	4	減価償却費	（★ 44,400 ）		
③	5	貸倒引当金繰入	（★ 3,600 ）		
⑩	6	退職給付費用	（★ 20,000 ）	（	1,317,600 ）
		（ 営 業 利 益 ）		（	210,800 ）
	IV	営　業　外　収　益			
⑫	1	受　取　利　息		（★	2,400 ）
	V	営　業　外　費　用			
	1	支　払　利　息	12,000		
⑪	2	貸倒引当金繰入	（★ 1,200 ）	（	13,200 ）
		（ 経 常 利 益 ）		（	200,000 ）
	VI	特　別　利　益			
	1	国庫補助金受贈益			20,000
	VII	特　別　損　失			
②	1	固定資産圧縮損		（★	20,000 ）
		税引前当期純利益		（	200,000 ）
⑬		法人税、住民税及び事業税	（ 61,080 ）		
⑭		法人税等調整額	（△★ 1,080 ）	（	60,000 ）
⑮		（ 当 期 純 利 益 ）		（★	140,000 ）

＊　上記の○番号は、解説の番号と対応しています。

★1つにつき2点

合計20点

解 説

Step 1 未処理事項の処理

1．掛売り商品の返品

（ 売 上 ）	7,200	（ 売 掛 金 ）	7,200

Point
売掛金の減少は、貸倒引当金の設定額に影響する。

☑売 上：¥4,106,400－¥7,200＝¥4,099,200 … ①
☑売掛金：¥552,000－¥7,200＝¥544,800

2．圧縮記帳

国庫補助金受取時：処理済

（ 現 金 な ど ）	20,000	（ 国庫補助金受贈益 ）	20,000

備品取得時：処理済

（ 備 品 ）	140,000	（ 現 金 な ど ）	140,000

圧縮記帳

（ 固定資産圧縮損 ）	20,000	（ 備 品 ）	20,000

Point
決算整理前残高試算表に国庫補助金受贈益勘定の残高が¥20,000あるので、国庫補助金を受け取ったときの処理は済んでいる。

圧縮記帳（直接控除方式）を行った場合、圧縮記帳後の取得原価をもとに減価償却を行う。

☑固定資産圧縮損：¥20,000 … ②
☑備 品：¥140,000－¥20,000＝¥120,000

Step 2 決算整理事項の処理

1．貸倒引当金の設定（営業債権）

（ 貸倒引当金繰入 ）	3,600	（ 貸 倒 引 当 金 ）	3,600

貸倒引当金繰入：（¥95,200＋¥544,800）×1％＝¥6,400（設定額）
　　　　　　　　受取手形　　売掛金
　　　　　　　¥6,400－¥2,800＝¥3,600（繰入額）
　　　　　　　　　　貸倒引当金残高

Point
営業債権に対する貸倒引当金の繰入額は、販売費及び一般管理費の区分に表示する。

☑貸倒引当金繰入（販売費及び一般管理費）：¥3,600 … ③
☑貸 倒 引 当 金（受取手形および売掛金）：¥6,400

2．売上原価の計算および商品の評価（売上原価を仕入勘定で算定していると仮定）

掛け仕入の計上もれ

（ 仕 入 ）	5,280	（ 買 掛 金 ）	5,280

売上原価の計算

（ 仕 入 ）	768,000	（ 繰 越 商 品 ）	768,000
（ 繰 越 商 品 ）	726,480	（ 仕 入 ）	726,480
（ 棚 卸 減 耗 損 ）	1,600	（ 繰 越 商 品 ）	4,000
（ 商 品 評 価 損 ）	2,400		
（ 仕 入 ）	4,000	（ 棚 卸 減 耗 損 ）	1,600
		（ 商 品 評 価 損 ）	2,400

Point
返品分と計上もれ分を帳簿棚卸高に加える。

期末商品棚卸高には、修正後の帳簿棚卸高を記入する。

商品の販売可能価額が原価の50％ということは、残り50％は商品評価損となる。

棚卸減耗損と商品評価損は、売上原価の増加要因となる。

売上原価
＝期首商品棚卸高＋当期商品仕入高－期末商品棚卸高＋棚卸減耗損＋商品評価損

期末帳簿棚卸高：¥716,400＋¥4,800＋¥5,280＝¥726,480（修正後）
　　　　　　　　　　　　　返品分(原価)　計上もれ分
棚 卸 減 耗 損：¥726,480－¥724,880＝¥1,600
　　　　　　　　帳簿棚卸高　実地棚卸高
商 品 評 価 損：¥4,800×50％＝¥2,400
　　　　　　　　返品分(原価)

☑期首商品棚卸高：¥768,000 … ④
☑当期商品仕入高：¥2,520,000＋¥5,280＝¥2,525,280 … ⑤
☑期末商品棚卸高：¥726,480 … ⑥
☑棚卸減耗損：¥1,600 … ⑦
☑商品評価損：¥2,400 … ⑧
☑商　　　品：¥726,480－¥1,600－¥2,400＝¥722,480
☑買　掛　金：¥293,600＋¥5,280＝¥298,880

３．減価償却費の計上

建物

| （減価償却費） | 14,400 | （建物減価償却累計額） | 14,400 |

減価償却費：¥432,000÷30年＝¥14,400

備品

| （減価償却費） | 30,000 | （備品減価償却累計額） | 30,000 |

減価償却費：（¥140,000－¥20,000）×0.25＝¥30,000
　　　　　　　　圧縮記帳後の取得原価

☑減　価　償　却　費：¥14,400＋¥30,000＝**¥44,400** … ⑨
☑建物減価償却累計額：¥216,000＋¥14,400＝¥230,400
☑備品減価償却累計額：¥30,000

> **Point**
> 備品の償却率
> $$\frac{1}{8年} \times 200\% = 0.25$$

４．その他有価証券の評価

| （繰延税金資産） | 600 | （その他有価証券） | 2,000 |
| （その他有価証券評価差額金） | 1,400 | | |

その他有価証券：¥30,000－¥32,000＝△¥2,000（評価損相当）
　　　　　　　　　時価　　　取得原価
繰延税金資産：¥2,000×30％＝¥600
その他有価証券評価差額金：¥2,000－¥600＝¥1,400

☑その他有価証券評価差額金：△¥1,400
☑その他有価証券：¥32,000－¥2,000＝¥30,000

> **Point**
> 「時価＜取得原価」の場合、評価差額の30％を繰延税金資産勘定、残りの70％をその他有価証券評価差額金勘定（借方）で処理する。

５．退職給付費用の計上

| （退職給付費用） | 20,000 | （退職給付引当金） | 20,000 |

退職給付費用：¥192,000－¥172,000＝¥20,000
　　　　　　　　　退職給付引当金残高

☑退職給付費用：**¥20,000** … ⑩
☑退職給付引当金：¥192,000

> **Point**
> 期末に引当金として計上すべき残高になるように、退職給付引当金の残高との差額を、退職給付費用として計上する。

６．貸倒引当金の設定（営業外債権）・利息の未収計上

貸倒引当金の設定

| （貸倒引当金繰入） | 1,200 | （貸倒引当金） | 1,200 |

利息の未収計上

| （未収利息） | 2,400 | （受取利息） | 2,400 |

貸倒引当金繰入：¥80,000×1.5％＝¥1,200（設定額・繰入額）
受取利息：¥80,000×4.5％×$\dfrac{8か月}{12か月}$＝¥2,400

☑貸倒引当金繰入（営業外費用）：**¥1,200** … ⑪
☑貸倒引当金（貸付金）：¥1,200
☑受取利息：**¥2,400** … ⑫
☑未収利息：¥2,400

> **Point**
> 当期に貸し付けているので、設定額を全額、繰り入れる。
>
> 営業外債権に対する貸倒引当金の繰入額は、営業外費用の区分に表示する。

7．法人税、住民税及び事業税の計上

（ 法人税,住民税及び事業税 ）	61,080	（ 仮 払 法 人 税 等 ）	32,000
		（ 未 払 法 人 税 等 ）	29,080
（ 繰 延 税 金 資 産 ）	1,080	（ 法 人 税 等 調 整 額 ）	1,080

未払法人税等：¥61,080－¥32,000＝¥29,080
      課税見込額 仮払法人税等

法人税等調整額：¥54,000×30％＝¥16,200（期首時点の繰延税金資産）
       ¥57,600×30％＝¥17,280（期末時点の繰延税金資産）
       ¥17,280－¥16,200＝¥1,080

☑法人税、住民税及び事業税：¥61,080 … ⑬
☑未 払 法 人 税 等：¥29,080
☑法 人 税 等 調 整 額：△¥1,080 … ⑭
☑繰 延 税 金 資 産：¥16,200＋¥600＋¥1,080＝¥17,880
☑当 期 純 利 益：¥200,000－（¥61,080－¥1,080）＝¥140,000 … ⑮
           課税見込額 法人税等調整額
☑繰 越 利 益 剰 余 金：¥222,400＋¥140,000＝¥362,400

第4問（28点）

問1（12点）　＊ 勘定科目は**記号での解答**となります。参考として、勘定科目も記入しています。

第2回

(1)

借方科目		金額	貸方科目		金額
仕　掛　品	エ	3,200,000	賃　　　金	イ	4,450,000
製 造 間 接 費	ウ	1,250,000			

仕　掛　品：@2,000円×1,600時間＝3,200,000円
製造間接費：1,300,000円＋110,000円－160,000円＝1,250,000円
賃　　　金：3,200,000円＋1,250,000円＝4,450,000円

間 接 工 賃 金

当月賃金支払高　1,300,000 円	前月賃金未払高　160,000 円
当月賃金未払高　110,000 円	要支払額　1,250,000 円

本社の仕訳
（ 仕　訳　な　し ）

Point
直接工は直接作業のみ行っているので、直接工賃金の消費額は、すべて仕掛品勘定に振り替える。

間接工賃金の消費額は、製造間接費勘定に振り替える。

(2)

借方科目		金額	貸方科目		金額
製 造 間 接 費	ウ	200,000	本　　　社	キ	200,000

本社の仕訳
（ 工　　　場 ）　200,000　（ 現　金　な　ど ）　200,000

Point
支払い関係は、すべて本社で行っている。

間接経費なので、製造間接費勘定で処理する。

(3)

借方科目		金額	貸方科目		金額
製 造 間 接 費	ウ	120,000	原　価　差　異	オ	120,000

原価差異：2,560,000円－2,440,000円＝120,000円（有利差異）
　　　　　予定配賦額　　実際発生額

製 造 間 接 費

実際発生額　2,440,000 円	予定配賦額　2,560,000 円
配賦差異（有利差異）　120,000 円	

本社の仕訳
（ 仕　訳　な　し ）

Point
「予定配賦額＞実際発生額」なので、有利差異（貸方差異）となる。

仕訳1組につき**4点**　合計12点

問2 （16点）

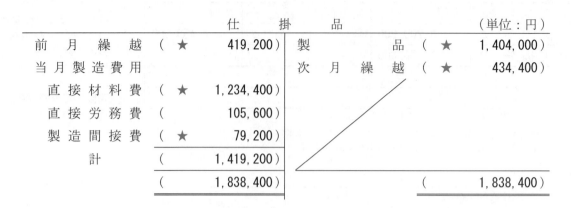

仕　　掛　　品			（単位：円）	
前　月　繰　越	（★　419,200）	製　　　　　品	（★　1,404,000）	
当月製造費用		次　月　繰　越	（★　434,400）	
直接材料費	（★　1,234,400）			
直接労務費	（　　105,600）			
製造間接費	（★　79,200）			
計	（　　1,419,200）			
	（　　1,838,400）		（　　1,838,400）	

製　　　　　品			（単位：円）	
前　月　繰　越	（★　777,200）	売　上　原　価	（★　1,459,600）	
仕　　掛　　品	（　　1,404,000）	次　月　繰　越	（★　721,600）	
	（　　2,181,200）		（　　2,181,200）	

★1つにつき2点
合計16点

解　説

Step 1　月初・月末の状況の把握

5月の状況

Point
製造着手日・完成日・引渡日から、5月の月初・月末の状況を把握する。

Step 2　費目別の計算・集計

直接材料費

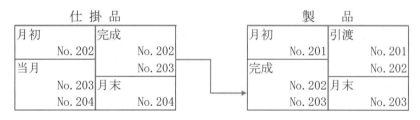

当月消費高
　（@410円×640kg＋@405円×3,120kg）－291,600円
　　＝1,234,400円

月末在庫高
　@405円×720kg＝291,600円

No.203の消費高：1,234,400円－（229,600円＋375,600円）＝629,200円
　　　　　　　　　　　　　　　　　No.202　　　　No.204
　　　　　　　　　　　　　　　　　（5月）

Point
先入先出法を用いているので、先に月末在庫高を計算し、差額で当月消費高を求める。

当月消費高の内訳
　No.202（5月）
　No.203
　No.204

直接労務費

No. 201（4月分）：@1,200円×52時間＝62,400円
No. 202（4月分）：@1,200円×24時間＝28,800円
No. 202（5月分）：@1,200円×16時間＝19,200円
No. 203（5月分）：@1,200円×44時間＝52,800円
No. 204（5月分）：@1,200円×28時間＝33,600円

Point

直接労務費
＝予定消費賃率×直接作業時間

製造間接費

No. 201（4月分）：62,400円×75%＝46,800円
No. 202（4月分）：28,800円×75%＝21,600円
No. 202（5月分）：19,200円×75%＝14,400円
No. 203（5月分）：52,800円×75%＝39,600円
No. 204（5月分）：33,600円×75%＝25,200円

Point

予定配賦額
＝直接労務費×75%

第2回

製造原価の集計

製造指図書番号	No. 201	No. 202		No. 203	No. 204
		4月	5月		
製造原価：					
直接材料費	668,000円	368,800円	229,600円	629,200円	375,600円
直接労務費	62,400円	28,800円	19,200円	52,800円	33,600円
製造間接費	46,800円	21,600円	14,400円	39,600円	25,200円
合　計	777,200円	419,200円	263,200円	721,600円	434,400円

Point

No. 201～No. 204の5月の月初・月末の状況から、各勘定の金額を計算する。

仕掛品勘定	前月繰越	当月製造費用	
	製　品		次月繰越

製品勘定	前月繰越	仕掛品	
	売上原価		次月繰越

仕掛品勘定

当月製造費用
　　直接材料費：229,600円＋629,200円＋375,600円＝**1,234,400円**
　　直接労務費：　19,200円＋　52,800円＋　33,600円＝**105,600円**
　　製造間接費：　14,400円＋　39,600円＋　25,200円＝**79,200円**
　製　　　　　品：419,200円＋263,200円＋721,600円＝**1,404,000円** → 製品勘定へ

製品勘定

　売　上　原　価：777,200円＋419,200円＋263,200円＝**1,459,600円**

第5問 （12点）

標準製造原価差異分析表　　　　（単位：円）

直接材料費総差異			（	△68,000 ）
価 格 差 異	（ ★	△98,000 ）		
数 量 差 異	（ ★	30,000 ）		
直接労務費総差異			（	34,800 ）
賃 率 差 異	（ ★	39,600 ）		
作 業 時 間 差 異	（ ★	△4,800 ）		
製造間接費総差異			（	△34,400 ）
予 算 差 異	（ ★	△23,200 ）		
能 率 差 異	（ ★	△3,200 ）		
操 業 度 差 異	（	△8,000 ）		

（注）　不利な差異には△を付けること。

★ 1つにつき2点
合計12点

解　説

Step 1 資料の整理

生産データ

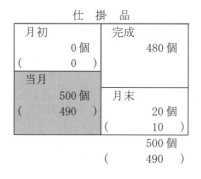

Point
差異分析は、当月投入分に対して行われる。

完成品換算量
月末
20個×50％＝10個
当月
480個＋10個＝490個

原価データ
　標準配賦率：@720円
　　内訳：変動費率：320,000円÷1,000時間＝@320円
　　　　　固定費率：400,000円÷1,000時間＝@400円

　当月投入分における標準原価
　　標準直接材料費：@3,000円×500個＝1,500,000円
　　標準直接労務費：@　960円×490個＝　470,400円
　　標準製造間接費：@1,440円×490個＝　705,600円

Point
変動費率
＝変動費予算÷基準操業度
固定費率
＝固定費予算÷基準操業度

直接材料費

*1 標準消費量：500個×5kg/個＝2,500kg
*2 実際単価：1,568,000円÷2,450kg＝@640円

総　差　異：1,500,000円－1,568,000円＝△68,000円（不利差異）
価格差異：（@600円－@640円）×2,450kg＝△98,000円（不利差異）
数量差異：@600円×（2,500kg－2,450kg）＝30,000円（有利差異）

直接労務費

*1 標準作業時間：490個×2時間/個＝980時間
*2 実際賃率：435,600円÷990時間＝@440円

総　　差　　異：470,400円－435,600円＝34,800円（有利差異）
賃　率　差　異：（@480円－@440円）×990時間＝39,600円（有利差異）
作業時間差異：@480円×（980時間－990時間）＝△4,800円（不利差異）

製造間接費

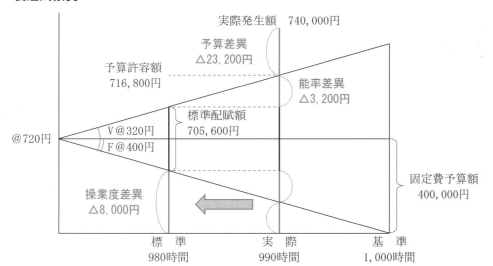

総　　差　　異：705,600円－740,000円＝△34,400円（不利差異）
予　算　差　異：@320円×990時間＋400,000円－740,000円＝△23,200円（不利差異）
　　　　　　　予算許容額
能　率　差　異：@320円×（980時間－　990時間）＝△3,200円（不利差異）
操業度差異：@400円×（980時間－1,000時間）＝△8,000円（不利差異）

第1問（20点）　＊　勘定科目は**記号での解答**となります。参考として、勘定科目も記入しています。

	借方科目		金額	貸方科目		金額
1	当 座 預 金	ア	320,000	受 取 配 当 金	キ	400,000
	仮払法人税等	ウ	80,000			

受取配当金：¥320,000÷0.8＝¥400,000（配当金総額）
仮払法人税等：¥400,000－¥320,000＝¥80,000（源泉所得税額）

Point
入金額は配当金総額の80％となるため、割り戻すことにより配当金総額を求める。

受取配当金は、総額で計上する。

源泉所得税の額は、仮払法人税等勘定で処理する。

	借方科目		金額	貸方科目		金額
2	減 価 償 却 費	オ	72,000	車 両 運 搬 具	イ	216,000
	未 決 算	キ	120,000			
	火 災 損 失	カ	24,000			

車両運搬具：償却率：$\dfrac{1}{5\,年(耐用年数)}$×200％＝0.4（40％）

前々期末
　　¥600,000×40％＝¥240,000（償却額）
　　¥600,000－¥240,000＝¥360,000（帳簿価額）
前 期 末
　　¥360,000×40％＝¥144,000（償却額）
　　¥360,000－¥144,000＝¥216,000（帳簿価額）

減価償却費：¥216,000×40％×$\dfrac{10か月}{12か月}$＝¥72,000

火 災 損 失：¥216,000－¥72,000＝¥144,000（滅失時点での帳簿価額）… ①
　　　　　　¥120,000（保険金の設定額）… ②
　　　　　　①＞②となるため、差額¥24,000（＝¥144,000－¥120,000）を火災損失勘定で処理する。

Point
直接法で記帳している。

200％定率法の償却率
$\dfrac{1}{耐用年数}$×200％

保険金の額が確定するまで、滅失時点での帳簿価額を未決算勘定に振り替えておくが、保険金の設定額までとなる。

保険金の設定額を超えた分は、火災損失勘定で処理する。

	借方科目		金額	貸方科目		金額
3	商品保証引当金	イ	11,200	商品保証引当金戻入	エ	11,200
	商品保証引当金繰入	カ	90,000	商品保証引当金	イ	90,000

商品保証引当金：¥6,000,000×1.5％＝¥90,000（当期分）

Point
洗替法により引当金を設定するので、前期分の商品保証引当金を取り崩し、当期分の商品保証引当金の設定を行う。

借方科目		金額	貸方科目		金額
備　　　品	ア	420,000	営業外支払手形	オ	432,000
支　払　利　息	キ	12,000			

（※左端に「4」）

営業外支払手形：¥72,000×6枚＝¥432,000（手形代金の総額）
支　払　利　息：¥432,000－¥420,000＝¥12,000（利息部分）

Point
営業外取引で手形を振り出しているため、営業外支払手形勘定で処理する。

利息部分
＝手形代金の総額－現金購入価額

借方科目		金額	貸方科目		金額
損　　　益	オ	480,000	支　　　店	キ	480,000

（※左端に「5」）

支店側の処理

（ 本　　　店 ）	480,000	（ 損　　　益 ）	480,000

本店側の処理：**本問**

（ 損　　　益 ）	480,000	（ 支　　　店 ）	480,000

Point
本店側の仕訳が問われている。

損失なので、支店において、損益勘定の借方残高を本店勘定に振り替えている。

損失なので、本店において、損益勘定を借方に計上することになる。

仕訳1組につき4点　合計20点

第2問 （20点）

株 主 資 本 等 変 動 計 算 書
自X1年4月1日 至X2年3月31日
（単位：千円）

	株 主 資 本					
	資 本 金	資 本 剰 余 金			利 益 剰 余 金	
		資本準備金	その他資本剰余金	資本剰余金 合 計	利益準備金	その他利益剰余金 修繕積立金
当 期 首 残 高	64,000	10,400	4,800	15,200	5,240	800
当 期 変 動 額						
剰余金の配当		(★ 60)	(★ △860)	(△800)	(★ 300)	
修繕積立金の積立て						(★ 400)
新株の発行	(★ 4,800)	(★ 3,200)		(3,200)		
当 期 純 利 益						
株主資本以外の項目の当期変動額（純額）						
当期変動額合計	(4,800)	(3,260)	(△860)	(2,400)	(300)	(400)
当 期 末 残 高	(68,800)	(13,660)	(3,940)	(17,600)	(5,540)	(1,200)

（下段へ続く）

（上段より続く）

	株 主 資 本				評価・換算差額等	
	利 益 剰 余 金		株 主 資 本 合 計		その他有価証券評価差額金	評価・換算差額等 合 計
	その他利益剰余金	利益剰余金 合 計				
	別途積立金	繰越利益剰余金				
当 期 首 残 高	1,280	11,200	18,520	97,720	56	56
当 期 変 動 額						
剰余金の配当		(★ △4,300)	(△4,000)	(△4,800)		
修繕積立金の積立て		(△400)	—	—		
新株の発行				(8,000)		
当 期 純 利 益		(★ 4,800)	(4,800)	(4,800)		
株主資本以外の項目の当期変動額（純額）					(★ △28)	(△28)
当期変動額合計	0	(100)	(800)	(8,000)	(△28)	(△28)
当 期 末 残 高	1,280	(11,300)	(19,320)	(105,720)	(★ 28)	(28)

★1つにつき2点

合計20点

Step 1 取引を確認しながら仕訳を行い、当期変動額を記入する（仕訳の単位：千円）

剰余金の配当

財源：繰越利益剰余金

| （ 繰越利益剰余金 ） | 4,300 | （ 未 払 配 当 金 ） | 4,000 |
| | | （ 利 益 準 備 金 ） | 300 |

財源：その他資本剰余金

| （ その他資本剰余金 ） | 860 | （ 未 払 配 当 金 ） | 800 |
| | | （ 資 本 準 備 金 ） | 60 |

未払配当金：
@¥100×40,000株＝¥4,000,000 → 4,000千円（財源：繰越利益剰余金）
@¥ 20×40,000株＝¥ 800,000 → 800千円（財源：その他資本剰余金）

準備金の積立て：

$64,000千円 \times \dfrac{1}{4} = 16,000千円$（資本金の額の4分の1）

$16,000千円 - (10,400千円 + 5,240千円) = 360千円$（積立上限額）…… ①

$(4,000千円 + 800千円) \times \dfrac{1}{10} = 480千円$（配当金総額の10分の1）… ②

①＜②より、準備金の積立額は ① となり、各配当財源の金額比で按分する。

$360千円 \times \dfrac{4,000千円}{4,000千円 + 800千円} = 300千円$（利益準備金の積立額）

$360千円 \times \dfrac{800千円}{4,000千円 + 800千円} = 60千円$（資本準備金の積立額）

☑「剰余金の配当」の行
資 本 準 備 金：60
その他資本剰余金：△860
資 本 剰 余 金 合 計：60＋△860＝△800
利 益 準 備 金：300
繰 越 利 益 剰 余 金：△4,300
利 益 剰 余 金 合 計：300＋△4,300＝△4,000
株 主 資 本 合 計：△800＋△4,000＝△4,800

剰余金の処分

| （ 繰越利益剰余金 ） | 400 | （ 修 繕 積 立 金 ） | 400 |

☑「修繕積立金の積立て」の行
修 繕 積 立 金：400
繰越利益剰余金：△400

新株の発行

| （ 当 座 預 金 ） | 8,000 | （ 資 本 金 ） | 4,800 |
| | | （ 資 本 準 備 金 ） | 3,200 |

当 座 預 金：@¥2,500×3,200株＝¥8,000,000 → 8,000千円（払込金）
資 本 金：8,000千円×60%＝4,800千円
資本準備金：8,000千円－4,800千円＝3,200千円

☑「新株の発行」の行
資 本 金：4,800
資 本 準 備 金：3,200
資 本 剰 余 金 合 計：3,200
株 主 資 本 合 計：4,800＋3,200＝8,000

Point

積立上限額
＝資本金の額の4分の1－
（資本準備金＋利益準備金）

株主配当金の10分の1を準備金に積み立てる必要があるが、積立上限額までとなる。

資本剰余金合計
＝資本準備金＋その他資本剰余金

利益剰余金合計
＝利益準備金＋その他利益剰余金

株主資本合計
＝資本金＋資本剰余金合計＋利益剰余金合計

第3回

Point
資本金としなかった額は、資本準備金とする。

資本剰余金合計
＝資本準備金＋その他資本剰余金

株主資本合計
＝資本金＋資本剰余金合計＋利益剰余金合計

株主資本以外

前期末の評価替え

A社株式

（ その他有価証券 ）	160	（ 繰延税金負債 ）	48
		（ その他有価証券評価差額金 ）	112

B社株式

（ 繰延税金資産 ）	24	（ その他有価証券 ）	80
（ その他有価証券評価差額金 ）	56		

A社株式

その の 他 有 価 証 券：1,000千円－840千円＝160千円（評価益相当）
前期末の時価　取得原価

繰 延 税 金 負 債：160千円×30％＝48千円

その他有価証券評価差額金：160千円－48千円＝112千円

B社株式

その の 他 有 価 証 券：800千円－880千円＝△80千円（評価損相当）
前期末の時価　取得原価

繰 延 税 金 資 産：80千円×30％＝24千円

その他有価証券評価差額金：80千円－24千円＝56千円

Point

評価益相当の場合
評価差額の30％を繰延税金負債勘定、残りの70％をその他有価証券評価差額金勘定（貸方）で処理する。

評価損相当の場合
評価差額の30％を繰延税金資産勘定、残りの70％をその他有価証券評価差額金勘定（借方）で処理する。

前期末残高＝当期首残高

期首の再振替仕訳

A社株式

（ 繰延税金負債 ）	48	（ その他有価証券 ）	160
（ その他有価証券評価差額金 ）	112		

B社株式

（ その他有価証券 ）	80	（ 繰延税金資産 ）	24
		（ その他有価証券評価差額金 ）	56

Point
その他有価証券は洗替法によるため、再振替仕訳を行う。

当期末の評価替え

A社株式

（ その他有価証券 ）	200	（ 繰延税金負債 ）	60
		（ その他有価証券評価差額金 ）	140

B社株式

（ 繰延税金資産 ）	48	（ その他有価証券 ）	160
（ その他有価証券評価差額金 ）	112		

A社株式

その の 他 有 価 証 券：1,040千円－840千円＝200千円（評価益相当）
当期末の時価　取得原価

繰 延 税 金 負 債：200千円×30％＝60千円

その他有価証券評価差額金：200千円－60千円＝140千円

B社株式

その の 他 有 価 証 券：720千円－880千円＝△160千円（評価損相当）
当期末の時価　取得原価

繰 延 税 金 資 産：160千円×30％＝48千円

その他有価証券評価差額金：160千円－48千円＝112千円

☑「株主資本以外の項目の当期変動額（純額）」の行

その他有価証券評価差額金：△112＋56＋140＋△112＝△28
再振替仕訳　　　当期末

評 価・換 算 差 額 等 合 計：△28

当期純利益

（ 損　　　益 ）	4,800	（ 繰越利益剰余金 ）	4,800

☑「当期純利益」の行

繰越利益剰余金：4,800

利益剰余金合計：4,800

株主資本合計：4,800

資 本 金

「資本金」の列
　当 期 首 残 高：64,000
　当期変動額合計：**4,800**
　当 期 末 残 高：64,000＋4,800＝**68,800**

資本剰余金

「資本準備金」の列
　当 期 首 残 高：10,400
　当期変動額合計：60＋3,200＝**3,260**
　当 期 末 残 高：10,400＋3,260＝**13,660**

「その他資本剰余金」の列
　当 期 首 残 高：4,800
　当期変動額合計：△**860**
　当 期 末 残 高：4,800＋△860＝**3,940**

「資本剰余金合計」の列
　当 期 首 残 高：15,200
　当期変動額合計：△800＋3,200＝**2,400**
　当 期 末 残 高：15,200＋2,400＝**17,600**

利益剰余金

「利益準備金」の列
　当 期 首 残 高：5,240
　当期変動額合計：**300**
　当 期 末 残 高：5,240＋300＝**5,540**

「修繕積立金」の列
　当 期 首 残 高：800
　当期変動額合計：**400**
　当 期 末 残 高：800＋400＝**1,200**

「繰越利益剰余金」の列
　当 期 首 残 高：11,200
　当期変動額合計：△4,300＋△400＋4,800＝**100**
　当 期 末 残 高：11,200＋100＝**11,300**

「利益剰余金合計」の列
　当 期 首 残 高：18,520
　当期変動額合計：△4,000＋4,800＝**800**
　当 期 末 残 高：18,520＋800＝**19,320**

株 主 資 本

「株主資本合計」の列
　当 期 首 残 高：97,720
　当期変動額合計：△4,800＋8,000＋4,800＝**8,000**
　当 期 末 残 高：97,720＋8,000＝**105,720**

その他有価証券評価差額金および評価・換算差額等合計

「その他有価証券評価差額金」および「評価・換算差額等合計」の列
　当 期 首 残 高：56
　当期変動額合計：△**28**
　当 期 末 残 高：56＋△28＝**28**

第3回

第3問 (20点)

貸借対照表
X2年3月31日 （単位：円）

資 産 の 部			負 債 の 部		
I 流 動 資 産			I 流 動 負 債		
① 現 金 預 金		（★ 875,040）	電子記録債務		145,760
電子記録債権	（ 128,000）		買 掛 金		252,000
② 売 掛 金	（★ 352,000）		未払法人税等		（★ 4,800）⑨
③ 貸 倒 引 当 金	（ 4,800）	（★ 475,200）	流動負債合計		（ 402,560）
④ 商 品		（★ 115,200）	II 固 定 負 債		
⑧ 前 払 費 用		（★ 15,360）	長 期 借 入 金		（ 216,000）
流動資産合計		（ 1,480,800）	固定負債合計		（ 216,000）
II 固 定 資 産			負 債 合 計		（ 618,560）
有形固定資産			純 資 産 の 部		
建 物	（ 3,492,000）		I 株 主 資 本		
⑤ 減価償却累計額	（ 698,400）	（★2,793,600）	資 本 金		3,360,000
備 品	（ 384,000）		利 益 準 備 金		224,400
⑥ 減価償却累計額	（ 222,000）	（★ 162,000）	繰越利益剰余金		（★ 363,040）⑩
有形固定資産合計		（ 2,955,600）	株主資本合計		（ 3,947,440）
無形固定資産			純資産合計		（ 3,947,440）
⑦ ソフトウェア		（★ 129,600）			
無形固定資産合計		（ 129,600）			
固定資産合計		（ 3,085,200）			
資 産 合 計		（ 4,566,000）	負債及び純資産合計		（ 4,566,000）

＊ 上記の○番号は、解説の番号と対応しています。

★ 1つにつき2点
合計20点

解 説

Step 1 決算にあたっての修正事項の処理

1．収益の認識（検収基準）

（ 売 掛 金 ）	96,000	（ 売 上 ）	96,000

売上：@¥800×120個＝¥96,000

> **Point**
> 収益の認識は検収基準にもとづいているので、3月中に検収が完了したものは、当期の売上として計上する。

☑売上高：¥3,898,560＋¥96,000＝¥3,994,560

２．外貨建て売掛金の決済

３月１日（輸出取引時）：処理済

（ 売 掛 金 ）	44,000	（ 売 上 ）	44,000

売 掛 金：@￥110×400ドル＝￥44,000

３月30日（代金決済時）：**未記帳**

（ 現 金 預 金 ）	42,400	（ 売 掛 金 ）	44,000
（ 為 替 差 損 益 ）	1,600		

現 金 預 金：@￥106×400ドル＝￥42,400
為替差損益：貸借差額

Point
為替差損益勘定が借方に計上されるということは、為替差損となる。

☑現金預金：￥832,640＋￥42,400＝**￥875,040** … ①
☑売 掛 金：￥300,000＋￥96,000－44,000＝**￥352,000** … ②
☑為替差損（為替差損益）：￥1,600

Step 2 決算整理事項の処理

１．貸倒引当金の設定

（ 貸 倒 引 当 金 繰 入 ）	3,360	（ 貸 倒 引 当 金 ）	3,360

貸倒引当金繰入：￥128,000×１％＝￥1,280（電子記録債権に対する設定額）
　　　　　　　　￥352,000×１％＝<u>￥3,520</u>（売 掛 金に対する設定額）
　　　　　　　　　　　　　　　　￥4,800

　　　　　　（￥1,280＋￥3,520）－￥1,440＝￥3,360
　　　　　　　設定額合計　　　　貸倒引当金残高

☑貸 倒 引 当 金：**￥4,800** … ③
☑貸倒引当金繰入：￥3,360

２．売上原価の計算および商品の評価（売上原価を仕入勘定で算定していると仮定）

（ 仕 入 ）	110,400	（ 繰 越 商 品 ）	110,400
（ 繰 越 商 品 ）	120,000	（ 仕 入 ）	120,000
（ 棚 卸 減 耗 損 ）	2,000	（ 繰 越 商 品 ）	4,800
（ 商 品 評 価 損 ）	2,800		
（ 仕 入 ）	4,800	（ 棚 卸 減 耗 損 ）	2,000
		（ 商 品 評 価 損 ）	2,800

棚卸減耗損：￥120,000－￥118,000＝￥2,000
商品評価損：（@￥1,030－@￥680）×8個＝￥2,800

☑売 上 原 価：￥110,400＋￥2,784,000－￥120,000＋￥4,800＝￥2,779,200
☑商 品：￥120,000－￥4,800＝**￥115,200** … ④

３．減価償却費の計上

建物

（ 減 価 償 却 費 ）	116,400	（ 建物減価償却累計額 ）	116,400

減価償却費：￥3,492,000÷30年＝￥116,400

備品

（ 減 価 償 却 費 ）	54,000	（ 備品減価償却累計額 ）	54,000

減価償却費：（￥384,000－￥168,000）×0.25＝￥54,000

Point
備品の償却率
$\dfrac{1}{8年}×200\%＝0.25$

☑減価償却累計額（建物）：￥582,000＋￥116,400＝**￥698,400** … ⑤
☑減価償却累計額（備品）：￥168,000＋￥54,000＝**￥222,000** … ⑥
☑減 価 償 却 費：￥116,400＋￥54,000＝￥170,400

4．ソフトウェア

（ ソフトウェア償却 ）	14,400	（ ソフトウェア ）	14,400

ソフトウェア償却：$¥144,000 \times \dfrac{6か月}{60か月} = ¥14,400$

☑ソフトウェア償却：¥14,400
☑ソフトウェア：¥144,000－¥14,400＝¥129,600 … ⑦

Point
当期の10月1日に取得・使用開始したので、当期末まで6か月経過している。

5年＝60か月

5．保険料の前払計上

（ 前払保険料 ）	15,360	（ 保　険　料 ）	15,360

$¥61,440 \times \dfrac{4か月}{16か月} = ¥15,360$

☑前払費用（前払保険料）：¥15,360 … ⑧
☑保　険　料：¥61,440－¥15,360＝¥46,080

Point
再振替仕訳による4か月分と、8月1日に支払った12か月分の合計16か月分が計上されている。

6．法人税、住民税及び事業税の計上

売　上　総　利　益

売　上　原　価 ¥	2,779,200	売　　　上　　　高 ¥	3,994,560
売　上　総　利　益 ¥	**1,215,360**		

営　業　利　益

販売費及び一般管理費		売　上　総　利　益 ¥	1,215,360
給　　　　　　　料 ¥	864,000		
水　道　光　熱　費 ¥	94,120		
保　　険　　料 ¥	46,080		
減　価　償　却　費 ¥	170,400		
ソフトウェア償却 ¥	14,400		
貸倒引当金繰入 ¥	3,360		
営　業　利　益 ¥	**23,000**		

税引前当期純利益

営　業　外　費　用		営　業　利　益 ¥	23,000
支　払　利　息 ¥	5,400		
為　替　差　損 ¥	1,600		
税 引 前 当 期 純 利 益 ¥	**16,000**		

（ 法人税、住民税及び事業税 ）	4,800	（ 未 払 法 人 税 等 ）	4,800

☑未 払 法 人 税 等：¥4,800 … ⑨
☑当 期 純 利 益：¥16,000－¥4,800＝¥11,200
☑繰越利益剰余金：¥351,840＋¥11,200＝¥363,040 … ⑩

Point
売上高－売上原価＝売上総利益

売上総利益－販売費及び一般管理費＝営業利益

営業利益＋営業外収益－営業外費用＝税引前当期純利益
（本問では特別利益と特別損失の計上がないため。）

繰越利益剰余金＝決算整理前残高試算表の残高＋当期純利益

第4問 （28点）

問1 （12点）　＊ 勘定科目は**記号での解答**となります。参考として、勘定科目も記入しています。

(1)

借方科目		金額	貸方科目		金額
材　　料	イ	1,443,200	買　掛　金	エ	1,312,000
			材　料　副　費	オ	131,200

　買　掛　金：@2,000円×400kg＋@300円×1,600個＋32,000円＝1,312,000円
　　　　　　　　素材　　　　　　買入部品　　　工場消耗品
　材料副費：1,312,000円×10％＝131,200円
　材　　料：1,312,000円＋131,200円＝1,443,200円

Point
購入代価
材料そのものの価格

購入原価
＝購入代価＋材料副費

(2)

借方科目		金額	貸方科目		金額
材　料　副　費	オ	132,000	現　　　金	ア	132,000

Point
材料副費の実際発生額は、材料副費勘定を用いて借方計上する。

(3)

借方科目		金額	貸方科目		金額
材料副費配賦差異	キ	800	材　料　副　費	オ	800

　材料副費配賦差異：131,200円－132,000円＝△800円（不利差異）
　　　　　　　　　　予定配賦額　　実際発生額

Point
「予定配賦額＜実際発生額」なので、不利差異（借方差異）となる。

仕訳1組につき4点　合計12点

問2 （16点）

製 造 原 価 報 告 書　　　　　　　（単位：円）

Ⅰ	直 接 材 料 費		（ ★　　268,000 ）
Ⅱ	直 接 労 務 費		（ ★　　 86,400 ）
Ⅲ	製 造 間 接 費		
	間 接 材 料 費	（　　 60,000 ）	
	間 接 労 務 費	（　　160,000 ）	
	間 接 経 費	（　　360,000 ）	
	合　　　計	（　　580,000 ）	
	製造間接費配賦差異	（ ★　 40,000 ）	（ ★　　540,000 ）
	当 月 総 製 造 費 用		（ ★　　894,400 ）
	月 初 仕 掛 品 原 価		（ ★　　283,600 ）
	合　　　計		（　　1,178,000 ）
	月 末 仕 掛 品 原 価		（ ★　　227,200 ）
	当 月 製 品 製 造 原 価		（ ★　　950,800 ）

実際発生額

予定配賦額

★１つにつき２点
合計16点

解説

Step 1　各製造指図書の状況の把握

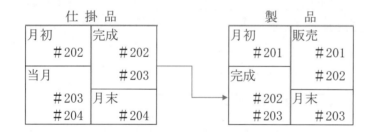

Point
＃202-2は＃202の補修の
ための製造指図書となる
ので、＃202の製造原価に
含めることになる。

原 価 計 算 表　　　（単位：円）

	＃202	＃202-2	＃203	＃204	合　　計
月初仕掛品	283,600	—	—	—	283,600
直接材料費	100,000	20,000	60,000	88,000	268,000
直接労務費	24,000	4,800	38,400	19,200	86,400
製造間接費	150,000	30,000	240,000	120,000	540,000
合　　計	557,600	54,800	338,400	227,200	1,178,000
備　　考	完成・販売	＃202へ賦課	完成・未販売	月末仕掛中	—

直接労務費

予定平均賃率：1,200円/時間
　1,200円/時間×20時間＝24,000円　（＃202）
　1,200円/時間× 4時間＝ 4,800円　（＃202-2）
　1,200円/時間×32時間＝38,400円　（＃203）
　1,200円/時間×16時間＝19,200円　（＃204）

製造間接費（予定配賦額）

予定配賦率：7,500円/時間　（＝7,200,000円÷960時間）
　7,500円/時間×20時間＝150,000円　（＃202）
　7,500円/時間× 4時間＝ 30,000円　（＃202-2）
　7,500円/時間×32時間＝240,000円　（＃203）
　7,500円/時間×16時間＝120,000円　（＃204）

月末仕掛品（＃204の製造原価）

　227,200円

月初仕掛品（3月に発生した＃202の製造原価）

　直接材料費： 40,000円
　直接労務費： 33,600円　（＝1,200円/時間×28時間）
　製造間接費：210,000円　（＝7,500円/時間×28時間）
　合　　計　283,600円

> **Point**
>
> 製造間接費の予定配賦率
> ＝年間の製造間接費予算額÷年間の正常直接作業時間
>
> ＃201は3月に完成しているので、4月の製造原価報告書に影響しない。
>
> 3月に発生した＃202の製造原価は、月初仕掛品原価に記入する。
>
> 製造原価報告書の直接材料費・直接労務費・製造間接費は、4月に発生した金額を記入するため、3月に発生した＃202の金額は含めない。
>
> 製造原価報告書の製造間接費は、実際発生額から配賦差異を加減して予定配賦額となるように記入する。
>
> **配賦差異**
> ＝予定配賦額－実際発生額
>
> 　＋の場合 → 有利差異
> 　－の場合 → 不利差異
>
> 不利差異の場合、指示がない限り「△」を記入する必要はない。
>
> 製造原価報告書で配賦差異の金額を減算しているため、実際の原価より少なくなっている。
> そのため、月次損益計算書の売上原価に配賦差異（原価差異）を加算することで調整することになる。

☑**製造原価報告書**

　直 接 材 料 費：268,000円
　直 接 労 務 費：86,400円
　製 造 間 接 費
　　予 定 配 賦 額：540,000円
　　実 際 発 生 額：60,000円＋160,000円＋360,000円＝580,000円
　　　　　　　　　　間接材料費　　間接労務費　　　間接経費
　　配 賦 差 異：540,000円－580,000円＝△40,000円　（不利差異）
　　　　　　　　　予定配賦額　　実際発生額
　月初仕掛品原価：283,600円
　月末仕掛品原価：227,200円

第5問 （12点）

直接原価計算による損益計算書　　　　（単位：円）

	前　々　期	前　　　期
売　　上　　高	（　　2,160,000　）	（　　2,160,000　）
変　　動　　費	（　★ 1,104,000　）	（　★ 1,140,000　）
貢　献　利　益	（　　1,056,000　）	（　　1,020,000　）
固　　定　　費	（　★　876,000　）	（　★　904,800　）
営　業　利　益	（　★　180,000　）	（　★　115,200　）

★ 1つにつき2点
合計12点

解説

Step 1 推定箇所の算定

前々期

	1個あたり 全部製造原価		製品販売量		売上原価の内訳
直接材料費　：	600円	×	1,200個	=	720,000円
変動加工費　：	120円	×	1,200個	=	144,000円
固定加工費　：	480円[*4]	×	1,200個	=	576,000円[*3]
	1,200円[*2]				1,440,000円[*1]

* 1　全部原価計算による損益計算書の売上原価より
* 2　1,440,000円÷1,200個＝@1,200円（1個あたりの全部製造原価）
* 3　1,440,000円－720,000円－144,000円＝576,000円（固定加工費の合計）
* 4　576,000円÷1,200個＝@480円（1個あたりの固定加工費）
　　　または
　　　@1,200円－@600円－@120円＝@480円

製品（固定加工費）

期首在庫量 0個	当期販売量 1,200個
前々期の 固定加工費[*5] 576,000円 当期生産量 1,200個	期末在庫量 0個

576,000円

* 5　期首・期末の仕掛品は存在しないので、前々期の固定加工費の全額となる。

Point
全部原価計算による損益計算書の売上原価の数値から、推定箇所を算定する。

売上原価は「生産量」ではなく、「販売量」で計算していることに注意する。

期首・期末の仕掛品は存在しないので、前々期の固定加工費は、前々期に完成した製品の原価にすべて含まれている。

前　期

	1個あたり 全部製造原価		製品販売量		売上原価の内訳
直接材料費 :	640円	×	1,200個	=	768,000円
変動加工費 :	110円	×	1,200個	=	132,000円
固定加工費 :	420円 *4	×	1,200個	=	504,000円 *3
	1,170円 *2				1,404,000円 *1

* 1　全部原価計算による損益計算書の売上原価より
* 2　1,404,000円÷1,200個＝@1,170円（1個あたりの全部製造原価）
* 3　1,404,000円－768,000円－132,000円＝504,000円（固定加工費の合計）
* 4　504,000円÷1,200個＝@420円（1個あたりの固定加工費）
　　　または
　　　@1,170円－@640円－@110円＝@420円

製品（固定加工費）

	期首在庫量 0個	当期販売量 1,200個	504,000円
前期の 固定加工費 *5 604,800円	当期生産量 1,440個	期末在庫量 240個	100,800円

* 5　@420円（1個あたりの固定加工費）×1,440個＝604,800円
　　　期首・期末の仕掛品は存在しないので、前期の固定加工費の全額となる。

Step 2　直接原価計算による損益計算書の作成

前々期

売 上 高：2,160,000円

変 動 費：1,104,000円
　直接材料費：@600円×1,200個＝　720,000円
　変動加工費：@120円×1,200個＝　144,000円
　変動販売費：@200円×1,200個＝　240,000円
　　　　　　　　　　合　計　1,104,000円

貢献利益：2,160,000円－1,104,000円＝1,056,000円

固 定 費：876,000円
　固定加工費　　　　　　　　　：576,000円
　固定販売費および一般管理費：300,000円
　　　　　　　　合　計　876,000円

営業利益：1,056,000円－876,000円＝180,000円

前　期

売 上 高：2,160,000円

変 動 費：1,140,000円
　直接材料費：@640円×1,200個＝　768,000円
　変動加工費：@110円×1,200個＝　132,000円
　変動販売費：@200円×1,200個＝　240,000円
　　　　　　　　　　合　計　1,140,000円

貢献利益：2,160,000円－1,140,000円＝1,020,000円

固 定 費：904,800円
　固定加工費　　　　　　　　　：604,800円
　固定販売費および一般管理費：300,000円
　　　　　　　　合　計　904,800円

営業利益：1,020,000円－904,800円＝115,200円

第4回　解答・解説

第1問（20点）　＊ 勘定科目は**記号での解答**となります。参考として、勘定科目も記入しています。

	借方科目		金額	貸方科目		金額
1	不 渡 手 形	オ	312,000	営業外受取手形	イ	312,000

Point
倉庫の売却（営業外取引）に伴う約束手形の受取りなので、営業外受取手形勘定で処理している。

	借方科目		金額	貸方科目		金額
2	当 座 預 金	ア	236,400	電子記録債権	イ	240,000
	電子記録債権売却損	キ	3,600			

当座預金：¥240,000－¥3,600＝¥236,400

Point
手形の割引きに準じて処理し、割引料は電子記録債権売却損勘定で処理する。

	借方科目		金額	貸方科目		金額
3	未 収 入 金	イ	600,000	未 決 算	キ	650,000
	火 災 損 失	カ	50,000			

未 決 算：¥2,600,000－¥1,950,000＝¥650,000（帳簿価額）
　　　　　取得原価　　減価償却累計額

火災損失：¥600,000－¥650,000＝△¥50,000（損）
　　　　　保険金　　帳簿価額

Point
保険金の額が確定するまで、帳簿価額を未決算勘定に振り替えている。

保険金（確定額）－帳簿価額

　＋の場合 ⇒ 保険差益
　－の場合 ⇒ 火災損失

当座預金口座には、まだ入金されていないので、未収入金勘定で処理する。

借方科目		金額	貸方科目		金額
契 約 負 債	ウ	716,800	役 務 収 益	エ	716,800
役 務 原 価	オ	372,720	仕 掛 品	イ	372,720

4

設計料の受取り（入金）：処理済

(普 通 預 金)　　716,800　　(契 約 負 債)　　716,800

仕掛品：￥286,720＋￥86,000＝￥372,720
　　　　　給料　　　出張旅費

Point
設計料は全額、契約時に受け取り済なので、契約負債勘定から役務収益勘定に振り替える。

役務の提供が完了するまで、当該案件のために直接、費やされたものは、仕掛品勘定に振り替えている。

借方科目		金額	貸方科目		金額
ソフトウェア	イ	3,600,000	ソフトウェア仮勘定	エ	5,040,000
長 期 前 払 費 用	オ	1,440,000			

5

ソフトウェア：￥5,040,000－￥1,440,000＝￥3,600,000

Point
完成し使用開始するまで、ソフトウェア仮勘定で処理している。

保守費用は、ソフトウェアの取得原価に含めない。

保守費用の長期前払いとなるので、長期前払費用勘定で処理する。

第4回

仕訳1組につき4点　合計20点

第2問（20点）

連 結 精 算 表　　　　　　　　　　　　　　　（単位：千円）

| 科　目 | 個別財務諸表 | | 修 正 ・ 消 去 | | 連結財務諸表 |
	P 社	S 社	借　方	貸　方	連結貸借対照表
貸借対照表					
諸　資　産	672,000	1,060,800			1,732,800
⑫　売　掛　金	2,160,000	1,440,000		420,000	3,180,000
⑭　貸倒引当金	（　86,400）	（　57,600）	16,800		（★　127,200）
⑩　商　　品	960,000	720,000		93,600	★ 1,586,400
貸　付　金	240,000	－		240,000	－
S 社 株 式	1,800,000	－		1,800,000	－
⑤［の　れ　ん］			216,000	21,600	★　194,400
資　産　合　計	5,745,600	3,163,200	232,800	2,575,200	6,566,400
諸　負　債	（　324,000）	（　120,000）			（　444,000）
⑬　買　掛　金	（1,341,600）	（　643,200）	420,000		（★ 1,564,800）
借　入　金	（　－）	（　240,000）	240,000		（　－）
①　資　本　金	（2,400,000）	（1,200,000）	1,200,000		（2,400,000）
②　資本剰余金	（　600,000）	（　240,000）	240,000		（　600,000）
利益剰余金	（1,080,000）	720,000	1,833,600	1,159,200	（1,125,600）
非支配株主持分			12,000	444,000	（432,000）
負債・純資産合計	（5,745,600）	（3,163,200）	3,945,600	1,603,200	（6,566,400）
損益計算書					連結損益計算書
⑨　売　上　高	（7,440,000）	（4,320,000）	1,080,000		（10,680,000）
⑪　売上原価	5,160,000	3,480,000	93,600	1,080,000	★ 7,653,600
⑮　販売費及び一般管理費	1,548,000	516,000	21,600	16,800	★ 2,068,800
⑯　営業外収益	（　482,400）	（　242,400）	48,000		（★　674,400）
			2,400		
⑰　営業外費用	290,400	206,400		2,400	494,400
法　人　税　等	324,000	120,000			444,000
当　期　純　利　益	（　600,000）	（　240,000）	1,245,600	1,099,200	（693,600）
⑥　非支配株主に帰属する当期純利益			48,000		48,000
親会社株主に帰属する当期純利益			1,293,600	1,099,200	（645,600）
株主資本等変動計算書					連結株主資本等変動計算書
③　利益剰余金当期首残高	（　840,000）	（　540,000）	540,000		（★　840,000）
⑦　剰余金の配当	360,000	60,000		60,000	★　360,000
親会社株主に帰属する当期純利益	（　600,000）	（　240,000）	1,293,600	1,099,200	（645,600）
利益剰余金当期末残高	（1,080,000）	（　720,000）	1,833,600	1,159,200	（1,125,600）
④　非支配株主持分当期首残高				396,000	（396,000）
⑧　非支配株主持分当期変動額			12,000	48,000	（★　36,000）
非支配株主持分当期末残高			12,000	444,000	（432,000）

（注）（　）は貸方金額を示す。連結財務諸表欄に該当数値がない場合は「－」と記入する。

*　上記の○番号は、解説の番号と対応しています。矢印（→）は、解答するさいに金額を移記するものです。

★ 1つにつき2点

合計20点

Step 1 連結開始仕訳（仕訳の単位：千円）

修正・消去欄

（ 資本金当期首残高 ）	1,200,000	（ S 社 株 式 ）	1,800,000
（ 資本剰余金当期首残高 ）	240,000	（ 非支配株主持分当期首残高 ）	396,000
（ 利益剰余金当期首残高 ）	540,000		
（ の れ ん ）	216,000		

のれん：
　（1,200,000千円＋240,000千円＋540,000千円）×80％＝1,584,000千円（P社持分）
　1,800,000千円－1,584,000千円＝216,000千円
　　S社株式　　　　P社持分
非支配株主持分当期首残高：
　（1,200,000千円＋240,000千円＋540,000千円）×20％＝396,000千円（非支配株主持分）

☑連結財務諸表欄
　資　本　金：2,400,000千円＋1,200,000千円－1,200,000千円＝**2,400,000千円** … ①
　資　本　剰　余　金：600,000千円＋240,000千円－240,000千円＝**600,000千円** … ②
　利益剰余金当期首残高：840,000千円＋540,000千円－540,000千円＝**840,000千円** … ③
　非支配株主持分当期首残高：**396,000千円** … ④

Step 2 当期の連結修正仕訳（仕訳の単位：千円）

1．のれんの償却

修正・消去欄

（ 販売費及び一般管理費 ）	21,600	（ の れ ん ）	21,600
のれん償却			

販売費及び一般管理費：216,000千円÷10年＝21,600千円

☑連結財務諸表欄
　［**のれん**］：216,000千円－21,600千円＝**194,400千円** … ⑤

2．S社の当期純利益の非支配株主持分への振替え

修正・消去欄

（ 非支配株主に帰属する当期純利益 ）	48,000	（ 非支配株主持分当期変動額 ）	48,000

非支配株主に帰属する当期純利益：240,000千円×20％＝48,000千円

☑連結財務諸表欄
　非支配株主に帰属する当期純利益：**48,000千円** … ⑥

3．S社の配当の修正

修正・消去欄

（ 営 業 外 収 益 ）	48,000	（ 剰 余 金 の 配 当 ）	60,000
受取配当金			
（ 非支配株主持分当期変動額 ）	12,000		

営　業　外　収　益：60,000千円×80％＝48,000千円
非支配株主持分当期変動額：60,000千円×20％＝12,000千円

☑連結財務諸表欄
　剰　余　金　の　配　当：360,000千円＋60,000千円－60,000千円＝**360,000千円** … ⑦
　非支配株主持分当期変動額：48,000千円－12,000千円＝**36,000千円** … ⑧

Point
株主資本等変動計算書は、利益剰余金と非支配株主持分の変動のみを記入するため、資本金当期首残高の変動は「資本金」、資本剰余金当期首残高の変動は「資本剰余金」の行で調整することになる。

Point
のれん償却の金額は、「販売費及び一般管理費」に含める。

Point
非支配株主の持分割合に応じて、S社の当期純利益を非支配株主持分に振り替える。
当期の変動なので、「非支配株主持分当期変動額」となる。

Point
持分割合に応じて配当が行われたと考える。
P社への配当分はP社が計上した「営業外収益（受取配当金）」と相殺し、非支配株主への配当分は「非支配株主持分当期変動額」の減少として処理する。

4．売上高と売上原価の相殺消去

修正・消去欄

（ 売 上 高 ）	1,080,000	（ 売 上 原 価 ）	1,080,000
		当期商品仕入高	

☑連結財務諸表欄

　　売上高：7,440,000千円＋4,320,000千円－1,080,000千円＝**10,680,000千円** … ⑨

5．商品の未実現利益の消去

修正・消去欄

（ 売 上 原 価 ）	93,600	（ 商　　　　品 ）	93,600
期末商品棚卸高			

　　売上原価：312,000千円×30％＝93,600千円

☑連結財務諸表欄

　　商　　　品：960,000千円＋720,000千円－93,600千円＝**1,586,400千円** … ⑩

　　売上原価：5,160,000千円＋3,480,000千円－1,080,000千円＋93,600千円＝**7,653,600千円** … ⑪

6．売掛金と買掛金の相殺消去

修正・消去欄

（ 買 掛 金 ）	420,000	（ 売 掛 金 ）	420,000

☑連結財務諸表欄

　　売掛金：2,160,000千円＋1,440,000千円－420,000千円＝**3,180,000千円** … ⑫

　　買掛金：1,341,600千円＋643,200千円－420,000千円＝**1,564,800千円** … ⑬

7．貸倒引当金の修正

修正・消去欄

（ 貸 倒 引 当 金 ）	16,800	（ 販売費及び一般管理費 ）	16,800
		貸倒引当金繰入	

　　販売費及び一般管理費：420,000千円×4％＝16,800千円

☑連結財務諸表欄

　　貸 倒 引 当 金：86,400千円＋57,600千円－16,800千円＝**127,200千円** … ⑭

　　販売費及び一般管理費：1,548,000千円＋516,000千円＋21,600千円－16,800千円＝**2,068,800千円** … ⑮

8．資金の貸付け・借入れに係る相殺消去

修正・消去欄

（ 借 入 金 ）	240,000	（ 貸 付 金 ）	240,000
（ 営 業 外 収 益 ）	2,400	（ 営 業 外 費 用 ）	2,400
受取利息		支払利息	

　　営業外収益：240,000千円×1％＝2,400千円

☑連結財務諸表欄

　　営業外収益：482,400千円＋242,400千円－48,000千円－2,400千円＝**674,400千円** … ⑯

　　営業外費用：290,400千円＋206,400千円－2,400千円＝**494,400千円** … ⑰

第3問 （20点）

損　益　計　算　書
自X8年4月1日　至X9年3月31日　　　　（単位：円）

②	I 役　務　収　益		（ ★ 　3,440,000 ）
①	II 役　務　原　価		（ ★ 　2,308,000 ）
	（売　上　総　利　益）		（ 　1,132,000 ）
	III 販売費及び一般管理費		
	1．給　　　　　料	（ 　296,000 ）	
	2．旅　費　交　通　費	80,000	
	3．水　道　光　熱　費	（ 　76,000 ）	
	4．通　　信　　費	45,200	
⑩	5．賞 与 引 当 金 繰 入	（ ★ 　340,000 ）	
④	6．貸 倒 引 当 金 繰 入	（ ★ 　8,000 ）	
⑤	7．減　価　償　却　費	（ ★ 　30,720 ）	
⑥	8．ソフトウェア償却	（ ★ 　13,200 ）	
⑨	9．退　職　給　付　費　用	（ ★ 　20,000 ）	（ 　909,120 ）
	（営　業　利　益）		（ 　222,880 ）
	IV 営　業　外　収　益		
	1．受　取　利　息		（ 　4,000 ）
	V 営　業　外　費　用		
	1．支　払　利　息		11,200
	（経　常　利　益）		（ 　215,680 ）
	VI 特　別　利　益		
	1．投資有価証券売却益		（ 　31,520 ）
	VII 特　別　損　失		
⑦	1．固 定 資 産 除 却 損		（ ★ 　7,200 ）
	税 引 前 当 期 純 利 益		（ 　240,000 ）
⑪	法人税、住民税及び事業税		（ 　72,000 ）
⑫	（当　期　純　利　益）		（ 　168,000 ）

貸借対照表に記載される金額

⑧	ソ フ ト ウ ェ ア	¥	★ 　62,400
③	契　約　負　債	¥	★ 　688,000

＊　上記の○番号は、解説の番号と対応しています。

★1つにつき2点
合計20点

不許複製・禁無断転載

未処理事項・決算整理事項等の処理

1．収益の認識、履行義務の発生

① 役務収益の計上（収益の認識）

（ 現 金 預 金 ）	120,000	（ 役 務 収 益 ）	120,000
普通預金			

当月行った設置作業によって顧客との契約の履行義務が充足されたため、収益を認識する。

② 履行義務の発生

（ 現 金 預 金 ）	48,000	（ 契 約 負 債 ）	48,000
普通預金			

X9年4月（翌期）から開始する期間契約の保守管理業務を請け負い、代金を前受けし、履行義務が発生したため、契約負債を計上する。

☑現金預金：¥1,420,000＋¥120,000＋¥48,000＝¥1,588,000

2．役務原価の計上

（ 役 務 原 価 ）	56,000	（ 仕 掛 品 ）	56,000
（ 仕 掛 品 ）	68,000	（ 役 務 原 価 ）	68,000

X9年2月末において作業途中であった修理作業が、3月中に完了し履行義務が充足され、収益を計上済なので、その作業に関わる役務原価を仕掛品から振り替え、計上する。
また、当月中に作業が完了せず、来月以降に履行義務が充足され、収益を計上する作業に関する役務原価は、仕掛品に振り替える。

☑役務原価：¥2,320,000＋¥56,000−¥68,000＝¥2,308,000 … ①
☑仕 掛 品：¥56,000−¥56,000＋¥68,000＝¥68,000

3．履行義務の充足（役務収益の計上）

（ 契 約 負 債 ）	100,000	（ 役 務 収 益 ）	100,000

期間契約し、契約負債を計上している保守作業のうち、当月実施して履行義務を充足した分について、契約負債から役務収益に振り替える。

☑役務収益：¥3,220,000＋¥120,000＋¥100,000＝¥3,440,000 … ②
☑契約負債：¥740,000＋¥48,000−¥100,000＝¥688,000 … ③

4．貸倒引当金の設定

（ 貸倒引当金繰入 ）	8,000	（ 貸 倒 引 当 金 ）	8,000

貸倒引当金繰入：（¥600,000＋¥800,000）×1％＝¥14,000（設定額）
電子記録債権　売掛金
¥14,000−¥6,000＝¥8,000（繰入額）

☑貸倒引当金繰入：¥8,000 …④
☑貸 倒 引 当 金：¥6,000＋¥8,000＝¥14,000

５．減価償却費の計上

（ 減 価 償 却 費 ）	30,720	（ 備品減価償却累計額 ）	30,720

減価償却費：（¥240,000－¥86,400）×0.2＝¥30,720

Point

備品の償却率

$\dfrac{1}{10年} \times 200\% = 0.2$

☑減 価 償 却 費：¥30,720 … ⑤
☑備品減価償却累計額：¥86,400＋¥30,720＝¥117,120

６．ソフトウェアの除却および償却

期首残高

（ ソフトウェア償却 ）	3,600	（ ソ フ ト ウ ェ ア ）	10,800
（ 固定資産除却損 ）	7,200		

新経理システム

（ ソフトウェア償却 ）	9,600	（ ソ フ ト ウ ェ ア ）	9,600

ソフトウェア償却（期 首 残 高）：¥10,800×$\dfrac{4か月}{12か月}$＝¥3,600

固定資産除却損：¥10,800－¥3,600＝¥7,200

ソフトウェア償却（新経理システム）：¥72,000×$\dfrac{8か月}{60か月}$＝¥9,600

Point

期首で取得後４年経過しているので、期首残高は１年分の償却額となる。

期首残高の分は、新経理システムへの切換えまで使用しているので、４か月分の償却を行う。

期首残高から４か月分の償却をした後の金額を、固定資産除却損勘定で処理する。

新経理システムは８か月分を月割りで償却する。

５年＝60か月

☑ソフトウェア償却：¥3,600＋¥9,600＝¥13,200 … ⑥
☑固定資産除却損：¥7,200 … ⑦
☑ソフトウェア：¥82,800－¥10,800－¥9,600＝¥62,400 … ⑧

７．引当金の処理

(1) 退職給付引当金

（ 退職給付費用 ）	20,000	（ 退職給付引当金 ）	20,000

(2) 賞与引当金

（ 賞与引当金繰入 ）	32,000	（ 賞 与 引 当 金 ）	32,000

賞与引当金繰入：¥28,000×11か月＝¥308,000（２月までの計上額）
　　　　　　　　¥340,000－¥308,000＝¥32,000（追加計上額）

Point

賞与引当金

支払見込み額は、賞与引当金の設定額となる。

支払見込み額と２月までの計上額との差額を追加計上する。

☑退 職 給 付 費 用：¥20,000 … ⑨
☑賞与引当金繰入：¥308,000＋¥32,000＝¥340,000 … ⑩
☑退職給付引当金：¥720,000＋¥20,000＝¥740,000
☑賞 与 引 当 金：¥308,000＋¥32,000＝¥340,000

８．法人税、住民税及び事業税の計上

（ 法人税、住民税及び事業税 ）	72,000	（ 仮 払 法 人 税 等 ）	32,000
		（ 未 払 法 人 税 等 ）	40,000

法人税、住民税及び事業税：¥240,000×30％＝¥72,000
　　　　　　　　税引前当期純利益

Point

答案用紙の損益計算書で税引前当期純利益までを計算し、税引前当期純利益の30％を法人税、住民税及び事業税に計上する。

法人税、住民税及び事業税の金額から、仮払法人税等の金額を控除し、未払法人税等を計上する。

☑法人税、住民税及び事業税：¥72,000 … ⑪
☑（ 当 期 純 利 益 ）：¥240,000－¥72,000＝¥168,000 … ⑫
☑未 払 法 人 税 等：¥72,000－¥32,000＝¥40,000
☑繰 越 利 益 剰 余 金：¥620,000＋¥168,000＝¥788,000

第４回

第4問（28点）

問1（12点）　＊勘定科目は**記号での解答**となります。参考として、勘定科目も記入しています。

(1)

借方科目		金額	貸方科目		金額
甲 製 造 部 費	イ	80,000	製 造 間 接 費	ア	200,000
乙 製 造 部 費	ウ	60,000			
動 力 部 費	エ	50,000			
修 繕 部 費	オ	10,000			

部門共通費の配賦額
　甲製造部：200,000円×40％＝80,000円
　乙製造部：200,000円×30％＝60,000円
　動 力 部：200,000円×25％＝50,000円
　修 繕 部：200,000円× 5％＝10,000円

☑第1次集計後の各部門費（＝部門個別費＋部門共通費の配賦額）
　甲製造部費：340,000円＋80,000円＝420,000円
　乙製造部費：220,000円＋60,000円＝280,000円
　動 力 部費： 70,000円＋50,000円＝120,000円
　修 繕 部費： 50,000円＋10,000円＝ 60,000円

(2)

動力部費
　甲製造部：120,000円×55％＝66,000円
　乙製造部：120,000円×45％＝54,000円
修繕部費
　甲製造部：60,000円×70％＝42,000円
　乙製造部：60,000円×30％＝18,000円

借方科目		金額	貸方科目		金額
甲 製 造 部 費	イ	108,000	動 力 部 費	エ	120,000
乙 製 造 部 費	ウ	72,000	修 繕 部 費	オ	60,000

甲製造部費：66,000円＋42,000円＝108,000円
乙製造部費：54,000円＋18,000円＝ 72,000円

☑第2次集計後の各製造部門費（＝第1次集計後の各製造部門費＋補助部門費の配賦額）
　甲製造部費：420,000円＋108,000円＝528,000円
　乙製造部費：280,000円＋ 72,000円＝352,000円

(3)

甲製造部費

製品A ： $\dfrac{528,000円}{200時間} \times 100時間 = 264,000円$

製品B ： $\dfrac{528,000円}{200時間} \times 100時間 = 264,000円$

乙製造部費

製品A ： $\dfrac{352,000円}{100時間} \times 60時間 = 211,200円$

製品B ： $\dfrac{352,000円}{100時間} \times 40時間 = 140,800円$

Point
作業時間を配賦基準として、各製造部門費を各製造指図書に実際配賦する。

借方科目		金額	貸方科目		金額
仕　掛　品	カ	475,200	甲 製 造 部 費	イ	264,000
			乙 製 造 部 費	ウ	211,200

仕掛品：264,000円＋211,200円＝475,200円

☑各製造指図書に集計される製造間接費の金額

製品A：264,000円＋211,200円＝475,200円

製品B：264,000円＋140,800円＝404,800円

仕訳1組につき4点　合計12点

問2 （16点）

仕　掛　品

月初有高（	412,800 ）	完成高（	2,068,000 ）
直接材料費（★	1,400,000 ）	月末有高（★	488,800 ）
加工費（★	900,000 ）	標準原価差異（★	156,000 ）
（	2,712,800 ）	（	2,712,800 ）

月次損益計算書（一部）　　　　　　（単位：円）

I 売上高		（★ 5,400,000 ）
II 売上原価		
月初製品棚卸高	（ 132,000 ）	
当月製品製造原価	（★ 2,068,000 ）	
合計	（ 2,200,000 ）	
月末製品棚卸高	（ 220,000 ）	
差引	（ 1,980,000 ）	
標準原価差異	（ 156,000 ）	（★ 2,136,000 ）
売上総利益		（ 3,264,000 ）
III 販売費及び一般管理費		（ 2,620,000 ）
営業利益		（★ 644,000 ）

★1つにつき2点
合計16点

解説

Step 1 仕掛品勘定への記入

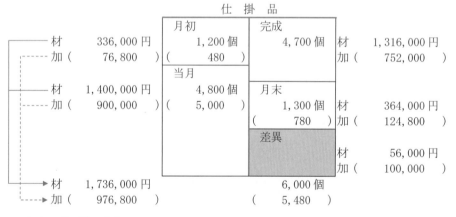

Point
材：直接材料費
加：加工費

完成品換算量
月初
1,200個×40%＝480個
月末
1,300個×60%＝780個
当月
4,700個－480個＋780個
＝5,000個

☑月初（標準原価）
　直接材料費：@280円×1,200個＝336,000円
　加工費：@160円× 480個＝ 76,800円
　合計　　　　　　　　　　412,800円

☑当月（実際原価）
　直接材料費：1,400,000円
　加工費：900,000円

☑月末（標準原価）
　直接材料費：@280円×1,300個＝364,000円
　加工費：@160円× 780個＝124,800円
　合計　　　　　　　　　　488,800円

☑完成（標準原価）
　　直接材料費：@280円×4,700個＝1,316,000円
　　加 工 費：@160円×4,700個＝　752,000円
　　合　　計　　　　　　　　　　2,068,000円
☑標準原価差異（貸借差額）
　　直接材料費：1,736,000円－364,000円－1,316,000円＝ 56,000円
　　加 工 費：　976,800円－124,800円－　752,000円＝100,000円
　　合　　計　　　　　　　　　　　　　　　156,000円

Step 2　月次損益計算書の作成

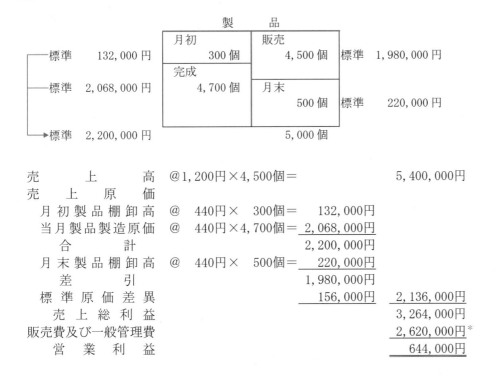

	製　品		
	月初	販売	
標準　132,000 円	300 個	4,500 個	標準　1,980,000 円
	完成		
標準　2,068,000 円	4,700 個	月末	
		500 個	標準　220,000 円
標準　2,200,000 円	5,000 個		

売　　上　　高　@1,200円×4,500個＝　　　　　5,400,000円
売　　上　原　価
　月 初 製 品 棚 卸 高　@　440円×　300個＝　132,000円
　当 月 製 品 製 造 原 価　@　440円×4,700個＝2,068,000円
　　合　　　　計　　　　　　　　　　　2,200,000円
　月 末 製 品 棚 卸 高　@　440円×　500個＝　220,000円
　　差　　　　引　　　　　　　　　　　1,980,000円
　標 準 原 価 差 異　　　　　　　　　　156,000円　2,136,000円
　　売 上 総 利 益　　　　　　　　　　　　　3,264,000円
販売費及び一般管理費　　　　　　　　　　　2,620,000円*
　　営 業 利 益　　　　　　　　　　　　　　 644,000円

＊　1,680,000円＋480,000円＋320,000円＋140,000円＝2,620,000円
　　販売員給料　　地代家賃　　水道光熱費　　その他

第5問 （12点）

問1

	★	980	個

問2

	★	30	％

問3

次期の利益計画Ａ	☆	604,800	円
次期の利益計画Ｂ	☆	677,600	円
次期の利益計画Ｃ	☆	564,600	円

★1つにつき3点
☆1つにつき2点
合計12点

解 説

問1

当期のデータの整理（直接原価計算による損益計算書）

売　上　高	5,040,000 円	（＝@3,600円×1,400個）
変 動 売 上 原 価	2,688,000 円	（＝@1,920円×1,400個）
変動製造マージン	2,352,000 円	
変 動 販 売 費	336,000 円	（＝@　240円×1,400個）
貢 献 利 益	2,016,000 円	
固 定 加 工 費	864,000 円	
固定販売費及び一般管理費	547,200 円	
営 業 利 益	604,800 円	

損益分岐点における販売数量：3,528,000円÷@3,600円＝**980個**
貢　献　利　益　率：2,016,000円÷5,040,000円＝0.4（40％）
固　　　定　　　費：864,000円＋547,200円＝1,411,200円
損益分岐点における売上高：1,411,200円÷0.4＝3,528,000円

構成比
(100%) 売　上　高　3,528,000
(60%) 変　動　費　　　　　　　 ÷0.4（貢献利益率）
(40%) 貢 献 利 益 → 1,411,200
　　　　固　定　費　(1,411,200)
　　　　営　業　利　益　　　　0

問2

$$安全余裕率＝\frac{売上高－損益分岐点売上高}{売上高}$$

$$＝\frac{5,040,000円－3,528,000円}{5,040,000円}＝0.3（30％）$$

売上高（100%）	
損益分岐点比率（70%）	安全余裕率（30%）

問3

次期の利益計画Aの整理（直接原価計算による損益計算書）

販売価格：@3,600円×（1＋0.1）＝@3,960円
販 売 量： 1,400個×（1－0.2）＝ 1,120個

売 上 高	4,435,200 円	（＝@3,960円×1,120個）
変 動 売 上 原 価	2,150,400 円	（＝@1,920円×1,120個）
変 動 製 造 マ ー ジ ン	2,284,800 円	
変 動 販 売 費	268,800 円	（＝@ 240円×1,120個）
貢 献 利 益	2,016,000 円	
固 定 加 工 費	864,000 円	
固定販売費及び一般管理費	547,200 円	
営 業 利 益	604,800 円	

次期の利益計画Bの整理（直接原価計算による損益計算書）

原 料 費：@1,000円×（1－0.2）＝@ 800円
変動加工費：@ 920円×（1－0.1）＝@ 828円
合 計： @1,628円

売 上 高	5,040,000 円	（＝@3,600円×1,400個）
変 動 売 上 原 価	2,279,200 円	（＝@1,628円×1,400個）
変 動 製 造 マ ー ジ ン	2,760,800 円	
変 動 販 売 費	336,000 円	（＝@ 240円×1,400個）
貢 献 利 益	2,424,800 円	
固 定 加 工 費	1,200,000 円	（＝864,000円＋336,000円）
固定販売費及び一般管理費	547,200 円	
営 業 利 益	677,600 円	

次期の利益計画Cの整理（直接原価計算による損益計算書）

販売価格：@3,600円×（1－0.05）＝@3,420円
販 売 量： 1,400個×（1＋0.15）＝ 1,610個

売 上 高	5,506,200 円	（＝@3,420円×1,610個）
変 動 売 上 原 価	3,091,200 円	（＝@1,920円×1,610個）
変 動 製 造 マ ー ジ ン	2,415,000 円	
変 動 販 売 費	386,400 円	（＝@ 240円×1,610個）
貢 献 利 益	2,028,600 円	
固 定 加 工 費	864,000 円	
固定販売費及び一般管理費	600,000 円	（＝547,200円＋52,800円）
営 業 利 益	564,600 円	

第4回

第5回 解答・解説

第1問（20点）　＊ 勘定科目は**記号での解答**となります。参考として、勘定科目も記入しています。

	借方科目		金額	貸方科目		金額
1	普 通 預 金	ア	504,000	売 掛 金	イ	480,000
				為 替 差 損 益	キ	24,000

　　売　掛　金：＠¥100×4,800ドル＝¥480,000（輸出時の為替相場で換算）
　　普 通 預 金：＠¥105×4,800ドル＝¥504,000（決済時の為替相場で換算）
　　為替差損益：貸借差額

Point
売掛金は輸出時の為替相場で換算している。

受け取った商品代金は、決済時の為替相場で換算する。

為替差損益勘定を貸方に記入するということは、為替差益となる。

	借方科目		金額	貸方科目		金額
2	貯 蔵 品	ア	480,000	備 品	イ	720,000
	固定資産除却損	キ	240,000			
	リ ー ス 資 産	エ	5,760,000	リ ー ス 債 務	オ	5,760,000

　　固定資産除却損：¥480,000－¥720,000＝△¥240,000（損）
　　　　　　　　　　　処分価額　　帳簿価額
　　リ ー ス 資 産：¥1,152,000×5年＝¥5,760,000（リース料総額）

Point
除却した備品は、直接法で記帳している。

利子込み法
リース料総額を取得原価とし、リース資産勘定を借方に計上する。

リース料総額を借り入れたと考え、リース債務勘定を貸方に計上する。

	借方科目		金額	貸方科目		金額
3	買 掛 金	オ	240,000	電子記録債権	イ	240,000

Point
手形の裏書譲渡に準じた処理となる。

	借方科目		金額	貸方科目		金額
4	仮 受 消 費 税	エ	96,000	仮 払 消 費 税	ア	67,200
				未 払 消 費 税	カ	28,800

未払消費税：¥96,000－¥67,200＝¥28,800

	借方科目		金額	貸方科目		金額
5	減 価 償 却 費	オ	32,000	備品減価償却累計額	イ	32,000
	繰 延 税 金 資 産	ウ	2,400	法人税等調整額	カ	2,400

減価償却費 ：¥192,000÷6年＝¥32,000（会計上の償却額）
繰延税金資産：¥192,000÷8年＝¥24,000（税法上の償却額）
　　　　　　　¥32,000－¥24,000＝¥8,000（損金不算入額）
　　　　　　　¥8,000×30％＝¥2,400

仕訳1組につき4点　合計20点

第2問 （20点）

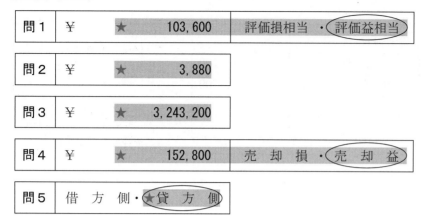

問1	¥	★ 103,600	評価損相当・⦅評価益相当⦆
問2	¥	★ 3,880	
問3	¥	★ 3,243,200	
問4	¥	★ 152,800	売 却 損・⦅売 却 益⦆
問5	借 方 側・★⦅貸 方 側⦆		

★ 1つにつき4点
合計20点

解 説

その他有価証券（A社株式）

X1年度

X2年3月31日（評価替え）

| （ その他有価証券 ） | 28,800 | （ 繰 延 税 金 負 債 ） | 8,640 |
| | | （ その他有価証券評価差額金 ） | 20,160 |

その 他 有 価 証 券：@¥700×480株＝¥336,000（期末時価）
　　　　　　　　　　@¥640×480株＝¥307,200（取得原価）
　　　　　　　　　　¥336,000－¥307,200＝¥28,800（評価益相当）
　　　　　　　　　　期末時価　　取得原価
繰 延 税 金 負 債：¥28,800×30％＝¥8,640
その他有価証券評価差額金：¥28,800－¥8,640＝¥20,160

> **Point**
> 評価益相当
> 「時価＞取得原価」の場合、評価差額の30％を繰延税金負債勘定、残りの70％をその他有価証券評価差額金勘定（貸方）で処理する。
>
> 評価損相当
> 「時価＜取得原価」の場合、評価差額の30％を繰延税金資産勘定、残りの70％をその他有価証券評価差額金勘定（借方）で処理する。

☑時価が取得原価を上回っている場合、「その他有価証券評価差額金」は**貸方側**に残高が生じる。 → 問5

X2年度

X2年4月1日（再振替仕訳）

| （ 繰 延 税 金 負 債 ） | 8,640 | （ その他有価証券 ） | 28,800 |
| （ その他有価証券評価差額金 ） | 20,160 | | |

> **Point**
> その他有価証券は洗替法によるため、再振替仕訳により取得原価に戻る。

X2年5月16日（購入）

| （ その他有価証券 ） | 291,200 | （ 未 払 金 ） | 291,200 |

その他有価証券：@¥720×400株＋¥3,200＝¥291,200

> **Point**
> 購入手数料は、取得原価に含める。

X2年12月14日（購入）

| （ その他有価証券 ） | 496,800 | （ 未 払 金 ） | 496,800 |

その他有価証券：@¥820×600株＋¥4,800＝¥496,800

> **Point**
> 購入手数料は、取得原価に含める。

X3年3月31日（評価替え）

（その他有価証券）	148,000	（繰延税金負債）	44,400
		（その他有価証券評価差額金）	103,600

その他有価証券：
　@¥840×1,480株＝¥1,243,200（期末時価）
　¥307,200＋¥291,200＋¥496,800＝¥1,095,200（取得原価）
　　期首保有　　5月16日　　12月14日
　¥1,243,200－¥1,095,200＝¥148,000（評価益相当）
　　期末時価　　　　取得原価
繰延税金負債：¥148,000×30%＝¥44,400
その他有価証券評価差額金：¥148,000－¥44,400＝¥103,600

☑その他有価証券評価差額金：¥103,600（評価益相当）→ 問1

X3年度

X3年4月1日（再振替仕訳）

（繰延税金負債）	44,400	（その他有価証券）	148,000
（その他有価証券評価差額金）	103,600		

X3年6月5日（売却）

（未収入金）	892,800	（その他有価証券）	740,000
		（投資有価証券売却益）	152,800

未収入金：@¥900×1,000株－¥7,200＝¥892,800（売却手数料控除後）
その他有価証券：¥1,095,200÷1,480株＝@¥740
　　　　　　　　@¥740×1,000株＝¥740,000
投資有価証券売却益：¥892,800－¥740,000＝¥152,800（益）

☑A社株式の売却損益：¥152,800（売却益）→ 問4

満期保有目的債券（B社社債）

X2年度

X2年12月22日（購入）

（満期保有目的債券）	2,000,000	（未払金）	2,005,920
（有価証券利息）	5,920		

有価証券利息：$¥2,000,000×0.73\%×\dfrac{148日}{365日}＝¥5,920$

X3年1月31日（利息の受取り）

（普通預金）	7,300	（有価証券利息）	7,300

有価証券利息：$¥2,000,000×0.73\%×\dfrac{6か月}{12か月}＝¥7,300$

X3年3月31日（利息の未収計上）

（未収有価証券利息）	2,500	（有価証券利息）	2,500

有価証券利息：$¥2,000,000×0.75\%×\dfrac{2か月}{12か月}＝¥2,500$

☑有価証券利息：△¥5,920＋¥7,300＋¥2,500＝¥3,880　→ 問2
☑投資有価証券：¥1,243,200＋¥2,000,000＝¥3,243,200　→ 問3
　　　　　　　その他有価証券　　満期保有目的債券

第3問 （20点）

(1)

損 益 計 算 書
自 X6年 4 月 1 日　至 X7年 3 月 31日　　　　　　（単位：円）

Ⅰ	売　上　高				2,452,000	
Ⅱ	売　上　原　価					
⑥	1　期首商品棚卸高	（	238,640	）		
⑦	2　当期商品仕入高	（	1,921,920	）		
	合　計	（	2,160,560	）		
⑧	3　期末商品棚卸高	（	272,800	）		
	差　引	（	1,887,760	）		
⑨	4　棚卸減耗損	（★	5,600	）	（	1,893,360 ）
	売上総利益				（	558,640 ）
Ⅲ	販売費及び一般管理費					
⑮	1　営　業　費	（★	347,200	）		
③	2　貸倒引当金繰入	（★	7,280	）		
⑪	3　減価償却費	（	36,000	）	（	390,480 ）
	営業利益				（	168,160 ）
Ⅳ	営業外収益					
	1　受取配当金				640	
Ⅴ	営業外費用					
⑰	1　支払利息				（★	17,280 ）
	当期純利益				（	151,520 ）

貸 借 対 照 表
X7年 3 月 31日　　　　　　　　　　　　（単位：円）

	資　産	金　額		負債・純資産	金　額	
①	現　金　預　金	（ 574,800 ）	買　掛　金	（★ 330,320 ）	②
④	売　掛　金	（ 456,000 ）	借　入　金	576,000	
⑤	貸倒引当金	△（★ 9,120 ）	未　払　費　用	（ 4,320 ）	⑱
⑩	商　品	（★ 267,200 ）	資　本　金	960,000	
⑯	前　払　費　用	（ 1,440 ）	利　益　準　備　金	51,360	
	建　物	1,080,000	繰越利益剰余金	（ 247,520 ）	⑲
⑫	減価償却累計額	△（★ 288,000 ）	その他有価証券評価差額金	（★ 640 ）	⑭
⑬	投資有価証券	（ 87,840 ）			
		（ 2,170,160 ）		（ 2,170,160 ）	

(2)

本店勘定の次期繰越額　　¥　★　456,880　⑳

＊　上記の○番号は、解説の番号と対応しています。

★1つにつき2点
合計20点

未処理事項等の処理

1．誤記帳の訂正

本店

（ 現 金 預 金 ）	18,000	（ 支　　　　店 ）	18,000

現金預金：¥130,000－¥112,000＝¥18,000（追加計上）

Point
計上が不足しているので、
追加計上する。

2．商品の移送（本店 → 支店）

本店

（ 支　　　　店 ）	11,200	（ 仕　　　　入 ）	11,200

支店

（ 仕　　　　入 ）	11,200	（ 本　　　　店 ）	11,200

Point
本店：仕入の減少

支店：仕入の増加

【本店】
　仕入：¥1,320,000－¥11,200＝¥1,308,800
　支店：¥414,800－¥18,000＋¥11,200＝¥408,000

【支店】
　仕入：¥601,920＋¥11,200＝¥613,120
　本店：¥396,800＋¥11,200＝¥408,000

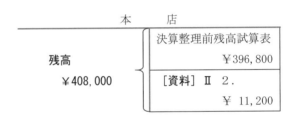

＊　支店勘定と本店勘定の残高が貸借逆で一致します。

3．売掛金の決済

支店

（ 現 金 預 金 ）	24,000	（ 売　掛　金 ）	24,000

【支店】
　売 掛 金：¥144,000－¥24,000＝¥120,000
　現金預金：¥144,640＋¥24,000＝¥168,640

4．買掛金の決済

本店

（ 買　掛　金 ）	32,000	（ 現 金 預 金 ）	32,000

【本店】
　現金預金：¥420,160＋¥18,000－¥32,000＝¥406,160
　買 掛 金：¥280,000－¥32,000＝¥248,000

☑貸借対照表
　　現金預金：¥406,160＋¥168,640＝**¥574,800** … ①
　　買 掛 金：¥248,000＋¥82,320＝**¥330,320** … ②

1．貸倒引当金の設定

本店

（ 貸倒引当金繰入 ）	5,520	（ 貸 倒 引 当 金 ）	5,520

貸倒引当金繰入：￥336,000×2％＝￥6,720 （設定額）
￥6,720－￥1,200＝￥5,520 （繰入額）

支店

（ 貸倒引当金繰入 ）	1,760	（ 貸 倒 引 当 金 ）	1,760

貸倒引当金繰入：￥120,000×2％＝￥2,400 （設定額）
￥2,400－￥640＝￥1,760 （繰入額）

☑損益計算書
貸倒引当金繰入：￥5,520＋￥1,760＝**￥7,280** … ③
☑貸借対照表
売　　掛　　金：￥336,000＋￥120,000＝**￥456,000** … ④
貸 倒 引 当 金：￥6,720＋￥2,400＝**￥9,120** … ⑤

Point
支店の売掛金が変動していることに注意する。

2．売上原価の算定（売上原価を仕入勘定で算定していると仮定）

本店

（ 仕　　　　　入 ）	188,000	（ 繰 越 商 品 ）	188,000
（ 繰 越 商 品 ）	208,000	（ 仕　　　　　入 ）	208,000
（ 棚 卸 減 耗 損 ）	1,600	（ 繰 越 商 品 ）	1,600
（ 仕　　　　　入 ）	1,600	（ 棚 卸 減 耗 損 ）	1,600

支店

（ 仕　　　　　入 ）	50,640	（ 繰 越 商 品 ）	50,640
（ 繰 越 商 品 ）	64,800	（ 仕　　　　　入 ）	64,800
（ 棚 卸 減 耗 損 ）	4,000	（ 繰 越 商 品 ）	4,000
（ 仕　　　　　入 ）	4,000	（ 棚 卸 減 耗 損 ）	4,000

期末帳簿棚卸高
本店：￥219,200－￥11,200＝￥208,000
支店：￥53,600＋￥11,200＝￥64,800
棚卸減耗損
本店：￥208,000－￥206,400＝￥1,600
支店：￥64,800－￥60,800＝￥4,000

☑損益計算書
期首商品棚卸高：￥188,000＋￥50,640＝**￥238,640** … ⑥
当期商品仕入高：￥1,308,800＋￥613,120＝**￥1,921,920** … ⑦
期末商品棚卸高：￥208,000＋￥64,800＝**￥272,800** … ⑧
棚 卸 減 耗 損：￥1,600＋￥4,000＝**￥5,600** … ⑨
☑貸借対照表
商　　　　　品：（￥208,000－￥1,600）＋（￥64,800－￥4,000）＝**￥267,200** … ⑩
　　　　　　　　　本店　　　　　　　　支店

３．減価償却費の計上

本店

（ 減 価 償 却 費 ）	24,000	（ 建物減価償却累計額 ）	24,000

減価償却費：¥720,000÷30年＝¥24,000

支店

（ 減 価 償 却 費 ）	12,000	（ 建物減価償却累計額 ）	12,000

減価償却費：¥360,000÷30年＝¥12,000

☑損益計算書

　減 価 償 却 費：¥24,000＋¥12,000＝**¥36,000** … ⑪

☑貸借対照表

　減価償却累計額：（¥192,000＋¥24,000）＋（¥60,000＋¥12,000）＝¥288,000 … ⑫
　　　　　　　　　　　　本店　　　　　　　　　　支店

４．その他有価証券の評価替え（時価評価）

本店

（ その他有価証券 ）	640	（ その他有価証券評価差額金 ）	640

その他有価証券評価差額金：¥87,840－¥87,200＝¥640
　　　　　　　　　　　　　期末時価　　取得価額

☑貸借対照表

　投 資 有 価 証 券：¥87,840 … ⑬
　その他有価証券評価差額金：¥640 … ⑭

> **Point**
> その他有価証券は期末時価で評価する。
>
> 帳簿価額との差額は、その他有価証券評価差額金勘定で処理する。

５．営業費の前払い処理と支店への振替え

本店

（ 前 払 営 業 費 ）	800	（ 営 業 費 ）	800
（ 支 店 ）	20,000	（ 営 業 費 ）	20,000

支店

（ 前 払 営 業 費 ）	640	（ 営 業 費 ）	640
（ 営 業 費 ）	20,000	（ 本 店 ）	20,000

☑損益計算書

　営 業 費：（¥248,240－¥800－¥20,000）＋（¥100,400－¥640＋¥20,000）＝¥347,200 … ⑮
　　　　　　　　　　本店　　　　　　　　　　　　支店

☑貸借対照表

　前払費用：¥800＋¥640＝**¥1,440** … ⑯

６．利息の未払い処理

本店

（ 支 払 利 息 ）	3,600	（ 未 払 利 息 ）	3,600

支店

（ 支 払 利 息 ）	720	（ 未 払 利 息 ）	720

☑損益計算書

　支 払 利 息：（¥10,800＋¥3,600）＋（¥2,160＋¥720）＝**¥17,280** … ⑰
　　　　　　　　　　本店　　　　　　　　支店

☑貸借対照表

　未 払 費 用：¥3,600＋¥720＝**¥4,320** … ⑱

　繰越利益剰余金：¥96,000＋¥151,520＝**¥247,520** … ⑲
　　　　　　　　　　　　損益計算書の当期純利益

本店

| （　支　　　　店　） | 28,880 | （　損　　　　益　） | 28,880 |

本店の損益勘定

支店

| （　損　　　　益　） | 28,880 | （　本　　　　店　） | 28,880 |

支店の損益勘定

（支店）	損		益	
仕 入 （ 売 上 原 価 ） ¥	602,960	売	上 ¥	768,240
営 　 業 　 費 ¥	119,760			
貸 倒 引 当 金 繰 入 ¥	1,760			
減 価 償 却 費 ¥	12,000			
支 払 利 息 ¥	2,880			
本店 （支店純利益） ¥	28,880			

仕入：¥601,920＋¥11,200＋¥50,640−（¥53,600＋¥11,200）＋¥4,000
　　　　　当期仕入　　商品移送　　期首棚卸高　　　　期末帳簿棚卸高　　　　棚卸減耗損
　　　＝¥602,960

本店
　　支店：¥408,000＋¥20,000＋¥28,880＝¥456,880（借方残高）

支店
　　本店：貸借逆で同じ　¥456,880（貸方残高）… ⑳

支	店		本	店	
決算整理前残高試算表 ¥414,800	［資料］Ⅱ 1. ¥ 18,000			決算整理前残高試算表 ¥396,800	
［資料］Ⅱ 2. ¥ 11,200			残高 ¥456,880	［資料］Ⅱ 2 ¥ 11,200	
［資料］Ⅲ 5. ¥ 20,000	残高 ¥456,880			［資料］Ⅲ 5. ¥ 20,000	
支店純利益 ¥ 28,880				支店純利益 ¥ 28,880	

＊　支店勘定と本店勘定の残高が貸借逆で一致します。

第4問 (28点)

問1 (12点)　＊ 勘定科目は**記号での解答**となります。参考として、勘定科目も記入しています。

Point

(1)

借方科目		金額	貸方科目		金額
仕 掛 品	イ	1,024,000	材　　　　料	ア	1,075,200
製 造 間 接 費	オ	51,200			

Point

購入代価
材料そのものの価格

購入原価
＝購入代価＋材料副費（引取運賃）

直接材料費は仕掛品勘定に、間接材料費は製造間接費勘定に振り替える。

材　　料

前 月 繰 越	0 kg	直 接 材 料	1,600 kg
		@640円*2	1,024,000 円*3
仕 入 高	2,000 kg	間 接 材 料	80 kg
	1,280,000 円*1	@640円*2	51,200 円*4
		次 月 繰 越	320 kg
		@640円*2	204,800 円*5

*1　@600円×2,000kg＋80,000円＝1,280,000円
　　　　　　　　　　　材料副費
*2　1,280,000円÷2,000kg＝@640円
*3　@640円×1,600kg＝1,024,000円
*4　@640円×80kg＝51,200円
*5　@640円×（2,000kg−1,600kg−80kg）＝204,800円

(2)

借方科目		金額	貸方科目		金額
仕 掛 品	イ	1,600,000	賃 金 ・ 給 料	エ	2,600,000
製 造 間 接 費	オ	1,000,000			

Point

直接労務費
直接工の直接作業時間に対する賃金消費高

直接作業時間になるもの
加工時間、段取時間

間接労務費
直接工の間接作業時間及び手待時間に対する賃金消費高

間接工の賃金消費高

仕　掛　品：
　直接工の直接作業時間に対する賃金消費高
　　@1,000円×（1,440時間＋160時間）＝1,600,000円

製造間接費：
　直接工の間接作業時間と手待時間に対する賃金消費高
　　@1,000円×（120時間＋ 40時間）＝ 160,000円
　間接工の賃金消費高：
　　880,000円＋200,000円−240,000円＝ 840,000円
　　　　　　　　　　　　　　　　　　 1,000,000円

賃金・給料（間接工）

当月支払高		前月未払高	
	880,000 円		240,000 円
		消 費 高	
当月未払高			840,000 円
	200,000 円		

(3)

借方科目		金額	貸方科目		金額
仕 掛 品	イ	1,520,000	製 造 間 接 費	オ	1,520,000

Point

予定配賦率
＝製造間接費予算÷予定総直接作業時間

予定配賦額
＝予定配賦率×直接工の直接作業時間

　製造間接費：20,900,000円÷22,000時間＝@950円（予定配賦率）
　　　　　　　@950円×（1,440時間＋160時間）＝1,520,000円（予定配賦額）

仕訳1組につき4点　合計12点

問2 (16点)

(1)平均法を用いた場合

<u>総 合 原 価 計 算 表</u>　　　　　　（単位：円）

	原 料 費	加 工 費	合 計
月 初 仕 掛 品 原 価	380,000	129,200	509,200
当 月 製 造 費 用	2,640,000	2,180,000	4,820,000
合 計	3,020,000	2,309,200	5,329,200
差引：月末仕掛品原価	（★　483,200　）	（★　200,800　）	（　684,000　）
完成品総合原価	（★　2,536,800　）	（★　2,108,400　）	（　4,645,200　）

(2)先入先出法を用いた場合

<u>総 合 原 価 計 算 表</u>　　　　　　（単位：円）

	原 料 費	加 工 費	合 計
月 初 仕 掛 品 原 価	380,000	129,200	509,200
当 月 製 造 費 用	2,640,000	2,180,000	4,820,000
合 計	3,020,000	2,309,200	5,329,200
差引：月末仕掛品原価	（★　480,000　）	（★　200,000　）	（　680,000　）
完成品総合原価	（★　2,540,000　）	（★　2,109,200　）	（　4,649,200　）

★1つにつき2点
合計16点

解説

Step 1 生産データ・原価データの整理

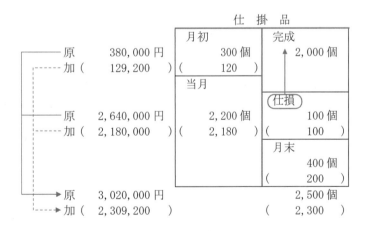

> Point
> 原：原料費
> 加：加工費
>
> 完成品換算量
> 月初
> 300個×40％＝120個
> 仕損
> 100個×100％＝100個
> 月末
> 400個×50％＝200個
> 当月
> 2,000個−120個＋100個＋
> 200個＝2,180個
>
> 正常仕損費は完成品のみ
> 負担
>
> 仕損品の処分価額なし

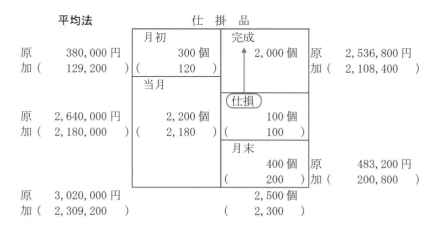

☑**月末仕掛品原価**

原料費： $\dfrac{3,020,000円}{2,500個} \times 400個 = \mathbf{483,200円}$

加工費： $\dfrac{2,309,200円}{2,300個} \times 200個 = \underline{\mathbf{200,800円}}$

合　計　**684,000円**

☑**完成品総合原価**

原料費：3,020,000円－483,200円＝**2,536,800円**
加工費：2,309,200円－200,800円＝**2,108,400円**

合　計　**4,645,200円**

Step 3 先入先出法による月末仕掛品原価・完成品総合原価の算定

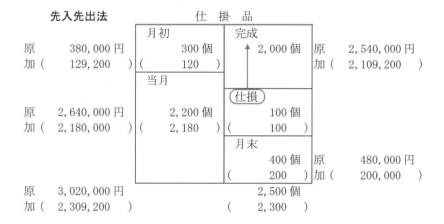

☑**月末仕掛品原価**

原料費： $\dfrac{2,640,000円}{2,200個} \times 400個 = \mathbf{480,000円}$

加工費： $\dfrac{2,180,000円}{2,180個} \times 200個 = \underline{\mathbf{200,000円}}$

合　計　**680,000円**

☑**完成品総合原価**

原料費：3,020,000円－480,000円＝**2,540,000円**
加工費：2,309,200円－200,000円＝**2,109,200円**

合　計　**4,649,200円**

第5問 （12点）

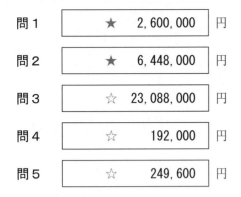

問1　★　2,600,000　円

問2　★　6,448,000　円

問3　☆　23,088,000　円

問4　☆　192,000　円

問5　☆　249,600　円

★1つにつき3点
☆1つにつき2点
合計12点

解説

Step 1 金額の集計

当月の直接材料費総額

$\underset{\text{主要材料費}}{1,872,000円}+\underset{\text{買入部品費}}{728,000円}=$**2,600,000円**　→　問1

当月の製造間接費総額

$\underset{\text{補助材料費}}{416,000円}+\underset{\text{間接工賃金}}{1,300,000円}+\underset{\text{従業員賞与手当}}{998,400円}+\underset{\text{減価償却費}}{83,200円}+3,068,000円$

$+\underset{\text{その他の間接経費}}{197,600円}+384,800円=$**6,448,000円**　→　問2

当月の変動費および固定費の総額

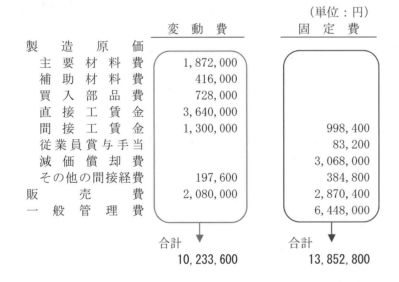

（単位：円）

	変　動　費	固　定　費
製　造　原　価		
主　要　材　料　費	1,872,000	
補　助　材　料　費	416,000	
買　入　部　品　費	728,000	
直　接　工　賃　金	3,640,000	
間　接　工　賃　金	1,300,000	998,400
従　業　員　賞　与　手　当		83,200
減　価　償　却　費		3,068,000
その他の間接経費	197,600	384,800
販　　売　　費	2,080,000	2,870,400
一　般　管　理　費		6,448,000
合計	10,233,600	合計 13,852,800

Point
直接材料費
　「主要材料費」
　「買入部品費」

製造間接費
　「補助材料費」
　「間接工賃金」
　「従業員賞与手当」
　「減価償却費」
　「その他の間接経費」

問3〜問5でCVP分析を行うので、変動費および固定費の総額を集計しておく。

損益分岐点の売上高：13,852,800円÷0.6＝**23,088,000円** → 問3
　　貢 献 利 益：25,584,000円－10,233,600円＝15,350,400円
　　貢献利益率：15,350,400円÷25,584,000円＝0.6（60%）

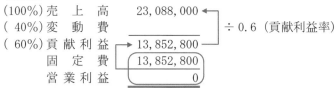

　　　　　構成比
　　　　（100%）売　上　高　　　23,088,000 ◄┐
　　　　（ 40%）変　動　費　　　　　　　　　├ ÷0.6（貢献利益率）
　　　　（ 60%）貢 献 利 益　┌─► 13,852,800 ◄┘
　　　　　　　　固　定　費　└─ 13,852,800
　　　　　　　　営 業 利 益　　　　　　　　0

貢献利益	
13,852,800円	
固定費	営業利益
13,852,800円	0円

Point
貢献利益
＝売上高－変動費

貢献利益率
＝貢献利益÷売上高

貢献利益
＝固定費＋営業利益

損益分岐点は営業利益が
ゼロとなる。

売上高の60%が貢献利益
となるので、割り戻すこと
により売上高を計算する。

営業利益の増加額：320,000円×0.6＝**192,000円** → 問4

　　　　　構成比
　　　　（100%）売　上　高　　　　320,000 ─┐
　　　　（ 40%）変　動　費　　　────────　├ ×0.6（貢献利益率）
　　　　（ 60%）貢 献 利 益　　　　192,000 ◄┘
　　　　　　　　固　定　費　　　　　　　─　　　固定費の増減なし
　　　　　　　　営 業 利 益　　　　192,000

Point
変動費と貢献利益は、売上
高の増減に比例する。

売上高の60%が貢献利益
となる。

固定費は売上高の増減に
係わらず一定となるので、
貢献利益の増加分だけ営
業利益も増加する。

第5回

固定費の削減額：13,852,800円－13,603,200円＝**249,600円** → 問5
　　　　　　　　当月の固定費　　営業利益がゼロ
　　　　　　　　　　　　　　　　となる固定費

　　　　　構成比
　　　　（100%）売　上　高　　22,672,000 [*1]　─┐
　　　　（ 40%）変　動　費　　────────　　　├ ×0.6（貢献利益率）
　　　　（ 60%）貢 献 利 益　　13,603,200 ◄┘
　　　　　　　　固　定　費　　13,603,200 [*2]
　　　　　　　　営 業 利 益　　　　　　　0

＊1　当月の損益分岐点の売上高（23,088,000円）から416,000円引き下げた金額
　　　23,088,000円－416,000円＝22,672,000円
＊2　営業利益がゼロとなるときの固定費

Point
当月の損益分岐点の売上
高から416,000円引き下げ
た金額を計算する。

売上高の60%が貢献利益
となる。

貢献利益と固定費が同額
となればよい。

「当月の固定費」と「営業
利益がゼロとなる固定費」
との差額が、固定費の削減
額となる。

第6回　解答・解説

第1問（20点）　＊ 勘定科目は**記号での解答**となります。参考として、勘定科目も記入しています。

<table>
<tr><td colspan="2">借方科目</td><td>金額</td><td colspan="2">貸方科目</td><td>金額</td></tr>
<tr><td>備品減価償却累計額</td><td>エ</td><td>234,240</td><td>備　　　品</td><td>ウ</td><td>480,000</td></tr>
<tr><td>減価償却費</td><td>カ</td><td>40,960</td><td>固定資産売却益</td><td>オ</td><td>15,200</td></tr>
<tr><td>営業外受取手形</td><td>イ</td><td>220,000</td><td></td><td></td><td></td></tr>
<tr><td></td><td></td><td></td><td></td><td></td><td></td></tr>
</table>

Point
営業外取引の手形の受取りは、営業外受取手形勘定で処理する。

200%定率法の償却率
$$\frac{1}{耐用年数} \times 200\%$$

1

減価償却累計額：¥96,000＋¥76,800＋¥61,440＝¥234,240

償却率：$\dfrac{1}{10年（耐用年数）} \times 200\% = 0.2$（20%）

X3年度末（X3年4月1日〜X4年3月31日）
償 却 額：¥480,000×0.2＝¥96,000
帳簿価額：¥480,000－¥96,000＝¥384,000

X4年度末（X4年4月1日〜X5年3月31日）
償 却 額：¥384,000×0.2＝¥76,800
帳簿価額：¥384,000－¥76,800＝¥307,200

X5年度末（X5年4月1日〜X6年3月31日）
償 却 額：¥307,200×0.2＝¥61,440
帳簿価額：¥307,200－¥61,440＝¥245,760

減価償却費：$¥245,760 \times 0.2 \times \dfrac{10か月}{12か月} = ¥40,960$

固定資産売却益：¥245,760－¥40,960＝¥204,800（売却時点での帳簿価額）
　　　　　　　　¥220,000－¥204,800＝¥15,200（売却益）
　　　　　　　　売却価額　　帳簿価額

<table>
<tr><td colspan="2">借方科目</td><td>金額</td><td colspan="2">貸方科目</td><td>金額</td></tr>
<tr><td>商　　　品</td><td>ウ</td><td>720,000</td><td>普 通 預 金</td><td>イ</td><td>5,000,000</td></tr>
<tr><td>建　　　物</td><td>エ</td><td>3,120,000</td><td></td><td></td><td></td></tr>
<tr><td>備　　　品</td><td>オ</td><td>640,000</td><td></td><td></td><td></td></tr>
<tr><td>の れ ん</td><td>カ</td><td>520,000</td><td></td><td></td><td></td></tr>
</table>

Point
資産の評価額の合計より高い譲渡代金を支払っている。

差額は、のれんとして計上する。

2

のれん：
¥720,000＋¥3,120,000＋¥640,000＝¥4,480,000（資産の評価額の合計）
¥5,000,000－¥4,480,000＝¥520,000
譲渡代金　　資産の評価額
　　　　　　の合計

	借方科目		金額	貸方科目		金額
3	普 通 預 金	イ	8,400,000	資 本 金	ウ	4,200,000
				資 本 準 備 金	エ	4,200,000
	創 立 費	カ	109,200	現 金	ア	109,200

普 通 預 金：@¥12,000×700株＝¥8,400,000（払込金）

資 本 金：¥8,400,000× $\frac{1}{2}$ ＝¥4,200,000

資本準備金：¥8,400,000－¥4,200,000＝¥4,200,000

創 立 費：¥16,800＋¥92,400＝¥109,200

Point
払込金の2分の1を資本金、残額を資本準備金として計上する。

設立までに支出した費用は、すべて創立費勘定で処理する。

	借方科目		金額	貸方科目		金額
4	クレジット売掛金	イ	252,000	売 上	オ	240,000
	支 払 手 数 料	カ	12,000	仮 受 消 費 税	エ	24,000

支 払 手 数 料：¥240,000×5％＝¥12,000
仮 受 消 費 税：¥240,000×10％＝¥24,000
クレジット売掛金：¥240,000＋¥24,000－¥12,000＝¥252,000

Point
信販会社へのクレジット手数料は、支払手数料勘定で処理する。

税抜方式で処理するので、売上は本体価格で計上し、消費税額は仮受消費税勘定で処理する。

第6回

	借方科目		金額	貸方科目		金額
5	研 究 開 発 費	カ	468,000	当 座 預 金	ア	312,000
				未 払 金	オ	156,000

研究開発費：¥312,000＋¥156,000＝¥468,000

Point
研究開発目的の支出は、すべて研究開発費勘定で処理する。

営業外取引の未払いは、未払金勘定で処理する。

仕訳1組につき4点　合計20点

第2問 （20点）

問1

総 勘 定 元 帳

建 物

年	月	日	摘 要	借 方	年	月	日	摘 要	貸 方
21	4	1	前 期 繰 越	15,360,000	22	3	31	減 価 償 却 費	560,000
	10	1	★営業外支払手形	4,800,000	〃	〃		次 期 繰 越	★ 19,600,000
				20,160,000					20,160,000

備 品

年	月	日	摘 要	借 方	年	月	日	摘 要	貸 方
21	7	1	当 座 預 金	800,000	21	7	2	★固定資産圧縮損	400,000
					22	3	31	★減 価 償 却 費	120,000
					〃	〃		次 期 繰 越	280,000
				800,000					800,000

リ ー ス 資 産

年	月	日	摘 要	借 方	年	月	日	摘 要	貸 方
21	11	1	★リ ー ス 債 務	1,800,000	22	3	31	★減 価 償 却 費	150,000
					〃	〃		次 期 繰 越	1,650,000
				1,800,000					1,800,000

問2　＊ 勘定科目は記号での解答となります。参考として、勘定科目も記入しています。

(1) 未実現損益の消去

借		方		貸		方	
勘 定 科 目	記号	金 額		勘 定 科 目	記号	金 額	
固 定 資 産 売 却 益	（ イ ）	1,200,000		土 地	（ ア ）	1,200,000	
	（ ）				（ ）		

(2) 債権債務の相殺消去

借		方		貸		方	
勘 定 科 目	記号	金 額		勘 定 科 目	記号	金 額	
未 払 金	（ カ ）	2,600,000		未 収 入 金	（ オ ）	2,600,000	
	（ ）				（ ）		

問1　　　★ 1つにつき2点
問2　　　仕訳1組につき4点
合計20点

Step 1　当期の取引の処理

4月1日

建物　前期繰越

　　¥24,000,000÷50年×18年＝¥8,640,000（過年度償却額）

　　¥24,000,000－¥8,640,000＝¥15,360,000（建物勘定の前期繰越額）

> **Point**
> **建物（既存分）**
> 前期末までに18年経過
> 定額法
> 残存価額ゼロ
> 耐用年数50年
>
> 減価償却に係る記帳は直接法によるので、前期繰越の金額に注意する。

5月6日

国庫補助金の受け入れ

| （　普　通　預　金　） | 400,000 | （　国庫補助金受贈益　） | 400,000 |

> **Point**
> 受け取った国庫補助金は国庫補助金受贈益勘定で処理する。

7月1日

備品購入

| （　備　　　　　品　） | 800,000 | （　当　座　預　金　） | 800,000 |

7月2日

備品の圧縮記帳

| （　固定資産圧縮損　） | 400,000 | （　備　　　　　品　） | 400,000 |

備品：¥800,000－¥400,000＝¥400,000（圧縮記帳後の取得原価）

> **Point**
> 備品の取得原価から国庫補助金相当額を直接控除し、借方に固定資産圧縮損勘定を計上する。

10月1日

建物の工事完了・引渡し

| （　建　　　　　物　） | 4,800,000 | （　営業外支払手形　） | 8,000,000 |
| （　修　　繕　　費　） | 3,200,000 | | |

建　物：¥8,000,000×60％＝¥4,800,000

修繕費：¥8,000,000－¥4,800,000＝¥3,200,000

> **Point**
> 増築部分は資本的支出として建物勘定で、残額は収益的支出として修繕費勘定で処理する。

11月1日

リース取引

| （　リ　ー　ス　資　産　） | 1,800,000 | （　リ　ー　ス　債　務　） | 1,800,000 |

リース資産：見積現金購入価額

> **Point**
> **利子抜き法**
> 見積現金購入価額を取得原価とし、リース資産勘定を借方に計上する。
>
> 同額を借り入れたと考え、リース債務勘定を貸方に計上する。

3月15日

土地の売却（ダウンストリーム）

| （　未　収　入　金　） | 5,200,000 | （　土　　　　　地　） | 4,000,000 |
| | | （　固定資産売却益　） | 1,200,000 |

固定資産売却益：¥5,200,000－¥4,000,000＝¥1,200,000

> **Point**
> 親会社が子会社に土地を売却しているので、固定資産売却益は親会社が計上した利益となる。

3月30日

土地の売却代金の一部受け取り

| （　普　通　預　金　） | 2,600,000 | （　未　収　入　金　） | 2,600,000 |

未収入金：¥5,200,000－¥2,600,000＝¥2,600,000（期末残高）

第6回

Step 2 減価償却費の計上

3月31日

建物の減価償却

（ 減 価 償 却 費 ）	560,000	（ 建　　　　物 ）	560,000

既　存　分：¥24,000,000÷50年＝¥480,000

当期取得分：¥4,800,000÷30年×$\dfrac{6か月}{12か月}$＝¥80,000

減価償却費：¥480,000＋¥80,000＝¥560,000

備品の減価償却

（ 減 価 償 却 費 ）	120,000	（ 備　　　　品 ）	120,000

減価償却費：¥400,000×40%×$\dfrac{9か月}{12か月}$＝¥120,000

リース資産の減価償却

（ 減 価 償 却 費 ）	150,000	（ リ ー ス 資 産 ）	150,000

減価償却費：¥1,800,000÷5年×$\dfrac{5か月}{12か月}$＝¥150,000

Step 3 連結修正仕訳

(1) 未実現損益の消去

（ 固 定 資 産 売 却 益 ）	1,200,000	（ 土　　　　地 ）	1,200,000

(2) 債権債務の相殺消去

（ 未　払　金 ）	2,600,000	（ 未　収　入　金 ）	2,600,000

損 益 計 算 書

自X8年 4 月 1 日　至X9年 3 月31日　　　　　（単位：円）

Ⅰ	売　　上　　高			（	3,472,000 ）
Ⅱ	売　上　原　価				
③	1　期 首 商 品 棚 卸 高	（	74,400 ）		
④	2　当 期 商 品 仕 入 高	（	1,728,000 ）		
	合　　　計	（	1,802,400 ）		
⑤	3　期 末 商 品 棚 卸 高	（	68,000 ）		
	差　　引	（	1,734,400 ）		
⑥	4　棚 卸 減 耗 損	（★	9,600 ）	（	1,744,000 ）
	（ 売 上 総 利 益 ）			（★	1,728,000 ）
Ⅲ	販 売 費 及 び 一 般 管 理 費				
	1　給　　　　料		482,200		
	2　保　　険　　料		64,800		
⑧	3　退 職 給 付 費 用	（★	80,000 ）		
⑦	4　減 価 償 却 費	（★	355,000 ）		
①	5　支 払 リ ー ス 料	（★	15,200 ）		
②	6　貸 倒 引 当 金 繰 入	（★	4,400 ）	（	1,001,600 ）
	（ 営 業 利 益 ）			（	726,400 ）
Ⅳ	営 業 外 収 益				
⑩	1　受 取 利 息			（★	2,400 ）
Ⅴ	営 業 外 費 用				
⑨	1　貸 倒 引 当 金 繰 入			（★	4,800 ）
	（ 経 常 利 益 ）			（	724,000 ）
Ⅵ	特 別 利 益				
	1　国 庫 補 助 金 受 贈 益			（	160,000 ）
Ⅶ	特 別 損 失				
	1　固 定 資 産 圧 縮 損			（	160,000 ）
	税 引 前 当 期 純 利 益			（	724,000 ）
⑪	法人税、住民税及び事業税	（	224,280 ）		
⑫	法 人 税 等 調 整 額	（△★	7,080 ）	（	217,200 ）
⑬	（ 当 期 純 利 益 ）			（★	506,800 ）

＊　上記の〇番号は、解説の番号と対応しています。

★ 1 つにつき 2 点
合計20点

決算整理事項等の処理

1．当座預金の修正

① 未処理（オペレーティング・リース取引に係るリース料の支払い）

（　支　払　リ　ー　ス　料　）	15,200	（　現　金　預　金　）	15,200

② 未処理（電子記録債権の決済）

（　現　金　預　金　）	8,000	（　電　子　記　録　債　権　）	8,000

☑支払リース料：¥15,200 … ①
☑現　金　預　金：¥675,920－¥15,200＋¥8,000＝¥668,720
☑電子記録債権：¥72,000－¥8,000＝¥64,000

2．貸倒引当金の設定（営業債権）

（　貸　倒　引　当　金　繰　入　）	4,400	（　貸　倒　引　当　金　）	4,400

貸倒引当金繰入：（¥64,000＋¥216,000）×2％＝¥5,600（設定額）
　　　　　　　　　電子記録債権　売掛金
　　　　　　　　¥5,600－¥1,200＝¥4,400（繰入額）
　　　　　　　　　　　貸倒引当金残高

☑貸倒引当金繰入（販売費及び一般管理費）：¥4,400 … ②
☑貸倒引当金（電子記録債権および売掛金）：¥5,600

3．売上原価の計算および商品の評価（売上原価を仕入勘定で算定していると仮定）

（　仕　　　　　入　）	74,400	（　繰　越　商　品　）	74,400
（　繰　越　商　品　）	68,000	（　仕　　　　　入　）	68,000
（　棚　卸　減　耗　損　）	9,600	（　繰　越　商　品　）	9,600
（　仕　　　　　入　）	9,600	（　棚　卸　減　耗　損　）	9,600

棚卸減耗損：¥68,000－¥58,400＝¥9,600
　　　　　　帳簿棚卸高　実地棚卸高

☑期首商品棚卸高：¥74,400 … ③
☑当期商品仕入高：¥1,728,000 … ④
☑期末商品棚卸高：¥68,000 … ⑤
☑棚　卸　減　耗　損：¥9,600 … ⑥
☑商　　　　　　品：¥68,000－¥9,600＝¥58,400

4．減価償却費の計上

建物

（　減　価　償　却　費　）	80,000	（　建物減価償却累計額　）	80,000

減価償却費：¥2,400,000÷30年＝¥80,000

備品

（　減　価　償　却　費　）	275,000	（　備品減価償却累計額　）	275,000

減価償却費：
　既　存　分：¥1,440,000－（¥400,000－¥160,000）＝¥1,200,000（取得原価）
　　　　　　　　　　　　期中取得分の圧縮記帳後の金額
　　　　　　（¥1,200,000－¥300,000）×0.25＝¥225,000
　期中取得分：（¥400,000－¥160,000）×0.25× $\dfrac{10か月}{12か月}$ ＝¥50,000
　合　　　計：¥225,000＋¥50,000＝¥275,000

☑建物減価償却累計額：¥560,000＋¥ 80,000＝¥640,000
☑備品減価償却累計額：¥300,000＋¥275,000＝¥575,000
☑減　価　償　却　費：¥ 80,000＋¥275,000＝¥355,000 … ⑦

5．退職給付費用の計上

（　退職給付費用　）	80,000	（　退職給付引当金　）	80,000

退職給付費用：¥352,000－¥272,000＝¥80,000
　　　　　　　　　　　　　退職給付引当金残高

☑退職給付費用：¥80,000 … ⑧
☑退職給付引当金：¥272,000＋¥80,000＝¥352,000

6．貸倒引当金の設定（営業外債権）・利息の未収計上

貸倒引当金の設定

（　貸倒引当金繰入　）	4,800	（　貸倒引当金　）	4,800

利息の未収計上

（　未　収　利　息　）	2,400	（　受　取　利　息　）	2,400

貸倒引当金繰入：¥160,000×3％＝¥4,800（設定額・繰入額）

受　取　利　息：$¥160,000×4.5％×\dfrac{4か月}{12か月}＝¥2,400$

☑貸倒引当金繰入（営業外費用）：¥4,800 … ⑨
☑貸倒引当金（短期貸付金）：¥4,800
☑受　取　利　息：¥2,400 … ⑩
☑未　収　収　益：¥2,400

7．法人税、住民税及び事業税の計上

（法人税,住民税及び事業税）	224,280	（　仮払法人税等　）	132,000
		（　未払法人税等　）	92,280

（　繰延税金資産　）	7,080	（　法人税等調整額　）	7,080

未払法人税等：¥224,280－¥132,000＝¥92,280
　　　　　　　　課税見込額　　仮払法人税等
法人税等調整額：（¥2,400＋¥140,000）×30％＝¥42,720（期首時点の繰延税金資産）
　　　　　　　　（¥6,000＋¥160,000）×30％＝¥49,800（期末時点の繰延税金資産）
　　　　　　　　¥49,800－¥42,720＝¥7,080

☑法人税、住民税及び事業税：¥224,280 … ⑪
☑未　払　法　人　税　等：¥92,280
☑法　人　税　等　調　整　額：△¥7,080 … ⑫
☑繰　延　税　金　資　産：¥42,720＋¥7,080＝¥49,800
☑**当　期　純　利　益**：¥724,000－（¥224,280－¥7,080）＝¥506,800 … ⑬
　　　　　　　　　　　　　　　　課税見込額　　法人税等調整額
☑繰　越　利　益　剰　余　金：¥230,400＋¥506,800＝¥737,200

第4問 （28点）

問1 （12点）　＊ 勘定科目は**記号での解答**となります。参考として、勘定科目も記入しています。

(1)

借方科目		金額	貸方科目		金額
材　　　料	ア	560,000	本　　　社	カ	560,000

本社の仕訳
（　工　　　場　）　　560,000　　（　買　掛　金　）　　560,000

Point
工場の仕訳を答える。

材料の倉庫は工場にある。

支払い関係は本社が行う。

(2)

借方科目		金額	貸方科目		金額
法定福利費	ウ	172,000	本　　　社	イ	172,000

法定福利費：344,000円÷2＝172,000円

本社の仕訳
（　工　　　　　場　）　　172,000　　（　現　金　な　ど　）　　344,000
（　社会保険料預り金　）　　172,000

Point
工場の仕訳を答える。

事業主負担分の健康保険料は、法定福利費勘定で処理する。

従業員負担分は、賃金・給料の支払時に、本社において社会保険料預り金勘定で処理されている。

支払い関係は本社が行う。

(3)

借方科目		金額	貸方科目		金額
売上原価	カ	2,920,000	工　　　場	ア	2,920,000

工場の仕訳
（　本　　　　　社　）　　2,920,000　　（　製　　　品　）　　2,920,000

Point
本社の仕訳を答える。

売上原価勘定は本社に、製品勘定は工場に設定されている。

仕訳1組につき4点　合計12点

問2 （16点）

問1	加 工 費 の 予 定 配 賦 率	★　　4,550	円/時間
問2	X 製 品 の 月 末 仕 掛 品 原 価	☆　　170,000	円
問3	X 製 品 の 完 成 品 総 合 原 価	☆　2,029,200	円
問4	Y 製 品 の 月 末 仕 掛 品 原 価	☆　　524,000	円
問5	Y 製 品 の 完 成 品 総 合 原 価	☆　3,685,000	円

★１つにつき４点
☆１つにつき３点
合計16点

解 説

Step 1 加工費の各製品への配賦

配賦計算

加工費の予定配賦率：32,760,000円÷7,200時間＝**4,550円/時間** … 問1

各組製品への配賦額

X製品：4,550円/時間×180時間＝819,000円

Y製品：4,550円/時間×320時間＝1,456,000円

> **Point**
> 予定配賦率
> ＝加工費予算額
> ÷予定直接作業時間

第6回

X製品

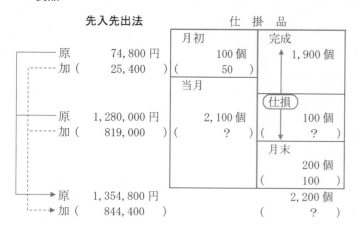

Step 3 先入先出法による月末仕掛品原価・完成品総合原価の算定（X製品）

X製品

先入先出法	仕 掛 品		
原 74,800円	月初 100個	完成 1,900個	原 1,226,800円
加（ 25,400 ）	（ 50 ）		加（ 802,400 ）
	当月		
原 1,280,000円	2,000個	月末	
加（ 819,000 ）	（ 1,950 ）	200個	原 128,000円
		（ 100 ）	加（ 42,000 ）
原 1,354,800円		2,100個	
加（ 844,400 ）		（ 2,000 ）	

☑月末仕掛品原価

原料費： $\dfrac{1,280,000円}{2,000個}$ ×200個＝128,000円

加工費： $\dfrac{819,000円}{1,950個}$ ×100個＝ 42,000円

170,000円

☑完成品総合原価
原料費：1,354,800円－128,000円＝1,226,800円
加工費： 844,400円－ 42,000円＝ 802,400円

2,029,200円

Step 4 生産データ・原価データの整理（Y製品）

Y製品

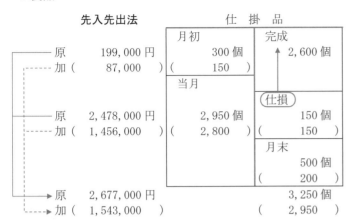

Step 5 先入先出法による月末仕掛品原価・完成品総合原価の算定（Y製品）

Y製品

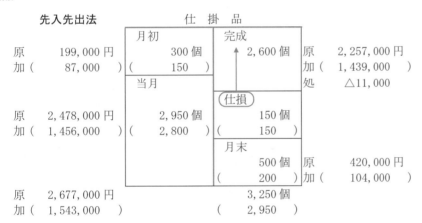

☑**月末仕掛品原価**

原料費：$\dfrac{2,478,000円}{2,950個}×500個＝420,000円$

加工費：$\dfrac{1,456,000円}{2,800個}×200個＝\underline{104,000円}$

$\underline{\underline{524,000円}}$

☑**完成品総合原価**

原　料　費：2,677,000円－420,000円＝　2,257,000円
加　工　費：1,543,000円－104,000円＝　1,439,000円
処分価額（原価から控除）：　　　　△　　11,000円
$\underline{\underline{3,685,000円}}$

第5問 （12点）

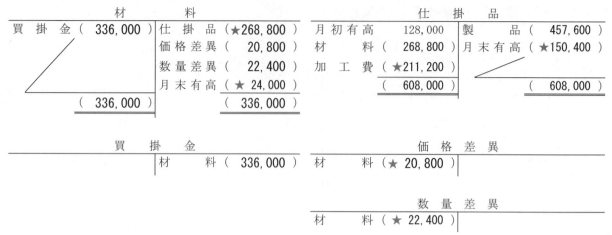

材　　料

買　掛　金（ 336,000 ）	仕　掛　品（★268,800 ）
	価 格 差 異（ 20,800 ）
	数 量 差 異（ 22,400 ）
	月 末 有 高（ ★ 24,000 ）
（ 336,000 ）	（ 336,000 ）

仕　　掛　　品

月 初 有 高　 128,000	製　　　品（ 457,600 ）
材　　　料（ 268,800 ）	月 末 有 高（ ★150,400 ）
加　工　費（ ★211,200 ）	
（ 608,000 ）	（ 608,000 ）

買　　掛　　金

| | 材　　　料（ 336,000 ） |

価　格　差　異

| 材　　　料（ ★ 20,800 ） | |

数　量　差　異

| 材　　　料（ ★ 22,400 ） | |

★1つにつき2点
合計12点

解　説

Step 1 取引の仕訳

[資料]　(1)の取引の仕訳

| （ 材　　　料 ） | 336,000 * | （ 買　　掛　　金 ） | 336,000 |

＊　@120円×2,800kg＝336,000円

Step 2 仕掛品勘定への記入（シングル・プラン）

仕掛品

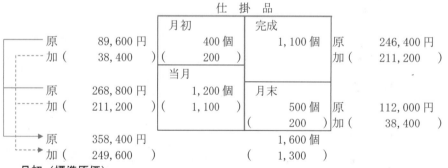

仕　掛　品

		月初	完成		
原	89,600 円	400 個	1,100 個	原	246,400 円
加（	38,400 ）	（　　200 ）		加（	211,200 ）
		当月			
原	268,800 円	1,200 個	月末		
加（	211,200 ）	（　1,100 ）	500 個	原	112,000 円
			（　　200 ）	加（	38,400 ）
原	358,400 円		1,600 個		
加（	249,600 ）		（　1,300 ）		

月初（標準原価）
原料費：@224円×400個＝89,600円
加工費：@192円×200個＝38,400円
合　計　　　　　128,000円

当月（標準原価）
原料費：@224円×1,200個＝268,800円
加工費：@192円×1,100個＝211,200円

月末（標準原価）
原料費：@224円×500個＝112,000円
加工費：@192円×200個＝38,400円
合　計　　　　　150,400円

完成（標準原価）
原料費：@224円×1,100個＝246,400円
加工費：@192円×1,100個＝211,200円
合　計　　　　　457,600円

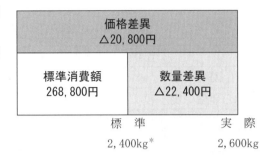

* 標準消費量：1,200個×2kg/個＝2,400kg

標準消費額：@112円×2,400kg＝268,800円
価格差異：（@112円－@120円）×2,600kg＝△20,800円（借方差異）
数量差異：@112円×（2,400kg－2,600kg）＝△22,400円（借方差異）
月末有高：@120円×200kg＝24,000円

Point

標準
　標準単価
　　標準消費量
実際
　実際単価
　　実際消費量

価格差異
＝（標準単価－実際単価）
×実際消費量

数量差異
＝標準単価×（標準消費量
－実際消費量）

月初在庫はないので、［資料］(1)の購入単価が実際の消費単価（@120円）となる。

2,800kg購入し、実際消費量は2,600kg、月末在庫は200kgなので、棚卸減耗はない。

仕掛品勘定への振替額は、標準消費額（標準原価）となる。

月末有高の計算には、実際の消費単価（@120円）を用いる。

第6回

第7回　解答・解説

第1問（20点）　　＊　勘定科目は**記号での解答**となります。参考として、勘定科目も記入しています。

	借方科目		金額	貸方科目		金額
1	当 座 預 金	ア	1,167,960	売買目的有価証券	イ	1,152,000
				有価証券売却益	オ	7,200
				有価証券利息	エ	8,760

売買目的有価証券：$¥1,200,000 × \dfrac{@¥96.00}{@¥100} = ¥1,152,000$（帳簿価額）

有価証券売却益：$¥1,200,000 × \dfrac{@¥96.60}{@¥100} = ¥1,159,200$（売却価額）

$¥1,159,200 - ¥1,152,000 = ¥7,200$（売却益）
売却価額　　　　帳簿価額

有価証券利息：$¥1,200,000 × 1.825\% × \dfrac{146日}{365日} = ¥8,760$（端数利息）

当 座 預 金：$¥1,159,200 + ¥8,760 = ¥1,167,960$

Point
裸相場
端数利息を含まない相場

前回の利払日の翌日から
売却日までの日数

30日（4月）
31日（5月）
30日（6月）
31日（7月）
24日（8月）
146日

	借方科目		金額	貸方科目		金額
2	追徴法人税等	カ	212,000	未払法人税等	イ	212,000

Point
過年度分の法人税等の追徴は、追徴法人税等勘定で処理する。

法人税等の未払いとなるので、未払法人税等勘定で処理する。

	借方科目		金額	貸方科目		金額
3	現　　　金	カ	3,680,000	車両運搬具減価償却累計額	エ	464,000
	商　　　品	ウ	2,800,000	本　　　店	キ	8,336,000
	車 両 運 搬 具	イ	2,320,000			

Point
記帳方法に注意する。

貸借差額を本店勘定で処理する。

	借方科目		金額	貸方科目		金額
4	営業外支払手形	カ	722,400	当 座 預 金	ア	722,400
	支 払 利 息	キ	34,400	前 払 利 息	イ	34,400

支払利息：$¥722,400 × 5枚 = ¥3,612,000$（手形代金の総額）
$¥3,612,000 - ¥3,440,000 = ¥172,000$（利息部分）
$¥172,000 ÷ 5枚 = ¥34,400$

Point
営業外取引で手形を振り出しているため、営業外支払手形勘定で処理している。

利息部分
＝手形代金の総額−現金販売価格

	借方科目		金額	貸方科目		金額
5	株式申込証拠金	オ	11,200,000	資 本 金	エ	5,600,000
				資 本 準 備 金	カ	5,600,000
	当 座 預 金	ア	11,200,000	別 段 預 金	イ	11,200,000

株式申込証拠金：$@¥16,000 × 700株 = ¥11,200,000$

資　本　金：$¥11,200,000 × \dfrac{1}{2} = ¥5,600,000$

資 本 準 備 金：$¥11,200,000 - ¥5,600,000 = ¥5,600,000$

Point
株式の払込期日に株主が決定される。

会社法が規定する資本金に組み入れる最低額は、払込金の2分の1となる。

資本金としなかった残額は、資本準備金とする。

仕訳1組につき4点　合計20点

連 結 損 益 計 算 書
自 X8年 4 月 1 日　至 X9年 3 月 31日　　（単位：千円）

④ I 売　　　　　上　　　　　高	（	1,911,600 ）
⑨ II 売　　　上　　　原　　　価	（★	1,398,600 ）
売　　上　　総　　利　　益	（	513,000 ）
⑦ III 販 売 費 及 び 一 般 管 理 費	（★	339,300 ）
営　　　業　　　利　　　益	（	173,700 ）
⑫ 営　　業　　外　　収　　益	（★	112,500 ）
⑬ 営　　業　　外　　費　　用	（	96,300 ）
当　　期　　純　　利　　益	（	189,900 ）
⑩ 非支配株主に帰属する当期純利益	（★	36,936 ）
親会社株主に帰属する当期純利益	（	152,964 ）

連 結 貸 借 対 照 表
X9年 3 月 31日　　　　　　　　　　　（単位：千円）

資　　　　　産	金　　額	負債・純資産	金　　額	
⑯ 現　金　預　金	（　952,400）	支　払　手　形	（　313,200）	⑰
⑤ 売　　掛　　金	（　234,000）	買　　掛　　金	（★　124,200）	⑥
⑧ 貸　倒　引　当　金	（△　2,340）	固　定　負　債	（　120,600）	⑮
⑪ 商　　　　　品	（★　359,080）	資　　本　　金	（　810,000）	①
⑭ 固　定　資　産	（★　153,000）	資　本　剰　余　金	（　54,000）	②
③ の　　れ　　ん	（★　40,320）	利　益　剰　余　金	（★　184,644）	⑱
		非支配株主持分	（★　129,816）	⑲
合　　　　　計	（　1,736,460）	合　　　　　計	（　1,736,460）	

★ 1 つにつき 2 点
合計20点

第7回

Step 1 連結開始仕訳（仕訳の単位：千円）

(1) 投資と資本の相殺消去

（ 資本金当期首残高 ）	162,000	（ Ｓ 社 株 式 ）	180,000
（ 資本剰余金当期首残高 ）	43,200	（ 非支配株主持分当期首残高 ）	86,400
（ 利益剰余金当期首残高 ）	10,800		
（ の れ ん ）	50,400		

のれん：

(162,000千円＋43,200千円＋10,800千円) ×60％＝129,600千円（Ｐ社持分）

180,000千円－129,600千円＝50,400千円
　Ｓ社株式　　　　　Ｐ社持分

非支配株主持分当期首残高：

(162,000千円＋43,200千円＋10,800千円) ×40％＝86,400千円（非支配株主持分）

(2) のれんの償却

（ 利益剰余金当期首残高 ） のれん償却	5,040	（ の れ ん ）	5,040

利益剰余金当期首残高（のれん償却）：50,400千円÷10年＝5,040千円

(3) Ｓ社の利益剰余金（前期の当期純利益）の非支配株主持分への振替え

（ 利益剰余金当期首残高 ） 非支配株主に帰属する当期純利益	17,280	（ 非支配株主持分当期首残高 ）	17,280

利益剰余金当期首残高（非支配株主に帰属する当期純利益）：

43,200千円×40％＝17,280千円

上記の(1)～(3)を一つにまとめた仕訳（**連結開始仕訳**）

（ 資本金当期首残高 ）	162,000	（ Ｓ 社 株 式 ）	180,000
（ 資本剰余金当期首残高 ）	43,200	（ 非支配株主持分当期首残高 ）	103,680
（ 利益剰余金当期首残高 ）	33,120		
（ の れ ん ）	45,360		

☑連結貸借対照表

資　本　金：810,000千円＋162,000千円－162,000千円＝**810,000千円** … ①

資本剰余金：54,000千円＋43,200千円－43,200千円＝**54,000千円** … ②

Step 2 当期の連結修正仕訳（仕訳の単位：千円）

1．のれんの償却

（ 販売費及び一般管理費 ） のれん償却	5,040	（ の れ ん ）	5,040

販売費及び一般管理費：45,360千円÷9年＝5,040千円

☑連結貸借対照表

のれん：45,360千円－5,040千円＝**40,320千円** … ③

2．Ｓ社の当期純利益の非支配株主持分への振替え

（ 非支配株主に帰属する当期純利益 ）	38,880	（ 非支配株主持分当期変動額 ）	38,880

非支配株主に帰属する当期純利益：97,200千円×40％＝38,880千円

Point

支配獲得時はX7年3月31日なので、支配獲得時の翌年度とは、前期（X7年4月1日からX8年3月31日）のことを指す。

前期に行った連結修正仕訳を考え、一つにまとめる。

純資産の項目は「当期首残高」の変動となる。

損益の項目は「利益剰余金当期首残高」で調整する。

連結株主資本等変動計算書の作成は求められていないので、純資産の項目は、期末残高のみ算定すればよい。

Point
のれんは1年分償却済みなので、残り9年で償却する。

Point
非支配株主の持分割合に応じて、Ｓ社の当期純利益を非支配株主持分に振り替える。

3．S社の配当の修正

（ 営 業 外 収 益 ）	16,200	（ 利益剰余金当期変動額 ）	27,000
受取配当金		配当金	
（ 非支配株主持分当期変動額 ）	10,800		

営 業 外 収 益：27,000千円×60％＝16,200千円
非支配株主持分当期変動額：27,000千円×40％＝10,800千円

4．売上高と売上原価の相殺消去

（ 売 上 高 ）	356,400	（ 売 上 原 価 ）	356,400
		当期商品仕入高	

☑連結損益計算書
　　売上高：1,296,000千円＋972,000千円－356,400千円＝**1,911,600千円** … ④

5．売掛金と買掛金の相殺消去

（ 買 掛 金 ）	54,000	（ 売 掛 金 ）	54,000

☑連結貸借対照表
　　売掛金：180,000千円＋108,000千円－54,000千円＝**234,000千円** … ⑤
　　買掛金：86,400千円＋91,800千円－54,000千円＝**124,200千円** … ⑥

6．貸倒引当金の修正（アップストリーム）

（ 貸 倒 引 当 金 ）	540	（ 販売費及び一般管理費 ）	540
		貸倒引当金繰入	
（ 非支配株主に帰属する当期純利益 ）	216	（ 非支配株主持分当期変動額 ）	216

販 売 費 及 び 一 般 管 理 費：54,000千円× 1 ％＝540千円
非支配株主に帰属する当期純利益：540千円×40％＝216千円

☑連結損益計算書
　　販売費及び一般管理費：216,000千円＋118,800千円＋5,040千円－540千円＝**339,300千円** … ⑦
☑連結貸借対照表
　　貸 倒 引 当 金：1,800千円＋1,080千円－540千円＝**2,340千円** … ⑧

7．商品の未実現利益の消去（アップストリーム）

（ 売 上 原 価 ）	5,400	（ 商 品 ）	5,400
期末商品棚卸高			
（ 非支配株主持分当期変動額 ）	2,160	（ 非支配株主に帰属する当期純利益 ）	2,160

売 上 原 価：21,600千円×25％＝5,400千円（未実現利益）
非支配株主に帰属する当期純利益：5,400千円×40％＝2,160千円

☑連結損益計算書
　　売上原価：972,000千円＋777,600千円－356,400千円＋5,400千円＝**1,398,600千円** … ⑨
　　非支配株主に帰属する当期純利益：38,880千円＋216千円－2,160千円＝**36,936千円** … ⑩
☑連結貸借対照表
　　商 品：252,000千円＋112,480千円－5,400千円＝**359,080千円** … ⑪

Point
持分割合に応じて配当が
行われたと考える。

Point
S社の貸倒引当金繰入が
消去され、子会社の利益が
増加するため、持分割合に
応じて非支配株主持分を
増加させる。

Point
P社が保有する商品に、S
社から仕入れたものが含
まれているため、未実現利
益を消去する。

S社が付加した利益のた
め、持分割合に応じてP社
と非支配株主が負担する
ことになる。

第7回

8. 資金の貸付け・借入れに係る相殺消去（ダウンストリーム）

（ 固 定 負 債 ）	45,000	（ 固 定 資 産 ）	45,000
長期借入金		長期貸付金	
（ 営 業 外 収 益 ）	900	（ 営 業 外 費 用 ）	900
受取利息		支払利息	

Point
当期首に貸付けを行っているので、1年分の利息を計上している。

営業外収益：45,000千円×2％＝900千円

☑連結損益計算書

営業外収益：75,600千円＋54,000千円－16,200千円－900千円＝**112,500千円** … ⑫

営業外費用：64,800千円＋32,400千円－900千円＝**96,300千円** … ⑬

☑連結貸借対照表

固 定 資 産：135,000千円＋63,000千円－45,000千円＝**153,000千円** … ⑭

固 定 負 債：99,000千円＋66,600千円－45,000千円＝**120,600千円** … ⑮

Step 3 その他の項目の集計

☑連結損益計算書

親会社株主に帰属する当期純利益：152,964千円（連結損益計算書より）

☑連結貸借対照表

現 金 預 金：649,800千円＋302,600千円＝**952,400千円** … ⑯

支 払 手 形：216,000千円＋97,200千円＝**313,200千円** … ⑰

利益剰余金：129,600千円＋124,200千円－33,120千円＋27,000千円－63,036千円＝**184,644千円** … ⑱
　　　　　　　　P社　　　　　　S社　　　　　　(1)　　　　　　(2)　　　　　　(3)

利益剰余金の変動

　連結株主資本等変動計算書を作成する場合、個別上の数値を合算した後、連結修正仕訳を行うことにより、連結上あるべき数値に修正する必要がある。

　単純合算すると「P社およびS社の当期純利益を合計した金額」になるので、連結上あるべき金額（親会社株主に帰属する当期純利益）に修正するために、差額を調整する。

　上記の(3)：（118,800千円＋97,200千円）－152,964千円＝63,036千円
　　　　　　　　　P社およびS社の　　　　　　親会社株主に
　　　　　　　　　当期純利益の合計　　　　　帰属する当期純利益

Point
増加
(2)
剰余金の配当の取消し
→利益剰余金当期末残高が増加する

減少
(1)
連結開始仕訳における利益剰余金当期首残高の減少
→利益剰余金当期末残高が減少する

(3)
「P社およびS社の当期純利益の合計」と「親会社株主に帰属する当期純利益」との差額
→利益剰余金当期末残高が減少する

利益剰余金の修正＊

減少		当期首	
(2)	△27,000千円	(1)	△33,120千円
当期末		増加	
		(3)	△63,036千円

＊　連結上あるべき数値への調整

非支配株主持分：103,680千円＋38,880千円－10,800千円＋216千円－2,160千円＝**129,816千円** … ⑲

非支配株主持分

減少		当期首	
	10,800千円		103,680千円
	2,160千円		
当期末		増加	
	129,816千円		38,880千円
			216千円

第3問 （20点）

貸 借 対 照 表

X8年3月31日　　　　　　　　　（単位：円）

資 産 の 部			負 債 の 部	
I 流 動 資 産			I 流 動 負 債	
⑩　現 金 預 金		（　498,080）	支 払 手 形	132,720
受 取 手 形	（　128,000）		買 　 掛 　 金	252,000
①　貸 倒 引 当 金	（　1,280）	（　126,720）	未 払 法 人 税 等	（★　7,800）⑯
売 　 掛 　 金	（　352,000）		未 払 費 用	（　1,800）⑮
②　貸 倒 引 当 金	（　3,520）	（★　348,480）	流 動 負 債 合 計	（　394,320）
④　有 価 証 券		（　41,480）		
③　商 　 　 品		（★　116,400）	II 固 定 負 債	
⑭　前 払 費 用		（★　15,360）	長 期 借 入 金	216,000
⑧　未 収 収 益		（★　720）	繰 延 税 金 負 債	（　600）⑤
流 動 資 産 合 計		（　1,147,240）	固 定 負 債 合 計	（　216,600）
II 固 定 資 産			負 債 合 計	（　610,920）
有 形 固 定 資 産				
建 　 　 物	（　3,492,000）		純 資 産 の 部	
⑪　減価償却累計額	（　698,400）	（　2,793,600）	I 株 主 資 本	
備 　 　 品	（　384,000）		資 　 本 　 金	3,360,000
⑫　減価償却累計額	（　222,000）	（★　162,000）	利 益 準 備 金	203,760
有形固定資産合計		（　2,955,600）	繰 越 利 益 剰 余 金	（　283,000）⑰
無 形 固 定 資 産			株 主 資 本 合 計	（　3,846,760）
⑬　ソ フ ト ウ ェ ア		（★　129,600）	II 評 価・換 算 差 額 等	
無形固定資産合計		（　129,600）	その他有価証券評価差額金	（★　1,400）⑥
投資その他の資産			評価・換算差額等合計	（　1,400）
⑦　投 資 有 価 証 券		（★　82,640）	純 資 産 合 計	（　3,848,160）
⑨　長 期 性 預 金		（★　144,000）		
投資その他の資産合計		（　226,640）		
固 定 資 産 合 計		（　3,311,840）		
資 産 合 計		（　4,459,080）	負債及び純資産合計	（　4,459,080）

*　上記の〇番号は、解説の番号と対応しています。

★1つにつき2点

合計20点

解 説

決算整理事項の処理

1．貸倒引当金の設定

（ 貸 倒 引 当 金 繰 入 ）	3,360	（ 貸 倒 引 当 金 ）	3,360

貸倒引当金繰入：¥128,000×1％＝¥1,280（受取手形に対する設定額）
　　　　　　　　¥352,000×1％＝¥3,520（売掛金に対する設定額）
　　　　　　　　（¥1,280＋¥3,520）－¥1,440＝¥3,360
　　　　　　　　　設定額合計　　　貸倒引当金残高

☑貸 倒 引 当 金（受取手形）：¥1,280 … ①
☑貸 倒 引 当 金（売 掛 金）：¥3,520 … ②
☑貸倒引当金繰入：¥3,360

2．売上原価の計算および商品の評価（売上原価を仕入勘定で算定していると仮定）

（ 仕 　 　 　 入 ）	110,400	（ 繰 越 商 品 ）	110,400
（ 繰 越 商 品 ）	120,000	（ 仕 　 　 　 入 ）	120,000
（ 棚 卸 減 耗 損 ）	3,600	（ 繰 越 商 品 ）	3,600
（ 仕 　 　 　 入 ）	3,600	（ 棚 卸 減 耗 損 ）	3,600

棚卸減耗損：¥120,000－¥116,400＝¥3,600

☑売 上 原 価：¥110,400＋¥2,784,000－¥120,000＋¥3,600＝¥2,778,000
☑商　　　　品：¥110,400－¥110,400＋¥120,000－¥3,600＝**¥116,400** … ③

3．有価証券の評価

売買目的有価証券（N社株式）の評価替え

（ 売買目的有価証券 ）	1,160	（ 有価証券評価益 ）	1,160

有価証券評価益：¥41,480－¥40,320＝¥1,160（評価益）
　　　　　　　　期末時価　　帳簿価額

その他有価証券（E社株式）の評価替え

（ その他有価証券 ）	2,000	（ 繰 延 税 金 負 債 ）	600
		（ その他有価証券評価差額金 ）	1,400

そ の 他 有 価 証 券：¥48,080－¥46,080＝¥2,000（評価益相当）
　　　　　　　　　　　期末時価　　帳簿価額
繰 延 税 金 負 債：¥2,000×30％＝¥600
その他有価証券評価差額金：¥2,000－¥600＝¥1,400

> **Point**
> 評価益相当の場合
> 評価差額の30％を繰延税金負債勘定、残りの70％をその他有価証券評価差額金勘定（貸方）で処理する。

満期保有目的債券（T社社債）の償却原価法による評価替え

（ 満期保有目的債券 ）	720	（ 有 価 証 券 利 息 ）	720

有価証券利息：（¥36,000－¥33,840）÷3年＝¥720
　　　　　　　額面総額　　帳簿価額

> **Point**
> 満期保有目的債券
> T社社債の帳簿価額は、前期末までの償却後の金額
> 額面総額と帳簿価額との差額を3年間で償却する。

☑有 価 証 券（売買目的有価証券）：¥40,320＋¥1,160＝**¥41,480** … ④
☑有価証券評価益：¥1,160
☑繰 延 税 金 負 債：**¥600** … ⑤
☑その他有価証券評価差額金：**¥1,400** … ⑥
☑投 資 有 価 証 券：（¥46,080＋¥2,000）＋（¥33,840＋¥720）＝**¥82,640** … ⑦
　　　　　　　　　　　その他有価証券　　　　満期保有目的債券
☑有価証券利息：¥720＋¥720＝¥1,440

4．定期預金

（　未　収　利　息　）	720	（　受　取　利　息　）	720

受取利息：$¥144,000 × 1.2\% × \dfrac{5か月}{12か月} = ¥720$

Point
期間2年、満期日がX9年10月31日ということは、預入日はX7年11月1日となる。

満期日が決算日の翌日より1年超となる場合、長期性預金として表示する。

☑未 収 収 益（未収利息）：**¥720** … ⑧
☑受 取 利 息：¥720
☑長 期 性 預 金：**¥144,000** … ⑨
☑現 金 預 金：¥642,080 − ¥144,000 ＝ **¥498,080** … ⑩

5．減価償却費の計上
建物

（　減　価　償　却　費　）	116,400	（　建物減価償却累計額　）	116,400

減価償却費：¥3,492,000 ÷ 30年 ＝ ¥116,400

備品

（　減　価　償　却　費　）	54,000	（　備品減価償却累計額　）	54,000

減価償却費：（¥384,000 − ¥168,000）× 0.25 ＝ ¥54,000

Point
備品の償却率
$\dfrac{1}{8年} × 200\% = 0.25$

☑減価償却累計額（建物）：¥582,000 ＋ ¥116,400 ＝ **¥698,400** … ⑪
☑減価償却累計額（備品）：¥168,000 ＋ ¥54,000 ＝ **¥222,000** … ⑫
☑減 価 償 却 費：¥116,400 ＋ ¥54,000 ＝ ¥170,400

6．ソフトウェア

（　ソフトウェア償却　）	14,400	（　ソフトウェア　）	14,400

ソフトウェア償却：$¥144,000 × \dfrac{6か月}{60か月} = ¥14,400$

Point
当期の10月1日に取得・使用開始したので、当期末まで6か月経過している。

5年＝60か月

☑ソフトウェア償却：¥14,400
☑ソ フ ト ウ ェ ア：¥144,000 − ¥14,400 ＝ **¥129,600** … ⑬

7．保険料の前払計上

（　前　払　保　険　料　）	15,360	（　保　　険　　料　）	15,360

$¥61,440 × \dfrac{4か月}{16か月} = ¥15,360$

Point
再振替仕訳による4か月分と、8月1日に支払った12か月分の合計16か月分が計上されている。

☑前払費用（前払保険料）：**¥15,360** … ⑭
☑保 険 料：¥61,440 − ¥15,360 ＝ ¥46,080

8．利息の未払計上

（　支　払　利　息　）	1,800	（　未　払　利　息　）	1,800

Point
返済期日がX9年4月1日以降に到来するということは、決算日の翌日から1年超となるため長期借入金として表示する。

☑支払利息：¥11,600 ＋ ¥1,800 ＝ ¥13,400
☑未払費用（未払利息）：**¥1,800** … ⑮

第7回

９．法人税、住民税及び事業税の計上

売 上 総 利 益

売　上　原　価　¥　2,778,000	売　　上　　高　¥　4,080,000
売 上 総 利 益 ¥ 1,302,000	

営 業 利 益

販売費及び一般管理費		売 上 総 利 益 ¥ 1,302,000
給　　　　　料　¥	936,000	
水 道 光 熱 費　¥	95,680	
保　　険　　料　¥	46,080	
減 価 償 却 費　¥	170,400	
ソフトウェア償却　¥	14,400	
貸 倒 引 当 金 繰 入　¥	3,360	
営 業 利 益 ¥	**36,080**	

税引前当期純利益

営 業 外 費 用		営 業 利 益 ¥	36,080
支 払 利 息　¥	13,400	営 業 外 収 益	
		有 価 証 券 利 息 ¥	1,440
		受 取 利 息 ¥	720
税引前当期純利益 ¥	**26,000**	有 価 証 券 評 価 益 ¥	1,160

（ 法人税、住民税及び事業税 ）	7,800	（ 未 払 法 人 税 等 ）	7,800

　法人税、住民税及び事業税：¥26,000×30％＝¥7,800

☑未 払 法 人 税 等：¥**7,800** … ⑯
☑法人税、住民税及び事業税：¥7,800
☑当 期 純 利 益：¥26,000－¥7,800＝¥18,200
☑繰 越 利 益 剰 余 金：¥264,800＋¥18,200＝¥**283,000** … ⑰

第4問 （28点）

問1 （12点）　＊ 勘定科目は**記号での解答**となります。参考として、勘定科目も記入しています。

(1)

借方科目		金額	貸方科目		金額
賃 率 差 異	エ	3,200	売 上 原 価	ア	3,200

「実際消費高＜予定消費高」→ 有利差異（貸方差異）

賃　金

実際消費高	予定消費高

差額
800円

売上原価

賃率差異
3,200円

賃率差異

	前月繰越高
	2,400円
残高	当月発生
3,200円	800円

Point

賃率差異
＝賃金の予定消費高
　－賃金の実際消費高
　　　↓
　＋の場合 → 貸方差異
　－の場合 → 借方差異

正常な状態で発生する原価差異は、会計期末において、売上原価に加減する。

本問では、期末の賃率差異は貸方残高なので、売上原価を減少させる。

(2)

借方科目		金額	貸方科目		金額
製 造 間 接 費	ア	20,000	材　　　料	エ	20,000

「20日に受け入れた数量 600kg ＞ 6月末の帳簿棚卸数量 260kg」であり、消費単価の計算は先入先出法によるので、消費単価は20日の@1,000円を用いる。

棚卸減耗損：@1,000円×20kg＝20,000円 → 間接経費として、製造間接費に振替え

材　　　料

前月繰越	12日 払出
500kg	800kg
10日 受入	24日 払出
700kg	740kg
20日 受入	次月繰越
600kg	260kg
合計 1,800kg	

240kg → 実地棚卸数量
20kg → 棚卸減耗損

Point

材料の棚卸減耗損は間接経費として、製造間接費に振り替える。

(3)

借方科目		金額	貸方科目		金額
仕掛品－Ａ組	イ	868,000	製 造 間 接 費	ア	1,240,000
仕掛品－Ｂ組	オ	372,000			

配賦率の算定
Ａ組直接費：1,548,000円＋2,168,000円＋624,000円＝4,340,000円
Ｂ組直接費：　456,000円＋　892,000円＋512,000円＝1,860,000円
組間接費：　152,000円＋　380,000円＋708,000円＝1,240,000円

配　賦　率：$\dfrac{1,240,000円}{4,340,000円＋1,860,000円}＝0.2$

Ａ組への配賦額：4,340,000円×0.2＝868,000円
Ｂ組への配賦額：1,860,000円×0.2＝372,000円

Point

組間接費を、各組の組直接費の割合で按分することになる。

仕訳1組につき4点　合計12点

問 2 （16点）

月 末 仕 掛 品 原 価	★	1,164,000	円
等級製品Nの完成品総合原価	☆	7,440,000	円
等級製品Nの完成品単位原価	☆	4,650	円/個
等級製品Sの完成品総合原価	☆	2,976,000	円
等級製品Sの完成品単位原価	☆	3,720	円/個

★ 1つにつき4点
☆ 1つにつき3点
合計16点

解 説

Step 1 生産データ・原価データの整理

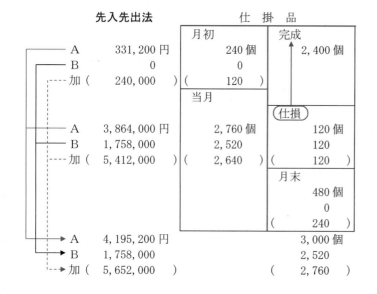

Point
A：A原料費
B：B原料費
加：加工費

完成品換算量
月初
240個×50%＝120個
仕損
120個×100%＝120個
月末
480個×50%＝240個
当月
2,400個－120個＋120個＋
240個＝2,640個

B原料は工程の60%の点
で投入しているので、月
初・月末ともに未投入とな
る。

正常仕損費は完成品のみ
負担

仕損品の処分価額あり

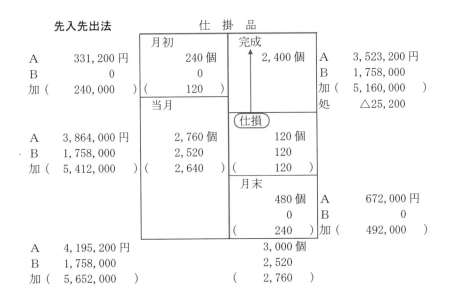

☑**月末仕掛品原価**

A原料費：$\dfrac{3,864,000円}{2,760個} \times 480個 = $ 672,000円

B原料費：0円

加 工 費：$\dfrac{5,412,000円}{2,640個} \times 240個 = $ 492,000円

1,164,000円

☑**完成品総合原価**

A原料費：4,195,200円 − 672,000円 ＝ 3,523,200円
B原料費：1,758,000円
加 工 費：5,652,000円 − 492,000円 ＝ 5,160,000円
処分価額：△ 25,200円
10,416,000円

Step 3 完成品総合原価の按分

☑**積数**

等級製品N：1 ×1,600個＝1,600個
等級製品S：0.8× 800個＝ 640個

☑**各等級製品の完成品総合原価**

等級製品N：$\dfrac{10,416,000円}{1,600個＋640個} \times 1,600個 = 7,440,000円$

等級製品S：$\dfrac{10,416,000円}{1,600個＋640個} \times 640個 = 2,976,000円$

☑**各等級製品の完成品単位原価**

等級製品N：7,440,000円÷1,600個＝4,650円/個
等級製品S：2,976,000円÷ 800個＝3,720円/個

第7回

第5問 （12点）

直接原価計算による損益計算書

（単位：円）

I	売　　上　　高			4,028,000
II	変　動　売　上　原　価			
	1　期首製品棚卸高	284,000		
	2　当期製品変動製造原価	（ ★　2,482,000 ）		
	合　　計	（　　2,766,000 ）		
	3　期末製品棚卸高	（　　250,000 ）	（　　2,516,000 ）	
	変　動　製　造　マ　ー　ジ　ン		（ ★　1,512,000 ）	
III	変　動　販　売　費		262,000	
	貢　　献　　利　　益		（ ★　1,250,000 ）	
IV	固　　　　定　　　　費			
	1　製　造　固　定　費	（ ★　549,600 ）		
	2　固定販売費・一般管理費	352,400	（　　902,000 ）	
	営　　業　　利　　益		（　　348,000 ）	

★ 1つにつき3点
合計12点

解 説

勘定連絡図

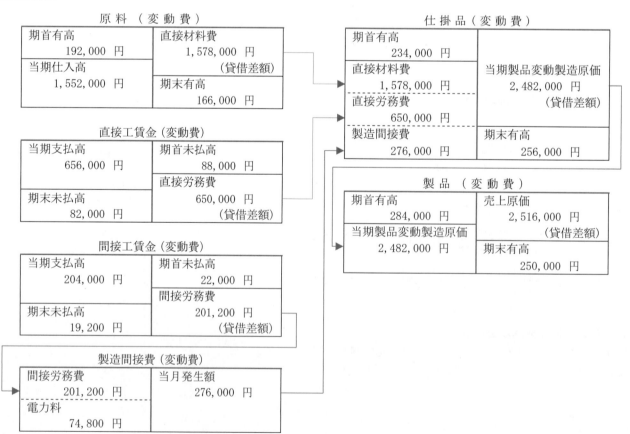

直接原価計算による損益計算書

売　　上　　高		4,028,000円
変　動　売　上　原　価		
期首製品棚卸高	284,000円	
当期製品変動製造原価	<u>2,482,000円</u>	
合　　　計	2,766,000円	
期末製品棚卸高	<u>250,000円</u>	2,516,000円
変動製造マージン		1,512,000円
変　動　販　売　費		<u>262,000円</u>
貢　献　利　益		1,250,000円
固　　定　　費		
製　造　固　定　費	549,600円*	
固定販売費・一般管理費	<u>352,400円</u>	<u>902,000円</u>
営　業　利　益		<u>348,000円</u>

＊　製造固定費：286,000円＋84,000円＋105,600円＋74,000円＝549,600円
　　　　　　　　工場従業員給料　保険料　　減価償却費　　その他

工場従業員給料（固定費）

当期支払高	期首未払高
288,000 円	34,000 円
	間接労務費
期末未払高	286,000 円
32,000 円	（貸借差額）

Point
直接原価計算による損益計算書を作成するため、仕掛品勘定・製品勘定には、変動費のみ集計する。

変動製造原価
・原料
・直接工賃金
・間接工賃金
・電力料

固定製造原価
・工場従業員給料
・保険料
・減価償却費
・その他

第7回

第 1 問（20点）　　＊　勘定科目は**記号での解答**となります。参考として、勘定科目も記入しています。

1

借方科目		金額	貸方科目		金額
固定資産圧縮損	カ	300,000	機 械 装 置	イ	300,000

Point
機械装置の取得原価から国庫補助金相当額を直接控除し、借方に固定資産圧縮損勘定を計上する。

2

借方科目		金額	貸方科目		金額
リ ー ス 資 産	ウ	120,000	リ ー ス 債 務	エ	120,000

　リース資産：見積現金購入価額

Point
利子抜き法
見積現金購入価額を取得原価とし、リース資産勘定を借方に計上する。

同額を借り入れたと考え、リース債務勘定を貸方に計上する。

3

借方科目		金額	貸方科目		金額
為 替 差 損 益	カ	32,000	売 　 掛 　 金	ウ	32,000

　売　掛　金：@¥110×16,000ドル＝¥1,760,000（輸出取引時の円換算額）
　為替差損益：@¥108×16,000ドル＝¥1,728,000（為替予約による円換算額）
　　　　　　¥1,760,000－¥1,728,000＝¥32,000（売掛金の減少　→　損）

Point
売掛金は輸出取引時の直物為替相場で換算している。

為替差損益勘定を借方に計上するということは、為替差損となる。

4

借方科目		金額	貸方科目		金額
繰 延 税 金 資 産	ウ	180,000	その他有価証券	イ	600,000
その他有価証券評価差額金	オ	420,000			

　その他有価証券：
　　@¥　950×4,000株＝¥3,800,000（時価評価額）
　　@¥1,100×4,000株＝¥4,400,000（帳簿価額）
　　¥3,800,000－¥4,400,000＝△¥600,000（評価損相当）
　　　　時価評価額　　　　帳簿価額
　繰　延　税　金　資　産：¥600,000×30％＝¥180,000
　その他有価証券評価差額金：¥600,000－¥180,000＝¥420,000

Point
長期投資目的の株式であり、子会社にも関連会社にも該当しないので、その他有価証券勘定で処理する。

評価損相当の場合
評価差額の30％を繰延税金資産勘定、残りの70％をその他有価証券評価差額金勘定（借方）で処理する。

5

借方科目		金額	貸方科目		金額
現 　 　 　 　 金	ア	5,232,000	買 　 掛 　 金	オ	7,920,000
売 　 掛 　 金	カ	8,928,000	資 　 本 　 金	キ	5,940,000
土 　 　 　 　 地	ウ	3,840,000	資 本 準 備 金	エ	3,960,000
			負ののれん発生益	イ	180,000

　資　本　　　　金：@¥8,250×1,200株＝¥9,900,000（株主資本の増加額）
　　　　　　　　　　　　¥9,900,000×60％＝¥5,940,000
　資 本 準 備 金：¥9,900,000×40％＝¥3,960,000
　負ののれん発生益：
　　（¥5,232,000＋¥8,928,000＋¥3,840,000）－¥7,920,000
　　　　承継した資産合計（時価）　　　　承継した負債合計（時価）
　　＝¥10,080,000（承継した諸資産と諸負債の差額）
　　¥10,080,000－¥9,900,000＝¥180,000

Point
承継した資産および負債は、時価で評価する。

「承継した資産合計と承継した負債合計の差額＞株主資本の増加額」の場合、差額を負ののれん発生益勘定で処理する。

仕訳 1 組につき 4 点　合計20点

連　結　精　算　表

X3年 3 月31日　　　　　　　　　　　　　　（単位：千円）

科　　　　　目	個 別 財 務 諸 表		連 結 財 務 諸 表
	P　　社	S　　社	
貸 借 対 照 表			連結貸借対照表
現 金 預 金	304,000	29,600	333,600
⑥ 売 掛 金	368,000	224,000	（　544,000　）
貸 倒 引 当 金	△ 7,360	△ 4,480	△ 11,840
⑧ 商 品	340,000	184,000	（ ★ 520,400 ）
建 物	144,000	32,000	176,000
建 物 減 価 償 却 累 計 額	△ 25,200	△ 4,000	△ 29,200
⑫ 土 地	232,000	92,000	（ ★ 322,000 ）
③ （ の れ ん ）	―	―	（ ★ 28,800 ）
子 会 社 株 式	260,000	―	（ ― ）
資 産 合 計	1,615,440	553,120	（ 1,883,760 ）
⑦ 買 掛 金	294,000	176,920	（ ★ 422,920 ）
借 入 金	260,000	52,000	312,000
① 資 本 金	480,000	120,000	（ 480,000 ）
② 資 本 剰 余 金	240,000	80,000	（ 240,000 ）
⑮ 利 益 剰 余 金	341,440	124,200	（ ★ 364,720 ）
⑨ （ 非 支 配 株 主 持 分 ）	―	―	（ ★ 64,120 ）
負 債 純 資 産 合 計	1,615,440	553,120	（ 1,883,760 ）
損 益 計 算 書			連結損益計算書
⑤ 売 上 高	2,260,000	1,192,000	（ ★ 3,214,400 ）
⑩ 売 上 原 価	1,672,000	936,000	（ ★ 2,371,200 ）
④ 販売費及び一般管理費	462,000	218,400	（ ★ 684,000 ）
営 業 外 収 益	1,840	320	2,160
営 業 外 費 用	3,800	600	4,400
⑬ 特 別 利 益	3,400	480	（ 1,880 ）
特 別 損 失	2,480	240	2,720
法人税、住民税及び事業税	31,240	9,360	40,600
当 期 純 利 益	93,720	28,200	（ 115,520 ）
⑪ 非支配株主に帰属する当期純利益	―	―	（ 5,480 ）
⑭ 親会社株主に帰属する当期純利益	93,720	28,200	（ ★ 110,040 ）

＊　上記の○番号は、解説の番号と対応しています。

★　1つにつき2点
20点

(1) 投資と資本の相殺消去

（資本金当期首残高）	120,000	（ S 社 株 式 ）	260,000
（資本剰余金当期首残高）	80,000	（非支配株主持分当期首残高）	56,000 *2
（利益剰余金当期首残高）	80,000		
（の れ ん）	36,000 *1		

(2) のれんの償却

| （利益剰余金当期首残高） | 3,600 *3 | （の れ ん） | 3,600 |
| のれん償却 | | | |

(3) S社の当期純利益（連結第1年度）の非支配株主持分への振替え

| （利益剰余金当期首残高） | 3,200 *4 | （非支配株主持分当期首残高） | 3,200 |
| 非支配株主に帰属する当期純利益 | | | |

* 1 　(120,000千円＋80,000千円＋80,000千円) ×80％＝224,000千円（P社持分）
　　　 260,000千円－224,000千円＝36,000千円
　　　 S社株式　　　P社持分
* 2 　(120,000千円＋80,000千円＋80,000千円) ×20％＝56,000千円（非支配株主持分）
* 3 　36,000千円÷10年＝3,600千円
* 4 　16,000千円×20％＝3,200千円

(1)～(3)を一つにまとめた仕訳（連結開始仕訳）

（資本金当期首残高）	120,000	（ S 社 株 式 ）	260,000
（資本剰余金当期首残高）	80,000	（非支配株主持分当期首残高）	59,200
（利益剰余金当期首残高）	86,800		
（の れ ん）	32,400		

☑ **連結財務諸表欄**
　資本金：480,000千円＋120,000千円－120,000千円＝**480,000千円** … ①
　資本剰余金：240,000千円＋80,000千円－80,000千円＝**240,000千円** … ②

Step 2 当期の連結修正仕訳

1．のれんの償却

| （販売費及び一般管理費） | 3,600 * | （の れ ん） | 3,600 |
| のれん償却 | | | |

* 　36,000千円÷10年＝3,600千円

☑ **連結財務諸表欄**
　（のれん）：36,000千円－3,600千円－3,600千円＝**28,800千円** … ③
　販売費及び一般管理費：
　　　　　　462,000千円＋218,400千円＋3,600千円＝**684,000千円** … ④

2．S社の当期純利益（連結第2年度）の非支配株主持分への振替え

| （非支配株主に帰属する当期純利益） | 5,640 | （非支配株主持分当期変動額） | 5,640 * |

* 　28,200千円×20％＝5,640千円

3．売上高と売上原価の相殺消去

| （売 上 高） | 237,600 | （売 上 原 価） | 237,600 |
| | | 当期商品仕入高 | |

☑ **連結財務諸表欄**
　売上高：2,260,000千円＋1,192,000千円－237,600千円＝**3,214,400千円** …⑤

Point
支配獲得時はX1年3月31日なので、支配獲得時の翌年度とは、連結第1年度（X1年4月1日からX2年3月31日）のことを指す。

連結第1年度に行った連結修正仕訳を考える。

連結第2年度の仕訳なので、純資産の項目は「当期首残高」の変動となる。

連結第2年度の仕訳なので、損益の項目は「利益剰余金当期首残高」で調整する。

本問では株主資本等変動計算書の作成は求められていないため、純資産の項目の「当期首残高」、「当期変動額」の区別は不要だが、解説には表示した。

本問では、精算表に修正・消去欄がないので、連結開始仕訳を一つにまとめなくてもよい。

Point
のれんは取得原価を10年間にわたり定額法で償却する。

Point
非支配株主の持分割合に応じて、S社の当期純利益を非支配株主持分に振り替える。

Point
S社がP社に対して商品を販売しているので、S社の売上高とP社の売上原価（仕入）を相殺する。

4．売掛金と買掛金の相殺消去

（買　　掛　　金）	48,000	（売　　掛　　金）	48,000

☑**連結財務諸表欄**

売掛金：368,000千円＋224,000千円－48,000千円＝**544,000千円** … ⑥

買掛金：294,000千円＋176,920千円－48,000千円＝**422,920千円** … ⑦

5．期首商品の未実現利益（アップストリーム）

⑴　連結第1年度の消去の仕訳

（利益剰余金当期首残高）	2,800*1	（商　　　　　品）	2,800
売上原価			

（非支配株主持分当期首残高）	560	（利益剰余金当期首残高）	560*2
		非支配株主に帰属する当期純利益	

⑵　連結第2年度の実現の仕訳

（商　　　　　品）	2,800	（売　上　原　価）	2,800

（非支配株主に帰属する当期純利益）	560	（非支配株主持分当期変動額）	560

＊1　11,200千円×25％＝2,800千円

＊2　2,800千円×20％＝560千円

6．期末商品の未実現利益（アップストリーム）

（売　上　原　価）	3,600*1	（商　　　　　品）	3,600
期末商品棚卸高			

（非支配株主持分当期変動額）	720	（非支配株主に帰属する当期純利益）	720*2

＊1　14,400千円×25％＝3,600千円

＊2　3,600千円×20％＝720千円

☑**連結財務諸表欄**

商　品：340,000千円＋184,000千円－2,800千円＋2,800千円－3,600千円
　　　＝**520,400千円** … ⑧

（非支配株主持分）：
　　　56,000千円＋3,200千円＋5,640千円－560千円＋560千円－720千円
　　＝**64,120千円** … ⑨

売上原価：
　　　1,672,000千円＋936,000千円－237,600千円－2,800千円＋3,600千円
　　＝**2,371,200千円** … ⑩

非支配株主に帰属する当期純利益：5,640千円＋560千円－720千円
　　　　　　　　　　　　　　　＝**5,480千円** … ⑪

第8回

7．固定資産売却益の消去（ダウンストリーム）

（特　別　利　益）	2,000 *	（土　　　　地）	2,000
固定資産売却益			

Point
固定資産売却益の金額は「特別利益」に含まれている。

P社が付加した利益なので、P社が全額負担することになる。

* 1　40,000千円－38,000千円＝2,000千円（益）→ 利益の取消し

☑**連結財務諸表欄**
　　土　　　　地：232,000千円＋92,000千円－2,000千円＝**322,000千円** … ⑫
　　特別利益：3,400千円＋　480千円－2,000千円＝**1,880千円** … ⑬

Step 3　その他の項目の集計

☑**連結財務諸表欄**
　　親会社株主に帰属する当期純利益：110,040千円（連結損益計算書より）… ⑭
　　利益剰余金：341,440千円＋124,200千円－86,800千円－2,800千円＋560千円－11,880千円
　　　　　　　　　　P社　　　　　　S社　　　　　　(1)　　　　　　(2)　　　　　(3)　　　　　　(4)
　　　　　＝**364,720千円** … ⑮

利益剰余金の変動
　　連結株主資本等変動計算書を作成する場合、個別上の数値を合算した後、連結修正仕訳を行うことにより、連結上あるべき数値に修正する必要がある。
　　単純合算すると「P社およびS社の当期純利益を合計した金額」になるので、連結上あるべき金額（親会社株主に帰属する当期純利益）に修正するために、差額を調整する。

　　上記の(4)：（93,720千円＋28,200千円）－110,040千円＝11,880千円
　　　　　　　　　P社およびS社の　　　　　親会社株主に
　　　　　　　　　当期純利益の合計　　　　帰属する当期純利益

利益剰余金の修正*

減少	当期首
	(1)　△　86,800千円
	(2)　△　　2,800千円
	(3)　＋　　　560千円
当期末	増加
	(4)　△　11,880千円

　　*　連結上あるべき数値への調整

Point
増加
(3)
期首商品の未実現利益の取消しに伴う非支配株主に帰属する当期純利益の減少
→利益剰余金当期末残高が増加する

減少
(1)
連結開始仕訳における利益剰余金当期首残高の減少
→利益剰余金当期末残高が減少する

(2)
期首商品の未実現利益の取消し
→利益剰余金当期末残高が減少する

(4)
「P社およびS社の当期純利益の合計」と「親会社株主に帰属する当期純利益」との差額
→利益剰余金当期末残高が減少する

第3問 （20点）

貸 借 対 照 表

福井商事株式会社　　　　　　X3年3月31日　　　　　　（単位：円）

資 産 の 部

I 流 動 資 産

現 金 及 び 預 金		2,488,000
売 掛 金 ③ （ 4,000,000 ）		
貸 倒 引 当 金 ⑤ （ 40,000 ）	（ ★ 3,960,000 ）	
（ 商 品 ）	④ （ ★ 2,964,000 ）	
流 動 資 産 合 計	（ 9,412,000 ）	

II 固 定 資 産

建 物	7,200,000	
減 価 償 却 累 計 額 ⑥ （ 3,840,000 ）	（ ★ 3,360,000 ）	
備 品	3,200,000	
減 価 償 却 累 計 額 ⑦ （ 400,000 ）	（ ★ 2,800,000 ）	
（ 投 資 有 価 証 券 ）	⑧ （ ★ 3,120,000 ）	
固 定 資 産 合 計	（ 9,280,000 ）	
資 産 合 計	（ 18,692,000 ）	

負 債 の 部

I 流 動 負 債

電 子 記 録 債 務	② （ ★ 800,000 ）	
買 掛 金	① （ 2,400,000 ）	
未 払 法 人 税 等	⑩ （ ★ 304,000 ）	
流 動 負 債 合 計	（ 3,504,000 ）	

II 固 定 負 債

（ 繰 延 税 金 負 債 ）	⑫ （ ★ 12,000 ）	
固 定 負 債 合 計	（ 12,000 ）	
負 債 合 計	（ 3,516,000 ）	

純 資 産 の 部

I 株 主 資 本

資 本 金		12,000,000
繰 越 利 益 剰 余 金	⑪ （ ★ 3,092,000 ）	
株 主 資 本 合 計	（ 15,092,000 ）	

II 評 価 ・ 換 算 差 額 等

その他有価証券評価差額金	⑨ （ ★ 84,000 ）	
評 価 ・ 換 算 差 額 等 合 計	（ 84,000 ）	
純 資 産 合 計	（ 15,176,000 ）	
負 債 純 資 産 合 計	（ 18,692,000 ）	

＊　上記の〇番号は、解説の番号と対応しています。

★ 1つにつき2点
合計20点

第8回

解　説

Step 1 未処理事項等の処理

１．買掛金の電子記録債務への振替処理

（ 買 掛 金 ）	120,000	（ 電 子 記 録 債 務 ）	120,000

☑買　掛　　金：¥2,520,000－¥120,000＝**¥2,400,000** … ①

☑電子記録債務：¥680,000＋¥120,000＝**¥800,000** … ②

２．複数の履行義務を含む取引

商品Aの引渡し時：処理済

（ 契 約 資 産 ）	280,000	（ 売 上 ）	280,000

Point

複数の履行義務を含み、債権（売掛金等）はすべての履行義務の充足後に認識するという契約の場合、履行義務の一部のみの充足による収益の計上は、契約資産勘定（資産）で処理する。

すべての履行義務を充足し、債権が認識されたので、売掛金を計上する。また、先行して、一部の履行義務を充足したときに計上した契約資産を減少させる。

商品Bの引渡し（すべての履行義務の充足）と債権の認識

（ 売 掛 金 ）	440,000	（ 売 上 ）	160,000
		（ 契 約 資 産 ）	280,000

売掛金：¥160,000＋¥280,000＝¥440,000

☑売　　上：¥42,840,000＋¥160,000＝**¥43,000,000**

☑売掛金：¥3,560,000＋¥440,000＝**¥4,000,000** … ③

Step 2 決算整理事項の処理

１．売上原価の計算および商品の評価（売上原価を仕入勘定で算定していると仮定）

（ 仕 入 ）	3,120,000	（ 繰 越 商 品 ）	3,120,000
（ 繰 越 商 品 ）	3,200,000	（ 仕 入 ）	3,200,000
（ 棚 卸 減 耗 損 ）	80,000	（ 繰 越 商 品 ）	236,000
（ 商 品 評 価 損 ）	156,000		
（ 仕 入 ）	236,000	（ 棚 卸 減 耗 損 ）	80,000
		（ 商 品 評 価 損 ）	156,000

Point

貸借対照表の商品
＝帳簿棚卸高
－棚卸減耗損
－商品評価損

売上原価
＝期首商品棚卸高
＋当期商品仕入高
－期末商品棚卸高
＋棚卸減耗損
＋商品評価損

帳簿棚卸高：@¥2,000×1,600個＝¥3,200,000

棚卸減耗損：@¥2,000×（ 1,600個 － 1,560個 ）＝¥80,000
　　　　　　　　帳簿価額　　帳簿数量　　実地数量

商品評価損：(@¥2,000－@¥1,900) × 1,560個 ＝¥156,000
　　　　　　　帳簿価額　　正味売却価額　　実地数量

☑（商　　　品）：¥3,200,000－¥80,000－¥156,000＝**¥2,964,000** … ④

☑売　上　原　価：¥3,120,000＋¥25,880,000－¥3,200,000＋¥80,000＋¥156,000＝¥26,036,000

２．貸倒引当金の設定

（貸倒引当金繰入）	32,000	（貸倒引当金）	32,000

貸 倒 引 当 金：¥4,000,000（売掛金）× $\frac{10}{1,000}$ ＝¥40,000（設定額）

貸倒引当金繰入：¥40,000－¥8,000＝¥32,000（繰入額）
　　　　　　　　　　　貸倒引当金残高

☑貸 倒 引 当 金：**¥40,000** … ⑤

☑貸倒引当金繰入：¥32,000

３．減価償却費の計上

建物

（減 価 償 却 費）	240,000	（建物減価償却累計額）	240,000

減価償却費：¥7,200,000÷30年＝¥240,000

備品

（減 価 償 却 費）	400,000	（備品減価償却累計額）	400,000
（繰 延 税 金 資 産）	24,000	（法人税等調整額）	24,000

減価償却費
　会計上：¥3,200,000÷ 8 年＝¥400,000 … ①
　税務上：¥3,200,000÷10年＝¥320,000 … ②
　損金算入限度超過額　　¥ 80,000 … ①－②

繰延税金資産：¥80,000×30％＝¥24,000

☑減価償却累計額（建物）：¥3,600,000＋¥240,000＝**¥3,840,000** … ⑥

☑減価償却累計額（備品）：**¥400,000** … ⑦

☑減 価 償 却 費：¥240,000＋¥400,000＝¥640,000

４．その他有価証券の評価

洗替処理

（その他有価証券）	60,000	（繰 延 税 金 資 産）	18,000
		（その他有価証券評価差額金）	42,000

期末の評価替え

（その他有価証券）	120,000	（繰 延 税 金 負 債）	36,000
		（その他有価証券評価差額金）	84,000

時　　価：¥3,120,000
取得原価：¥2,940,000＋¥60,000＝¥3,000,000
評価差額：¥3,120,000－¥3,000,000＝¥120,000（評価益相当）
　　　　　¥120,000×30％＝¥36,000（繰延税金負債）
　　　　　¥120,000－¥36,000＝¥84,000（その他有価証券評価差額金）

☑（投 資 有 価 証 券）：¥2,940,000＋¥60,000＋¥120,000＝**¥3,120,000** … ⑧

☑その他有価証券評価差額金：**¥84,000** … ⑨

第8回

5．未払法人税等

(法人税、住民税及び事業税) 624,000	(仮 払 法 人 税 等) 320,000
	(未 払 法 人 税 等) 304,000

未払法人税等：¥624,000－¥320,000＝¥304,000

☑未 払 法 人 税 等：¥304,000 … ⑩
☑法人税、住民税及び事業税（調整後）：¥624,000－¥24,000（法人税等調整額）＝¥600,000
☑当 期 純 利 益：¥2,000,000－¥600,000＝¥1,400,000
☑繰 越 利 益 剰 余 金：¥1,692,000＋¥1,400,000＝¥3,092,000 … ⑪

> **Point**
> 計算用紙に簡単な損益勘定を作成し、税引前当期純利益を算定する。
>
> 中間納付を行っていることに注意する。

6．繰延税金資産と繰延税金負債の相殺

繰延税金資産：¥18,000＋¥24,000－¥18,000＝¥24,000
繰延税金負債：¥36,000

> **Point**
> 「繰延税金資産＜繰延税金負債」なので、純額を繰延税金負債として貸借対照表に表示する。

☑ （繰延税金負債）：¥36,000－¥24,000＝¥12,000（固定負債） … ⑫

参考　損益計算書

損 益 計 算 書			
自X2年4月1日　至X3年3月31日			（単位：円）
Ⅰ　売 上 高			（ 43,000,000 ）
Ⅱ　売 上 原 価			
1　期首商品棚卸高		（ 3,120,000 ）	
2　当期商品仕入高		（ 25,880,000 ）	
合 計		（ 29,000,000 ）	
3　期末商品棚卸高		（ 3,200,000 ）	
差 引		（ 25,800,000 ）	
4　棚 卸 減 耗 損		（ 80,000 ）	
5　商 品 評 価 損		（ 156,000 ）	（ 26,036,000 ）
（ 売 上 総 利 益 ）			（ 16,964,000 ）
Ⅲ　販売費及び一般管理費			
1　給 料		（ 13,600,000 ）	
2　販 売 費		（ 892,000 ）	
3　貸 倒 引 当 金 繰 入		（ 32,000 ）	
4　減 価 償 却 費		（ 640,000 ）	（ 15,164,000 ）
（ 営 業 利 益 ）			（ 1,800,000 ）
Ⅳ　営 業 外 収 益			
1　受 取 配 当 金			（ 200,000 ）
税引前当期純利益			（ 2,000,000 ）
法人税、住民税及び事業税		（ 624,000 ）	
法 人 税 等 調 整 額		（ △ 24,000 ）	（ 600,000 ）
（ 当 期 純 利 益 ）			（ 1,400,000 ）

第4問 （28点）

問1 （12点）　＊ 勘定科目は**記号での解答**となります。参考として、勘定科目も記入しています。

<table>
<tr><td rowspan="5">(1)</td><td colspan="6">
<table>
<tr><th colspan="2">借方科目</th><th>金額</th><th colspan="2">貸方科目</th><th>金額</th></tr>
<tr><td>仕　掛　品</td><td>エ</td><td>38,800</td><td>材　　　料</td><td>ア</td><td>39,200</td></tr>
<tr><td>製 造 間 接 費</td><td>カ</td><td>400</td><td></td><td></td><td></td></tr>
<tr><td></td><td></td><td></td><td></td><td></td><td></td></tr>
<tr><td></td><td></td><td></td><td></td><td></td><td></td></tr>
</table>
</td><td>

Point

素材（直接材料）の消費高は仕掛品に、棚卸減耗損は製造間接費に振り替える。

月末の帳簿残高と実地棚卸高の差額が棚卸減耗損なので、材料の消費額は帳簿残高を用いて計算する。

</td></tr>
</table>

仕 掛 品：1,600円＋40,000円－2,800円＝38,800円（当月消費額）
製造間接費：400円（材料の棚卸減耗損）

材　　料

月初有高	当月消費額→仕掛品
1,600 円	38,800 円
当月仕入高	棚卸減耗→製造間接費
40,000 円	400 円　月末帳簿残高 2,800円
	月末実際有高 2,400 円

材料の実際有高：2,800円－400円＝2,400円

<table>
<tr><td rowspan="5">(2)</td><td colspan="6">
<table>
<tr><th colspan="2">借方科目</th><th>金額</th><th colspan="2">貸方科目</th><th>金額</th></tr>
<tr><td>原 価 差 異</td><td>イ</td><td>60,000</td><td>賃 金 ・ 給 料</td><td>ア</td><td>60,000</td></tr>
<tr><td></td><td></td><td></td><td></td><td></td><td></td></tr>
<tr><td></td><td></td><td></td><td></td><td></td><td></td></tr>
<tr><td></td><td></td><td></td><td></td><td></td><td></td></tr>
</table>
</td><td>

Point

直接工員の賃金の予定消費額と実際発生額との差額は賃率差異となるが、本問では語群に賃率差異勘定が与えられていないため、原価差異勘定で処理する。

</td></tr>
</table>

予定消費額：@1,500円× 480時間＝720,000円
実際発生額（要支払高）：780,000円
賃率差異：720,000円－780,000円＝△60,000円（不利差異）
　　　　　予定消費額　　実際発生額

直 接 工 賃 金

当月要支払高	予定消費額
780,000 円	720,000 円
	賃率差異（原価差異）
	60,000 円

<table>
<tr><td rowspan="5">(3)</td><td colspan="6">
<table>
<tr><th colspan="2">借方科目</th><th>金額</th><th colspan="2">貸方科目</th><th>金額</th></tr>
<tr><td>仕　掛　品</td><td>イ</td><td>360,000</td><td>製 造 間 接 費</td><td>カ</td><td>360,000</td></tr>
<tr><td></td><td></td><td></td><td></td><td></td><td></td></tr>
<tr><td></td><td></td><td></td><td></td><td></td><td></td></tr>
<tr><td></td><td></td><td></td><td></td><td></td><td></td></tr>
</table>
</td><td>

Point

予定配賦率
＝ 製造間接費の年間予算額／原料Aの年間予定消費高

予定配賦額
＝予定配賦率×原料Aの消費高

</td></tr>
</table>

仕掛品：4,800,000円÷3,200,000円＝1.5（予定配賦率）
　　　　1.5×240,000円＝360,000円（予定配賦額）

仕訳1組につき4点　合計12点

問2（16点）

<u>工程別総合原価計算表</u> （単位：円）

	第 1 工 程			第 2 工 程		
	原 料 費	加 工 費	合　計	前工程費	加 工 費	合　計
月初仕掛品原価	150,000	210,000	360,000	450,000	120,000	570,000
当月製造費用	2,874,000	4,110,000	6,984,000	6,840,000	3,654,000	10,494,000
合　計	3,024,000	4,320,000	7,344,000	7,290,000	3,774,000	11,064,000
差引：月末仕掛品原価	★　288,000	★　216,000	504,000	★912,000	★　252,000	1,164,000
完成品総合原価	★2,736,000	★4,104,000	6,840,000	★6,378,000	★3,522,000	9,900,000

★1つにつき2点
合計16点

解説

Step 1 生産データ・原価データの整理

第1工程

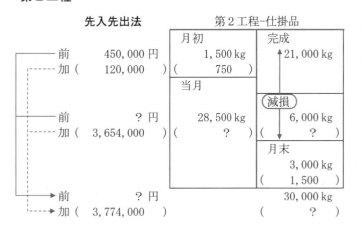

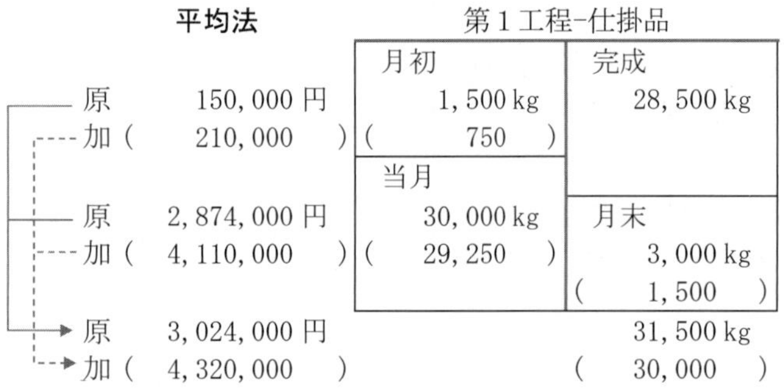

Point
原：原料費
加：加工費

完成品換算量
月初
1,500kg×50％＝750kg
月末
3,000kg×50％＝1,500kg
当月
28,500kg－750kg＋
1,500kg＝29,250kg

第2工程

平均法の下に第2工程-仕掛品の図：

先入先出法　　　第2工程-仕掛品

月初	完成
前　450,000円	前　？円
1,500 kg	↑21,000 kg
加（120,000）	加（3,654,000）
（750）	（？）
当月	減損
前　？円	6,000 kg
28,500 kg	（？）
加（3,654,000）	
（？）	月末
	3,000 kg
前　？円	（1,500）
加（3,774,000）	30,000 kg
	（？）

Point
前：前工程費
加：加工費

完成品換算量
月初
1,500kg×50％＝750kg
減損
発生点が不明のため計算できないが、両者負担の場合は必要ない。
月末
3,000kg×50％＝1,500kg

工程の途中で仕損が発生しているので、完成品と月末仕掛品の両者負担

第1工程

	平均法		第1工程-仕掛品					
			月初		完成			
原	150,000円		1,500 kg		28,500 kg	原	2,736,000円	
加	(210,000)		(750)			加	(4,104,000)	
			当月					
原	2,874,000円		30,000 kg		月末			
加	(4,110,000)		(29,250)		3,000 kg	原	288,000円	
					(1,500)	加	(216,000)	
原	3,024,000円				31,500 kg			
加	(4,320,000)				(30,000)			

Point
月末仕掛品原価を先に計算し、完成品総合原価は貸借差額で計算する。

☑**月末仕掛品原価**

原料費：$\dfrac{3,024,000円}{31,500kg} \times 3,000kg = $ <u>288,000円</u>

加工費：$\dfrac{4,320,000円}{30,000kg} \times 1,500kg = $ <u>216,000円</u>

　　　　　　　　　　　　　　<u>504,000円</u>

☑**完成品総合原価**

原料費：3,024,000円 － 288,000円 ＝ <u>2,736,000円</u>

加工費：4,320,000円 － 216,000円 ＝ <u>4,104,000円</u>

　　　　　　　　　　　　　　<u>6,840,000円</u>

第2工程

	先入先出法		第2工程-仕掛品					
			月初		完成			
前	450,000円		1,500 kg		21,000 kg	前	6,378,000円	
加	(120,000)		(750)			加	(3,522,000)	
			当月					
前	6,840,000円		22,500 kg		月末			
加	(3,654,000)		(21,750)		3,000 kg	前	912,000円	
					(1,500)	加	(252,000)	
前	7,290,000円				24,000 kg			
加	(3,774,000)				(22,500)			

Point
両者負担となるため、正常減損のデータを除いて計算する。

正常減損のデータを除くことにより、正常減損費を完成品と月末仕掛品の両方に負担させることができる。

当月作業分から減損が発生したので、当月投入のデータを次のように考える。

前工程費
21,000kg － 1,500kg ＋ 3,000kg ＝ 22,500kg

加工費
21,000kg － 750kg ＋ 1,500kg ＝ 21,750kg

月末仕掛品原価を先に計算し、完成品総合原価は貸借差額で計算する。

☑**月末仕掛品原価**

前工程費：$\dfrac{6,840,000円}{22,500kg} \times 3,000kg = $ <u>912,000円</u>

加工費：$\dfrac{3,654,000円}{21,750kg} \times 1,500kg = $ <u>252,000円</u>

　　　　　　　　　　　　　　<u>1,164,000円</u>

☑**完成品総合原価**

前工程費：7,290,000円 － 912,000円 ＝ <u>6,378,000円</u>

加工費：3,774,000円 － 252,000円 ＝ <u>3,522,000円</u>

　　　　　　　　　　　　　　<u>9,900,000円</u>

第8回

第5問（12点）

問1

製造間接費総差異	★	△280,000	円
予 算 差 異	★	△ 32,000	円
能 率 差 異	★	△ 56,000	円
操 業 度 差 異	★	△192,000	円

問2

<u>月次損益計算書(一部)</u>　　　　　（単位：円）

I　売　　上　　高　　　　　　　　　　　（　25,200,000　）

II　売　上　原　価

　　月初製品棚卸高　　（　　2,016,000　）

　　当月製品製造原価　（　22,176,000　）

　　合　　　　計　　　（　24,192,000　）

　　月末製品棚卸高　　（　　4,032,000　）

　　差　　　引　　　　（　20,160,000　）

　　標準原価差異　　　（　★　437,600　）　（　20,597,600　）

　　売　上　総　利　益　　　　　　　　　（　★　4,602,400　）

★1つにつき2点
合計12点

[解 説]

[Step 1] 生産・販売データの整理

生産・販売データ

仕　掛　品		
月初　　　　　0個 （　　　　0　）	完成 3,850個	
当月 3,850個 （　3,850　）	月末　　　　0個 （　　　0　）	

製　　品		
月初 350個	販売 3,500個	
完成 3,850個	月末 700個	

Point
差異分析は、当月投入分に
対して行われる。

Step 2 差異分析

製造間接費

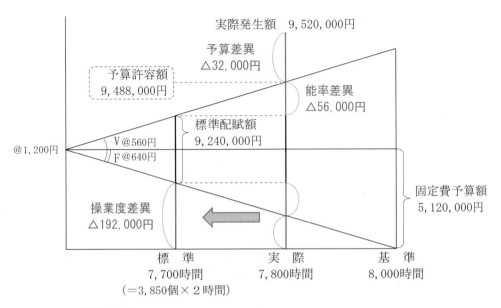

Point
V：変動費率
F：固定費率
標準
　標準直接作業時間
実際
　実際直接作業時間
基準
　正常直接作業時間
総差異
＝標準配賦額－実際発生額
予算差異
＝予算許容額－実際発生額
能率差異
＝変動費率×（標準直接作業時間－実際直接作業時間）
操業度差異
＝固定費率×（標準直接作業時間－正常直接作業時間）
固定費部分の差異は、すべて操業度差異として計算する。

標準配賦率
　変動費率：4,480,000円÷8,000時間＝@560円
　固定費率：5,120,000円÷8,000時間＝@640円

総　差　異：@1,200円×7,700時間－9,520,000円＝△280,000円（不利差異）
　　　　　　　標準配賦額　　　　　　実際発生額
予　算　差　異：@560円×7,800時間＋5,120,000円－9,520,000円＝△32,000円（不利差異）
　　　　　　　　予算許容額　　　　　　　　実際発生額
能　率　差　異：@560円×（7,700時間－7,800時間）＝△56,000円（不利差異）
操業度差異：@640円×（7,700時間－8,000時間）＝△192,000円（不利差異）

Step 3 標準原価差異の計算

	標準原価	実際原価

直接材料費差異：@1,800円×3,850個－7,084,000円＝△154,000円（不利差異）
直接労務費差異：@1,560円×3,850個－6,009,600円＝△　3,600円（不利差異）
製造間接費差異：@2,400円×3,850個－9,520,000円＝△280,000円（不利差異）
　　　　　　　　標準原価差異：△437,600円（不利差異）

Point
標準原価差異
＝標準原価－実際原価
　＋の場合⇒有利差異
　－の場合⇒不利差異

Step 4 月次損益計算書の作成

売　上　高：@7,200円×3,500個＝25,200,000円

売上原価：

月初製品棚卸高：@5,760円×	350個＝	2,016,000円	
当月製品製造原価：@5,760円×3,850個＝		22,176,000円	
合　　　計		24,192,000円	
月末製品棚卸高：@5,760円×	700個＝	4,032,000円	
差　　　引		20,160,000円	
標準原価差異		437,600円	20,597,600円

売上総利益：25,200,000円－20,597,600円＝4,602,400円

Point
標準原価差異は不利差異なので、売上原価に加算する。

第8回

ネットスクールは、
書籍と WEB 講座であなたのスキルアップ、キャリアアップを応援します！
挑戦資格と自分の学習スタイルに合わせて効果的な学習方法を選びましょう！

独学合格に強い ネットスクールの 書 籍

図表やイラストを多用し、特に独学での合格をモットーにした『とおる簿記シリーズ』をはじめ、受講生の
皆様からの要望から作られた『サクッとシリーズ』、持ち運びが便利なコンパクトサイズで仕訳をマスターで
きる『脳科学×仕訳集シリーズ』など、バラエティに富んだシリーズを取り揃えています。

質問しやすい！わかりやすい！学びやすい!! ネットスクールの WEB講座

ネットスクールの講座はインターネットで受講する WEB 講座。 質問しやすい環境と徹底した
サポート体制、そしてライブ（生）とオンデマンド（録画）の充実した講義で合格に近づこう！

ネットスクールのWEB講座、4つのポイント！

❶ 自宅で、外出先で受講できる！
パソコン、スマートフォンやタブレット端末とインターネット
環境があれば、自宅でも会社でも受講できます。

❸ 自分のペースでできる
オンデマンド講義は配信され、受講期間中なら何度でも繰
り返し受講できます。リアルタイムで受講できなかったライ
ブ講義も翌日以降に見直せるので、復習にも最適です。

❷ ライブ配信講義はチャットで質問できる！
決まった曜日・時間にリアルタイムで講義を行うライブ講義
では、チャットを使って講師に直接、質問や相談といったコ
ミュニケーションが取れます。

❹ 質問サポートもばっちり！
電話（平日 11:00 ～ 18:00）や受講生専用 SNS【学び舎】
＊またはメールでご質問をお受けします。

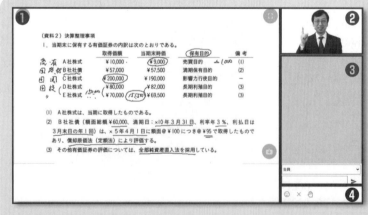

❶ ホワイトボード
板書画面です。あらかじめ準備された「まとめ画面」
や「資料画面」に講師が書き込んでいきます。画
面キャプチャも可能です。

❷ 講師画面
講師が直接講義をします。臨場感あふれる画面です。

❸ チャット
講義中に講師へ質問できます。また、「今のところ
もう一度説明して！」などのご要望もOKです。

❹ 状況報告ボタン
ご自身の理解状況を講義中に講師に伝えることが
できるボタンです。

※ 画面イメージや機能は変更となる場合がございます。ご了承ください。

＊【学び舎】とは、受講生同士の「コミュニケーション」機能、学習記録や最近の出来事等を投稿・閲覧・コメントできる「学習ブログ」機能、
学習上の不安点をご質問頂ける「質問Q＆A」機能等を備えた、学習面での不安解消、モチベーションアップ（維持）の場として活用頂くための、
ネットスクールのWEB講座受講生専用SNSです。

WEB 講座開講資格：https://www.net-school.co.jp/web-school/
※ 内容は変更となる場合がございます。最新の情報は弊社ホームページにてご確認ください。

日商簿記1級

簿記検定の最高峰、日商簿記1級の WEB 講座では、実務的な話も織り交ぜながら、誰もが納得できるよう分かりやすく講義を進めていきます。

また、WEB 講座であれば、自宅にいながら受講できる上、受講期間内であれば何度でも繰り返し納得いくまで受講できるため、範囲が広くて1つひとつの内容が高度な日商簿記1級の学習を無理なく進めることが可能です。

ネットスクールと一緒に、日商簿記1級に挑戦してみませんか？

標準コース　学習期間（約1年）

じっくり学習したい方向けのコースです。初学者の方や、実務経験のない方でも、わかり易く取引をイメージして学習していきます。お仕事が忙しくても1級にチャレンジされる方向きです。

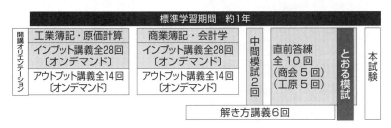

速修コース　学習期間（約6カ月）

短期間で集中して1級合格を目指すコースです。 比較的残業が少ない等、一定の時間が取れる方向きです。また、早く本試験に挑戦できる実力を身につけたい方にもオススメのコースです。

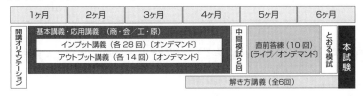

※1級標準・速修コースをお申し込みいただくと、特典として**2級インプット講義が本試験の前日まで学習いただけます。**
　2級の内容に少し不安が…という場合でも安心してご受講いただけます。

日商簿記1級WEB講座で採用『反転学習』とは？

【従　来】	INPUT（集合授業）	→	OUTPUT（各自の復習）

簿記の授業でも、これまでは上記のように問題演習を授業後の各自の復習に委ねられ、学習到達度の大きな差が生まれる原因を作っていました。そこで、ネットスクールの日商簿記対策 WEB 講座では、このスタイルを見直し、反転学習スタイルで講義を進めています。

【反転学習】	INPUT（知識を取り込む）	→	OUTPUT（知識を活用する）

各自、INPUT 講義でまずは必要な知識を取り込んでいただき、その後の OUTPUT 講義で、インプットの復習とともに具体的な問題演習を行って、知識の定着を図ります。それぞれ異なる性質の講義を組み合わせた「反転学習」のスタイルを採用することにより、学習時間を有効活用しながら、早い段階で本試験レベルの問題にも対応できる実力が身につきます。

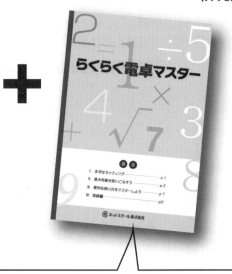

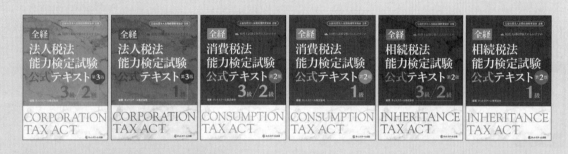

"講師がちゃんと教える" だから学びやすい！分かりやすい！
ネットスクールの税理士WEB講座

【開講科目】簿記論、財務諸表論、法人税法、消費税法、相続税法、国税徴収法

ネットスクールの税理士WEB講座の特長

◆自宅で学べる！ オンライン受講システム

臨場感のある講義をご自宅で受講できます。しかも、生配信の際には、チャットやアンケート機能を使った講師とのコミュニケーションをとりながらの授業となります。もちろん、講義は受講期間内であればお好きな時に何度でも講義を見直すことも可能です。

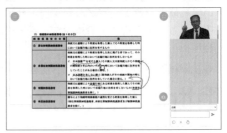

▲講義画面イメージ▲

★講義はダウンロード可能です★

オンデマンド配信されている講義は、お使いのスマートフォン・タブレット端末にダウンロードして受講することができます。事前にWi-Fi環境のある場所でダウンロードしておけば、通信料や通信速度を気にせず、外出先のスキマ時間の学習も可能です。
※講義をダウンロードできるのはスマートフォン・タブレット端末のみです。
※一度ダウンロードした講義の保存期間は1か月間ですが、受講期間内であれば、再度ダウンロードして頂くことは可能です。

ネットスクール税理士WEB講座の満足度

◆受講生からも高い評価をいただいております

WEB講座 81.3%

▶ネットスクールは時間のとれない社会人にはありがたいです。受講料が割安なのも助かっております。これからもネットスクールで学びたいです。（簿財／標準コース）
▶アットホームな感じで大手予備校にはない良さを感じましたし、受験生としっかり向き合って指導して頂けて感謝しています。（相続・消費／上級コース）
▶質問事項や添削のレスポンスも早く対応して下さり、大変感謝しております。（相続／上級コース）
▶講義が1コマ30分程度と短かったので、空き時間等を利用して自分のペースで効率よく学習を進めることができました。（国徴／標準コース）

教材 84.1%

▶解く問題がたくさんあるので、たくさん練習できて解説や講義もわかりやすくて満足しています。（簿財／上級コース）
▶テキストが読みやすく、側注による補足説明があって理解しやすかったです。（全科目共通）

講師 81.3%

▶穂坂先生の講義は、受験生に「丸暗記よろしく」という突き放し方をすることなく、理論の受験対策として最高でした。（簿財／標準コース）
▶講師の説明が非常に分かりやすいです。（相続・消費／標準コース）
▶堀川先生の授業はとても面白いです。印象に残るお話をからめて授業を進めて下さるので、記憶に残りやすいです。（国徴／標準コース）
▶田中先生の熱意に引っ張られて、ここまで努力できました。（法人／標準コース）

※2019～2022年度試験向け税理士WEB講座受講生アンケート結果より

各項目について5段階評価
不満 ← 1 2 3 4 5 → 満足

日商簿記検定　模擬試験問題集

問題・答案用紙編

この別冊には、模試8回の問題・答案用紙を収録しています。
次の方法に従って抜き取り、ご利用ください。

━━━〈ご利用方法〉━━━

1 この色紙を残して別冊を外す

オレンジ色の本色紙をしっかり広げます。
次に、本色紙を残したまま、ゆっくり別冊を抜き取ります。

2 ホッチキスの針を外す

別冊を真ん中で開きホッチキスの針を外します。
針を外すさいは、必ず、素手ではなくドライバー等の器具をご使用ください。
なお、抜取りのさいの損傷についてのお取り替えはご遠慮願います。

3 模試8回に分ける

別冊の外側から、第1回模試⇒第2回模試
⇒・・・⇒第8回模試の順にまとめてあり
ますので、各回に分けてご利用ください。

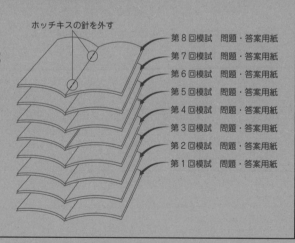

ホッチキスの針を外す

第8回模試　問題・答案用紙
第7回模試　問題・答案用紙
第6回模試　問題・答案用紙
第5回模試　問題・答案用紙
第4回模試　問題・答案用紙
第3回模試　問題・答案用紙
第2回模試　問題・答案用紙
第1回模試　問題・答案用紙

ネットスクール出版

https://www.net-school.co.jp/

この別冊には、模試8回の問題・答案用紙を収録しています。
次の方法に従って抜き取り、ご利用ください。

〈ご利用方法〉

1 この色紙を残して別冊を外す

オレンジ色の本色紙をしっかり広げます。
次に、本色紙を残したまま、ゆっくり別冊を抜き取ります。

2 ホッチキスの針を外す

別冊を真ん中で開きホッチキスの針を外します。
針を外すさいは、必ず、素手ではなくドライバー等の器具をご使用ください。
なお、抜取りのさいの損傷についてのお取り替えはご遠慮願います。

3 模試8回に分ける

別冊の外側から、第1回模試⇒第2回模試
⇒・・・⇒第8回模試の順にまとめてあり
ますので、各回に分けてご利用ください。

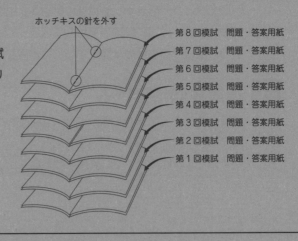

ホッチキスの針を外す

第8回模試　問題・答案用紙
第7回模試　問題・答案用紙
第6回模試　問題・答案用紙
第5回模試　問題・答案用紙
第4回模試　問題・答案用紙
第3回模試　問題・答案用紙
第2回模試　問題・答案用紙
第1回模試　問題・答案用紙

簿 記 検 定

模 擬 試 験 問 題 集

2　級

問題・答案用紙編

２級

第１回 日商簿記検定試験対策
問題・答案用紙

（制限時間　90分）

出題論点と難易度

設　問	出　題　論　点	論　点　の　詳　細	難易度
第１問	１．有形固定資産の購入	備品の購入時の処理	★
	２．退職給付引当金	退職一時金の支払時の処理	★
	３．複数の履行義務を含む取引	履行義務が充足されるタイミングが異なる取引	★★
	４．変動対価（リベート）	顧客にリベート（売上割戻）を実施するときの処理	★★
	５．本支店会計	本店の仕訳（本店集中計算制度）	★
第２問	現金預金	当座預金勘定調整表の作成、決算に必要な整理仕訳	★★
第３問	本支店会計	本店の損益勘定の作成	★★
第４問	問１　仕訳	工業簿記の仕訳	★
	問２　部門別計算	予算部門別配賦表の作成、部門別予定配賦率の算定	★
第５問	ＣＶＰ分析	直接原価計算方式の損益計算書にもとづいたＣＶＰ分析	★

（難易度　★★★…高い　★★…普通　★…低い）

Net-School
https://www.net-school.co.jp/
© Net-School

第1問 (20点)

下記の各取引について仕訳しなさい。ただし、勘定科目は、各取引の右の勘定科目から最も適当と思われるものを選び、**記号**で解答すること。なお、消費税については、指示がある取引についてのみ考慮すること。また、各取引は独立している。

<table>
<tr><td rowspan="5">1</td><td colspan="4">備品10台（@￥260,000）を購入し、割戻額￥62,400を控除した残額を現金で支払った。</td><td colspan="2">勘 定 科 目</td></tr>
<tr><td>借方科目</td><td>金額</td><td>貸方科目</td><td>金額</td><td colspan="2">ア．現　　　　金</td></tr>
<tr><td></td><td></td><td></td><td></td><td colspan="2">イ．普 通 預 金</td></tr>
<tr><td></td><td></td><td></td><td></td><td colspan="2">ウ．備　　　　品
エ．売　　　　上
オ．仕 入 割 戻</td></tr>
<tr><td></td><td></td><td></td><td></td><td colspan="2">カ．仕　　　　入
キ．固定資産圧縮損</td></tr>
</table>

<table>
<tr><td rowspan="5">2</td><td colspan="4">従業員の退職時に支払われる退職一時金の給付は内部積立方式により行ってきたが、従業員3名が退職したため退職一時金総額￥13,200,000を支払うこととなり、源泉所得税分￥1,960,000を控除した残額を当座預金から支払った。</td><td colspan="2">勘 定 科 目</td></tr>
<tr><td>借方科目</td><td>金額</td><td>貸方科目</td><td>金額</td><td colspan="2">ア．当 座 預 金</td></tr>
<tr><td></td><td></td><td></td><td></td><td colspan="2">イ．普 通 預 金
ウ．預 り 金</td></tr>
<tr><td></td><td></td><td></td><td></td><td colspan="2">エ．退職給付引当金
オ．給　　　　料</td></tr>
<tr><td></td><td></td><td></td><td></td><td colspan="2">カ．退職給付費用
キ．法 定 福 利 費</td></tr>
</table>

<table>
<tr><td rowspan="5">3</td><td colspan="4">当期首（×1年4月1日）に、奈良商業株式会社に対して商品と、商品に係る保守サービスを合わせて￥72,000で販売し、現金を受け取った。なお、商品￥54,000はすぐに顧客へ引き渡したが、残額は、今後3年間にわたる保守サービスの金額である。</td><td colspan="2">勘 定 科 目</td></tr>
<tr><td>借方科目</td><td>金額</td><td>貸方科目</td><td>金額</td><td colspan="2">ア．現　　　　金</td></tr>
<tr><td></td><td></td><td></td><td></td><td colspan="2">イ．売 掛 金
ウ．契 約 資 産</td></tr>
<tr><td></td><td></td><td></td><td></td><td colspan="2">エ．買 掛 金
オ．契 約 負 債</td></tr>
<tr><td></td><td></td><td></td><td></td><td colspan="2">カ．売　　　　上
キ．保 守 費</td></tr>
</table>

(1) 当社は、一定の期間内に一定金額以上の購入があった顧客に対してリベート（売上割戻）を行っている。群馬物販株式会社に対し、商品￥640,000を掛けで売り上げた。この販売金額のうち、返金する可能性が高いリベートを￥12,800と見積もった。この￥12,800については、取引価格に含めないものとする。

借方科目	金額	貸方科目	金額

勘 定 科 目
ア. 当 座 預 金
イ. 売 掛 金
ウ. 契 約 資 産
エ. 買 掛 金
オ. 返 金 負 債
カ. 売 上
キ. 仕 入

4

(2) 群馬物販株式会社に対して、リベート（売上割戻）を実施する要件を満たしていることが判明したので、小切手を振り出し、同社に￥12,800のリベートを支払った。

借方科目	金額	貸方科目	金額

5

新潟商会株式会社の本店は、長野支店が山梨支店の買掛金￥200,000を代わりに支払ったとの報告を受け、この報告にもとづき処理を行った。なお、同社は本店集中計算制度を採用している。

借方科目	金額	貸方科目	金額

勘 定 科 目
ア. 現 金
イ. 普 通 預 金
ウ. 売 掛 金
エ. 買 掛 金
オ. 長 野 支 店
カ. 本 店
キ. 山 梨 支 店

第2問 (20点)

次の [資料Ⅰ] および [資料Ⅱ] にもとづいて、下記の**各問**に答えなさい。

[資料Ⅰ]

3月31日現在の現金勘定および当座預金勘定の内容は、次のとおりであった。

(単位：円)

	帳簿残高	銀行残高（または実査残高）
現　金	638,520	724,920
当座預金	1,154,880	1,382,880

現金残高について、金庫の内容を実査したところ、次のものが入っていた。

金庫内実査表 (単位：円)

摘　要	金　額
日本銀行券及び硬貨	250,120
米国ドル紙幣　100ドル札16枚、50ドル札32枚	358,400
出張旅費仮払い額の従業員からの受取書	30,000
小切手	80,000
12月決算会社の配当金領収証	6,400
合　計	724,920

上記の内容について、以下の事実が判明している。

(1) 米国ドル紙幣は円貨による取得価額であり、3月31日の為替レートは、1ドル￥110であった。

(2) 旅費仮払い額は、出金の会計処理が行われておらず、また、3月31日時点で従業員が出張から戻っていないため、旅費精算も行われていない。

(3) 得意先より受け取った小切手￥80,000を、当座預金口座に入金の会計処理を行ったが、銀行への持参を失念したため、金庫の中にそのまま残っていた。（[資料Ⅱ] の(4)参照）

(4) 配当金領収証（源泉所得税20%控除後の金額である）については、会計処理が行われていない。

[資料Ⅱ]

当座預金取引について、次の事実が判明した。

(1) 買掛金の支払いとして振り出し、仕入先に渡していた小切手￥208,000が、3月31日までに銀行に呈示されていなかった。

(2) 電子債権記録機関より発生記録の通知を受けていた電子記録債権の支払期日が到来し、3月31日に￥156,000が入金されていたが、未処理であった。

(3) 3月31日の売上代金￥56,000を夜間金庫（当座預金）に預け入れたが、銀行の営業時間終了後であったため、翌日の入金処理となっていた。

(4) 当座預金口座に入金処理済みの小切手￥80,000が、実際には銀行に預け入れられていなかった。

問1 答案用紙の当座預金勘定調整表を完成させなさい。また、貸借対照表に計上される当座預金の金額を答えなさい。

問2 [資料Ⅰ] の(1) (4)、および、[資料Ⅱ] の(1)～(4)に関する決算に必要な整理仕訳を、答案用紙の該当欄に示しなさい。ただし、勘定科目は、次の中から最も適当と思われるものを選び、**記号**で解答すること。また、仕訳が不要な場合は、答案用紙の借方科目欄に「仕訳なし」と記入すること。

ア．現　　　　金　　　イ．当　座　預　金　　　ウ．電子記録債権　　　エ．仮払法人税等

オ．電子記録債務　　　カ．買　　掛　　金　　　キ．為替差損益　　　ク．受取配当金

問1

<u>当座預金勘定調整表</u>
（3月31日現在）　　　　　　　　　　　　（単位：円）

当座預金銀行残高　　　　　　　　　　　　　　　　　　（　　　　　　　）

（加算）　　　　　　　　　　［　　　］　　　（　　　　　　　）

　　　　　　　　　　　　　［　　　］　　　（　　　　　　　）（　　　　　　　）

（減算）　　　　　　　　　　［　　　］　　　（　　　　　　　）

　　　　　　　　　　　　　［　　　］　　　（　　　　　　　）（　　　　　　　）

当座預金帳簿残高　　　　　　　　　　　　　　　　　　（　　　　　　　）

注　［　　］には［**資料Ⅱ**］の番号(1)から(4)、（　　）には金額を記入すること。

貸借対照表に計上される当座預金の金額	￥

問2

［**資料Ⅰ**］に関する仕訳

番号	借　方　科　目	金　　額	貸　方　科　目	金　　額
(1)				
(4)				

［**資料Ⅱ**］に関する仕訳

番号	借　方　科　目	金　　額	貸　方　科　目	金　　額
(1)				
(2)				
(3)				
(4)				

第3問 (20点)

　多摩川商事株式会社は、東京都の本店のほかに、神奈川県に支店を有している。次の ［資料Ⅰ］ 〜 ［資料Ⅲ］ にもとづいて、第6期 (X6年4月1日〜X7年3月31日) の**本店の損益勘定**を完成しなさい。ただし、本問では、「法人税、住民税及び事業税」と税効果会計を考慮しないこととする。

［資料Ⅰ］　残高試算表 (本店・支店)

残 高 試 算 表
X7年3月31日

借　　　方	本　店	支　店	貸　　　方	本　店	支　店
現 金 預 金	1,360,000	500,000	買 掛 金	555,600	195,200
売 掛 金	1,120,000	360,000	貸 倒 引 当 金	6,800	2,800
繰 越 商 品	286,800	192,000	備品減価償却累計額	72,000	28,000
備 品	180,000	140,000	本 店	—	698,000
満期保有目的債券	792,800	—	資 本 金	2,000,000	—
支 店	696,400	—	利 益 準 備 金	308,000	—
仕 入	1,512,000	564,000	繰 越 利 益 剰 余 金	440,000	—
支 払 家 賃	352,000	220,000	売 上	3,200,000	1,296,000
給 料	292,000	244,000	有 価 証 券 利 息	9,600	—
	6,592,000	2,220,000		6,592,000	2,220,000

［資料Ⅱ］　未処理事項等

1．本店の売掛金¥40,000が当座預金口座に入金されていたが、銀行からの連絡が本店に届いていなかった。

2．X7年3月1日、本店は営業用の車両¥1,000,000を購入し、代金の支払いを翌月末とする条件にしていたが、取得の会計処理が行われていなかった。

3．本店が支店へ現金¥28,000を送付していたが、支店は誤って¥29,600と記帳していた。

［資料Ⅲ］　決算整理事項等

1．商品の期末棚卸高は次のとおりである。売上原価を仕入勘定で計算する。ただし、棚卸減耗損および商品評価損は、損益計算書では売上原価に含めて表示するが、総勘定元帳においては独立の費用として処理する。
　　① 本 店
　　　原　　　　　価：@¥800　　正味売却価額：@¥750
　　　帳簿棚卸数量：400個　　実地棚卸数量：392個
　　② 支 店
　　　原　　　　　価：@¥540　　正味売却価額：@¥550
　　　帳簿棚卸数量：320個　　実地棚卸数量：300個

2．本店・支店ともに、売上債権残高に対して1%の貸倒引当金を差額補充法により設定する。

3．有形固定資産の減価償却
　　① 備　　　品：本店・支店ともに、残存価額ゼロ、耐用年数5年の定額法
　　② 車両運搬具：総利用可能距離300,000km　当期の利用距離6,000km、残存価額ゼロ
　　　　　　　　　生産高比例法

4．満期保有目的債券は、X5年4月1日に、期間10年の額面¥800,000の国債 (利払日：毎年3月および9月末日、利率年1.2%) を発行と同時に¥792,000で取得したものである。額面額と取得価額との差額は金利の調整と認められるため、定額法による償却原価法 (月割計算) を適用している。

5．経過勘定項目 (本店・支店)
　　① 本　店：給料の未払分 ¥28,000　　支払家賃の前払分 ¥24,000
　　② 支　店：給料の未払分 ¥20,000　　支払家賃の未払分 ¥20,000

6．支店で算出された損益 (各自算定) が本店に報告された。

2級

第2回 日商簿記検定試験対策
問題・答案用紙

（制限時間　90分）

出題論点と難易度

設　問	出　題　論　点	論　点　の　詳　細	難易度
第1問	1．建設仮勘定	本社の増設工事が完成したときの処理	★★
	2．剰余金の処分	繰越利益剰余金を財源とする剰余金の処分	★
	3．株主資本の計数の変動	株主資本の項目間の振替え	★
	4．複数の履行義務を含む取引	すべての履行義務の充足後に対価を請求する取引	★★
	5．有価証券の購入	満期保有目的債券の購入時の処理	★★
第2問	商品売買	輸入商品に関する商品売買の処理	★★
第3問	損益計算書	損益計算書の作成	★★
第4問	問1　仕訳	工業簿記の仕訳	★
	問2　個別原価計算	仕掛品勘定および製品勘定の作成	★★
第5問	標準原価計算	標準製造原価差異分析表の作成	★

（難易度　★★★…高い　★★…普通　★…低い）

https://www.net-school.co.jp/

第1問（20点）

　下記の各取引について仕訳しなさい。ただし、勘定科目は、各取引の右の勘定科目から最も適当と思われるものを選び、**記号**で解答すること。なお、消費税については、指示がある取引についてのみ考慮すること。また、各取引は独立している。

1	本社の増設工事（工事代金￥5,280,000は2回分割で銀行振込により支払済み）が完成し、各固定資産等の適切な勘定に振替処理を行った。工事の明細は、建物￥3,200,000、構築物￥1,200,000、修繕費￥400,000、共通工事費￥480,000であり、共通工事費は各勘定の金額比で配賦することとした。				勘　定　科　目 ア．普　通　預　金 イ．建　　　物 ウ．構　築　物 エ．建　設　仮　勘　定 オ．ソフトウェア仮勘定 カ．修　繕　費 キ．未　払　金

借方科目	金額	貸方科目	金額

2	岐阜商業株式会社（年1回決算　3月31日）の6月25日の株主総会において、繰越利益剰余金￥3,000,000を次の通り処分することを決定した。 　株主配当金：1株につき￥500　　利益準備金：会社法の定める金額 　別途積立金：￥200,000 なお、株主総会時の同社の資本金は￥8,000,000、資本準備金は￥1,600,000、利益準備金は￥160,000であり、発行済株式数は2,000株である。				勘　定　科　目 ア．当　座　預　金 イ．未　払　配　当　金 ウ．資　　本　　金 エ．資　本　準　備　金 オ．利　益　準　備　金 カ．繰　越　利　益　剰　余　金 キ．別　途　積　立　金

借方科目	金額	貸方科目	金額

3	株主総会の決議を経て、その他資本剰余金￥800,000および繰越利益剰余金￥600,000をそれぞれ準備金に組み入れることとした。				勘　定　科　目 ア．資　　本　　金 イ．資　本　準　備　金 ウ．その他資本剰余金 エ．利　益　準　備　金 オ．繰　越　利　益　剰　余　金 カ．別　途　積　立　金 キ．その他有価証券評価差額金

借方科目	金額	貸方科目	金額

(1) 当社はオフィス機器の販売を行っており、本日、デスクトップパソコン５台（＠￥100,000）とディスプレイ５台（＠￥44,000）を得意先の熊本機器株式会社へ販売する契約を締結した。先行してディスプレイ５台を先方へ引き渡したが、代金はすべての商品を引き渡した後に請求することとなっているため、ディスプレイの代金についてはまだ顧客に対する債権とはなっていない。なお、デスクトップパソコンの引き渡しと、ディスプレイの引き渡しは、それぞれ独立した履行義務として識別する。

借方科目	金額	貸方科目	金額

(2) 後日、残りのデスクトップパソコン５台を熊本機器株式会社へ引き渡し、本販売契約に関する請求書を発行した。請求金額は、翌月末に入金されることになっている。

借方科目	金額	貸方科目	金額

勘　定　科　目
ア．当　座　預　金
イ．売　　掛　　金
ウ．契　約　資　産
エ．備　　　　　品
オ．買　　掛　　金
カ．返　金　負　債
キ．売　　　　　上

4

5 X1年６月19日、満期保有目的の有価証券として、他社が発行する額面総額￥800,000の社債（利率は年0.365％、利払日は３月末と９月末）を額面￥100につき￥98.50で購入し、代金は直近の利払日の翌日から売買日当日までの期間にかかわる端数利息とともに小切手を振り出して支払った。なお、端数利息の金額については、１年を365日として日割計算する。

借方科目	金額	貸方科目	金額

勘　定　科　目
ア．現　　　　　金
イ．当　座　預　金
ウ．普　通　預　金
エ．売買目的有価証券
オ．満期保有目的債券
カ．その他有価証券
キ．有　価　証　券　利　息

第2問 （20点）
　次の輸入関連取引と商品販売取引（X1年1月1日からX1年12月31日までの会計期間）の［資料1］、［資料2］および［注意事項］にもとづいて、⑴答案用紙に示された総勘定元帳の買掛金勘定および商品勘定の記入を示し、⑵当期の①売上総利益、②為替差損の金額を答えなさい。

［資料1］　輸入関連取引

取引日	摘　要	内　　　　　容
1月1日	前期繰越	輸入商品X　数量1,600個　@¥1,000 買掛金（ドル建て）¥1,260,000　前期末の為替相場1ドル¥105
2月28日	買掛金支払	期首の買掛金（ドル建て）を普通預金から全額支払い。 支払時の為替相場1ドル¥106
4月30日	輸　　入	商品X2,000個を@10ドルで、3か月後払いの条件で輸入。 輸入時の為替相場1ドル¥108
7月31日	買掛金支払	4月30日に計上した買掛金（ドル建て）を普通預金から全額支払い。 支払時の為替相場1ドル¥106
11月1日	輸　　入	商品X1,600個を@11ドルで、3か月後払いの条件で輸入。 輸入時の為替相場1ドル¥110
12月31日	決　　算	決算日の為替相場が1ドル¥112となった。
12月31日	決　　算	実地棚卸を行ったところ、商品Xには棚卸減耗損¥19,360が生じている。

［資料2］　商品販売取引

出荷日	検収日	得意先名	数　　量	販売単価
X1年1月31日	X1年2月1日	A商会	800個	@¥1,800
X1年5月15日	X1年5月16日	B商会	1,000	@¥2,000
X1年6月30日	X1年7月1日	C商会	600	@¥2,050
X1年11月15日	X1年11月16日	D商会	1,000	@¥2,200
X1年12月27日	X2年1月5日	E商会	1,000	@¥2,250

［注意事項］
1．当社は、商品の売買はすべて掛けにて行っており、収益の認識は検収基準にもとづいている。また、棚卸資産の払出単価の決定方法として先入先出法を採用している。
2．当社は、商品売買の記帳に関して、「販売のつど売上原価に振り替える方法」を採用している。
3．実地棚卸の結果生ずる棚卸減耗損は、独立の項目として表示している。
4．決算にあたり、各勘定を英米式決算法にもとづき、締め切る。

(1)

総 勘 定 元 帳
買 掛 金

年	月	日	摘　要	借　方	年	月	日	摘　要	貸　方
X1	2	28	普 通 預 金		X1	1	1	前 期 繰 越	
	7	31	諸　　口			4	30	商　　品	
	12	31	次 期 繰 越			11	1	商　　品	
						12	31	為 替 差 損 益	

商　品

年	月	日	摘　要	借　方	年	月	日	摘　要	貸　方
X1	1	1	前 期 繰 越		X1	2	1	売 上 原 価	
	4	30	買 掛 金			5	16	売 上 原 価	
	11	1	買 掛 金			7	1	売 上 原 価	
						11	16	売 上 原 価	
						12	31	棚 卸 減 耗 損	
						12	31	次 期 繰 越	

(2)

① 当期の売上総利益　¥ _____

② 当期の為替差損　¥ _____

第3問 （20点）

次に示した株式会社徳島商会の［資料Ⅰ］、［資料Ⅱ］および［資料Ⅲ］にもとづいて、答案用紙の損益計算書を完成しなさい。なお、会計期間はX1年4月1日からX2年3月31日までの1年間である。

［資料Ⅰ］　決算整理前残高試算表

決算整理前残高試算表
X2年3月31日　（単位：円）

借　方	勘　定　科　目	貸　方
470,400	現 金 預 金	
95,200	受 取 手 形	
552,000	売 掛 金	
768,000	繰 越 商 品	
32,000	仮 払 法 人 税 等	
80,000	貸 付 金	
	貸 倒 引 当 金	2,800
432,000	建 物	
140,000	備 品	
	建物減価償却累計額	216,000
157,000	土 地	
32,000	その他有価証券	
16,200	繰 延 税 金 資 産	
	支 払 手 形	127,200
	買 掛 金	293,600
	借 入 金	480,000
	退 職 給 付 引 当 金	172,000
	資 本 金	800,000
	利 益 準 備 金	116,000
	繰 越 利 益 剰 余 金	222,400
	売 上	4,106,400
	国 庫 補 助 金 受 贈 益	20,000
2,520,000	仕 入	
1,152,000	給 料	
64,000	通 信 費	
33,600	保 険 料	
12,000	支 払 利 息	
6,556,400		6,556,400

［資料Ⅱ］　未処理事項

1．品違いによる掛売り商品の返品受入れ（売価 ¥7,200、原価 ¥4,800）が未処理となっている。

2．備品の残高は、当期首に国庫補助金¥20,000と自己資金により取得したものであるが、補助金に相当する額の圧縮記帳（直接控除方式）が未処理となっている。

［資料Ⅲ］　決算整理事項

1．受取手形および売掛金の期末残高の合計に対して、過去の貸倒実績率1％にもとづいて、貸倒引当金を設定する。

2．期末商品の帳簿棚卸高は¥716,400、実地棚卸高（原価）は¥724,880であった。棚卸差異の原因を調査したところ、①［資料Ⅱ］1．の返品未処理分と、②期末日直前に掛けで仕入れた商品¥5,280の計上もれ分とが、実地棚卸高だけに反映されていたことが判明した。なお、返品分の商品の販売可能価額は原価の50％と見積もられた。

3．固定資産の減価償却を次のとおり行う。
　　建物　定額法　耐用年数30年　残存価額ゼロ
　　備品　200％定率法　耐用年数8年

4．当期に購入した、その他有価証券の期末における時価は¥30,000であった。全部純資産直入法により処理する。ただし、税法では、その他有価証券の評価差額の計上は認められていないので、税効果会計を適用する。法定実効税率は30％とする。

5．従業員に対する退職給付債務を見積もった結果、期末に引当金として計上すべき残高は¥192,000と見積もられた。

6．貸付金は、X1年8月1日に取引先に対して、期間1年、利息は年利率4.5％にて返済時に元本とともに受け取る条件で貸し付けたものである。これに対し、1.5％の貸倒引当金を設定する。また、利息を月割計算にて計上する。

7．税効果会計上の一時差異は、次のとおりである。なお、法定実効税率は30％とし、法人税、住民税及び事業税の課税見込額は¥61,080である。また、仮払法人税等の残高は、中間申告したさいに計上したものである。

	期　首	期　末
減価償却費限度超過額	¥54,000	¥57,600

2級

第3回 日商簿記検定試験対策
問題・答案用紙
（制限時間　90分）

出題論点と難易度

設　問	出　題　論　点	論　点　の　詳　細	難易度
第1問	1．源泉所得税	期末配当金が入金されたときの処理	★
	2．有形固定資産の滅失	営業用の車両が滅失したときの処理	★★
	3．商品保証引当金	決算時の商品保証引当金の処理	★
	4．有形固定資産の割賦購入	事務所用キャビネットを分割払いで購入したときの処理	★
	5．本支店会計	本支店会計の決算時の処理	★
第2問	株主資本等変動計算書	株主資本等変動計算書の作成	★★
第3問	貸借対照表	貸借対照表の作成	★★
第4問	問1　仕訳	工業簿記の仕訳	★
	問2　製造原価報告書	製造原価報告書の作成	★
第5問	直接原価計算	直接原価計算による損益計算書の作成	★★

（難易度　★★★…高い　★★…普通　★…低い）

https://www.net-school.co.jp/

第 1 問（20点）

　下記の各取引について仕訳しなさい。ただし、勘定科目は、各取引の右の勘定科目から最も適当と思われるものを選び、**記号**で解答すること。なお、消費税については、指示がある取引についてのみ考慮すること。また、各取引は独立している。

1	保有している和歌山物産株式会社の株式に対する期末配当金¥320,000（源泉所得税20%控除後）が当座預金口座に入金された。				勘　定　科　目 ア．当　座　預　金 イ．普　通　預　金 ウ．仮払法人税等 エ．未払法人税等 オ．未　払　配　当　金 カ．有価証券利息 キ．受　取　配　当　金

借方科目	金額	貸方科目	金額

2	営業用の車両（取得原価¥600,000、取得日から前期末までに2年経過、直接法で記帳）が1月20日に発生した火災により使用不能となった。この車両には¥120,000の保険が掛けられており、月割りで当期の減価償却費を計上するとともに、保険会社に対して保険金の支払請求を行った。当社の決算日（会計期間は1年間）は3月31日であり、減価償却は200%定率法（耐用年数：5年）による。

勘　定　科　目
ア．未　収　入　金
イ．車　両　運　搬　具
ウ．車両運搬具減価償却累計額
エ．保　険　差　益
オ．減　価　償　却　費
カ．火　災　損　失
キ．未　決　算

借方科目	金額	貸方科目	金額

3	X2年3月31日、決算にあたり、前年度に販売した商品に付した商品保証期限が経過したため、この保証のために設定した引当金の残高¥11,200を取り崩すとともに、当期に品質保証付きで販売した商品の保証費用を当期の売上高¥6,000,000の1.5%と見積もり、洗替法により引当金を設定する。

勘　定　科　目
ア．貸倒引当金
イ．商品保証引当金
ウ．貸倒引当金戻入
エ．商品保証引当金戻入
オ．貸倒引当金繰入
カ．商品保証引当金繰入
キ．商品保証費

借方科目	金額	貸方科目	金額

	X1年5月1日、事務所用キャビネットを分割払いで購入し、代金として毎月末に支払期日が順次到来する額面￥72,000の約束手形6枚を振り出して交付した。なお、事務所用キャビネットの現金購入価額は￥420,000である。					勘 定 科 目

4	借方科目	金額	貸方科目	金額

勘 定 科 目
ア．備　　　　品
イ．受 取 手 形
ウ．営業外受取手形
エ．支 払 手 形
オ．営業外支払手形
カ．受 取 利 息
キ．支 払 利 息

決算にあたり、本店は支店より「当期純損失￥480,000を計上した」との連絡を受けた。なお、当社は支店独立会計制度を導入しているが、支店側の仕訳は答えなくてよい。

5	借方科目	金額	貸方科目	金額

勘 定 科 目
ア．資　　本　　金
イ．資 本 準 備 金
ウ．利 益 準 備 金
エ．繰越利益剰余金
オ．損　　　　益
カ．本　　　　店
キ．支　　　　店

第2問 （20点）

　次に示した高知商事株式会社の [資料] にもとづいて、答案用紙の株主資本等変動計算書について、（　　　　）に適切な金額を記入して完成しなさい。金額が負の値のときは、金額の前に△を付して示すこと。なお、会計期間はX1年4月1日からX2年3月31日までの1年間である。

[資料]

1．当期首における発行済株式総数は40,000株である。

2．X1年6月25日、定時株主総会を開催し、剰余金の配当および処分を次のように決定した。

　⑴　株主への配当金について、繰越利益剰余金を財源として1株につき¥100、その他資本剰余金を財源として1株につき¥20にて配当を行う。

　⑵　上記の配当に関連して、会社法が定める金額を準備金（利益準備金および資本準備金）として積み立てる。

　⑶　繰越利益剰余金を処分し、修繕積立金¥400,000を積み立てる。

3．X1年10月1日、新株を発行して増資を行い、3,200株を1株につき¥2,500で発行し、払込金は全額、当座預金口座に預け入れた。なお、増資に伴う資本金の計上額は払込金の60％とした。

4．X2年3月31日、決算にあたり、次の処理を行った。

　⑴　当期末に保有しているその他有価証券は次のとおりであり、当期中にその他有価証券の売買はなかった。全部純資産直入法により処理する。ただし、税法では、その他有価証券の評価差額の計上は認められていないので、税効果会計を適用する。法定実効税率は30％とする。

	取　得　原　価	前期末の時価	当期末の時価
A社株式	¥　840,000	¥1,000,000	¥1,040,000
B社株式	¥　880,000	¥　800,000	¥　720,000

　⑵　当期純利益¥4,800,000を計上した。

株 主 資 本 等 変 動 計 算 書
自 X1年 4 月 1 日　至 X2年 3 月 31 日　　　　　　　　　（単位：千円）

| | 資 本 金 | 株 主 資 本 | | | 利 益 剰 余 金 | |
| | | 資 本 剰 余 金 | | | | |
		資本準備金	その他資本剰余金	資本剰余金合　計	利益準備金	その他利益剰余金 修繕積立金
当 期 首 残 高	64,000	10,400	4,800	15,200	5,240	800
当 期 変 動 額						
剰余金の配当		(　　　　)	(　　　　)	(　　　　)	(　　　　)	
修繕積立金の積立て						(　　　　)
新株の発行	(　　　　)	(　　　　)		(　　　　)		
当 期 純 利 益						
株主資本以外の項目の当期変動額 (純額)						
当期変動額合計	(　　　　)	(　　　　)	(　　　　)	(　　　　)	(　　　　)	(　　　　)
当 期 末 残 高	(　　　　)	(　　　　)	(　　　　)	(　　　　)	(　　　　)	(　　　　)

（下段へ続く）

（上段より続く）

	株 主 資 本				評価・換算差額等	
	利 益 剰 余 金					
	その他利益剰余金		利益剰余金合　計	株主資本合　計	その他有価証券評価差額金	評価・換算差額等合　計
	別途積立金	繰越利益剰余金				
当 期 首 残 高	1,280	11,200	18,520	97,720	56	56
当 期 変 動 額						
剰余金の配当		(　　　　)	(　　　　)	(　　　　)		
修繕積立金の積立て		(　　　　)	―	―		
新株の発行				(　　　　)		
当 期 純 利 益		(　　　　)	(　　　　)	(　　　　)		
株主資本以外の項目の当期変動額 (純額)					(　　　　)	(　　　　)
当期変動額合計	0	(　　　　)	(　　　　)	(　　　　)	(　　　　)	(　　　　)
当 期 末 残 高	1,280	(　　　　)	(　　　　)	(　　　　)	(　　　　)	(　　　　)

第3問 （20点）

次に示した商品売買業を営む千葉商事株式会社の ［**資料Ⅰ**］、［**資料Ⅱ**］ および ［**資料Ⅲ**］ にもとづいて、答案用紙の貸借対照表を完成しなさい。なお、会計期間はX1年4月1日からX2年3月31日までの1年間である。ただし、本問では、税効果会計を考慮しないこととする。

［**資料Ⅰ**］　決算整理前残高試算表

決算整理前残高試算表

X2年3月31日　　（単位：円）

借　　方	勘　定　科　目	貸　　方
832,640	現　金　預　金	
128,000	電 子 記 録 債 権	
300,000	売　　掛　　金	
	貸 倒 引 当 金	1,440
110,400	繰　越　商　品	
3,492,000	建　　　　物	
	建物減価償却累計額	582,000
384,000	備　　　　品	
	備品減価償却累計額	168,000
144,000	ソ フ ト ウ ェ ア	
	電 子 記 録 債 務	145,760
	買　　掛　　金	252,000
	借　　入　　金	216,000
	資　　本　　金	3,360,000
	利 益 準 備 金	224,400
	繰越利益剰余金	351,840
	売　　　　上	3,898,560
2,784,000	仕　　　　入	
864,000	給　　　　料	
94,120	水 道 光 熱 費	
61,440	保　　険　　料	
5,400	支 払 利 息	
9,200,000		9,200,000

［**資料Ⅱ**］　決算にあたっての修正事項

1．当社では、商品の売買はすべて掛けにて行っており、収益の認識は検収基準にもとづいている。決算作業に取り組んでいたところ、営業部門から商品A（数量120個、原価@¥560、売価@¥800）を得意先乙商店に納品し、先方による検収がX2年3月中に完了していたとの連絡が入った。

2．X2年3月30日に商品の掛け代金 400ドルの送金があり、取引銀行で円貨に両替し当座預金口座に入金していたが、未記帳であった。なお、3月30日の為替相場は1ドル¥106である。また、この売掛金はX2年3月1日（為替相場：1ドル¥110）の輸出取引により生じたものである。

［**資料Ⅲ**］　決算整理事項

1．電子記録債権および売掛金の期末残高に対して、1％の貸倒引当金を差額補充法により設定する。

2．商品の期末帳簿棚卸高は¥120,000（［**資料Ⅱ**］1．の売上に係る原価を控除済み）であり、実地棚卸高（原価）は¥118,000であった。なお、商品のうち、次の価値の下落しているものが含まれていた。棚卸減耗損と商品評価損は売上原価の内訳科目として処理する。

商品B　実地棚卸高　数　　量　 8個

取 得 原 価　@¥1,030

正味売却価額　@¥　680

3．次の要領にて有形固定資産の減価償却を行う。

建　　　物　定　額　法　耐用年数30年　残存価額ゼロ

備　　　品　200％定率法　耐用年数8年

4．ソフトウェアは、当期の10月1日に自社利用目的で購入し、同日より使用開始している。なお、このソフトウェアの利用可能期間は5年と見積もられており、定額法により月割りで償却を行う。

5．保険料は毎年同額を8月1日に向こう1年分（12か月分）として支払っているものであり、前払分の再振替処理は期首に行っている。保険期間の未経過分について必要な処理を行う。

6．法人税、住民税及び事業税に¥4,800を計上する。

２級

第4回 日商簿記検定試験対策 問題・答案用紙

（制限時間　90分）

出題論点と難易度

設 問	出 題 論 点	論 点 の 詳 細	難易度
第1問	1．不渡手形	手形が決済されなかったときの処理	★★
	2．電子記録債権の割引き	電子記録債権の譲渡記録を行ったときの処理	★
	3．有形固定資産の滅失	滅失した建物の保険金額が確定したときの処理	★★
	4．役務収益・役務原価	役務収益の発生にともなう処理	★
	5．ソフトウェア仮勘定	ソフトウェアが完成し、使用開始したときの処理	★
第2問	連結精算表	連結精算表の作成	★★
第3問	損益計算書	サービス業における損益計算書の作成	★★
第4問	問1　仕訳	工業簿記の仕訳	★
	問2　標準原価計算	仕掛品勘定および月次損益計算書の作成	★
第5問	ＣＶＰ分析	次期の利益計画の作成	★★

（難易度　★★★…高い　★★…普通　★…低い）

第1問 （20点）

下記の各取引について仕訳しなさい。ただし、勘定科目は、各取引の右の勘定科目から最も適当と思われるものを選び、**記号**で解答すること。なお、消費税については、指示がある取引についてのみ考慮すること。また、各取引は独立している。

1

不用になった倉庫を取引先岡山商店に売却した際、代金として同店振出しの約束手形￥312,000を受け取っていたが、支払期日を迎えたにもかかわらず、この手形が決済されていなかった。

勘　定　科　目
ア．受　取　手　形
イ．営業外受取手形
ウ．建　　　　　物
エ．備　　　　　品
オ．不　渡　手　形
カ．支　払　手　形
キ．営業外支払手形

借方科目	金額	貸方科目	金額

2

取引銀行を通じて、電子債権記録機関に電子記録債権￥240,000の取引銀行への譲渡記録を行い、取引銀行から割引料￥3,600を差し引かれた残額が当座預金口座に振り込まれた。

勘　定　科　目
ア．当　座　預　金
イ．電　子　記　録　債　権
ウ．売　　掛　　金
エ．普　通　預　金
オ．電　子　記　録　債　務
カ．買　　掛　　金
キ．電子記録債権売却損

借方科目	金額	貸方科目	金額

3

当期首に建物（取得原価￥2,600,000、減価償却累計額￥1,950,000、間接法で記帳）が火災により全焼したが、保険を付していたため、帳簿価額の全額を未決算勘定に振り替えていた。本日、保険会社から翌月10日に保険金￥600,000が当社の当座預金口座に入金されることが決定したとの連絡が入った。

勘　定　科　目
ア．当　座　預　金
イ．未　収　入　金
ウ．建　　　　　物
エ．未　払　金
オ．保　険　差　益
カ．火　災　損　失
キ．未　決　算

借方科目	金額	貸方科目	金額

建築物の設計・監理を請け負っている株式会社青森設計事務所は、顧客から依頼のあった案件である建物の設計図が完成したので、これを顧客に提出し、収益を計上した。設計料の¥716,800は、契約時に全額、普通預金口座に振り込まれ、受け取り済である。役務収益の発生に伴い、対応する役務原価を計上する。なお、以前に支払った給料¥286,720および出張旅費¥86,000は、当該案件のために直接、費やされたものであり、仕掛品勘定に振り替えている。

勘 定 科 目
ア．普 通 預 金
イ．仕 掛 品
ウ．契 約 負 債
エ．役 務 収 益
オ．役 務 原 価
カ．給 料
キ．旅 費 交 通 費

4

借方科目	金額	貸方科目	金額

社内利用目的のソフトウェア（外部に開発依頼 開発費用¥5,040,000は3回分割で銀行振込により全額支払済み）が完成し使用を開始したため、ソフトウェア勘定に振り替えた。なお、開発費用¥5,040,000の中には、今後の3年間のシステム関係の保守費用¥1,440,000が含まれていた。

勘 定 科 目
ア．建 物
イ．ソフトウェア
ウ．建 設 仮 勘 定
エ．ソフトウェア仮勘定
オ．長 期 前 払 費 用
カ．ソフトウェア償却
キ．支 払 リ ー ス 料

5

借方科目	金額	貸方科目	金額

第2問 （20点）

　次に示した［資料］にもとづいて、答案用紙の連結精算表を作成しなさい。なお、当期はX8年4月1日からX9年3月31日までの1年間であり、（　　　）内の金額は貸方金額を示している。株主資本等変動計算書は、利益剰余金と非支配株主持分の変動のみを記入するものとし、［　　　］内には適切な語を記入しなさい。

［資料］

1．P社はX8年3月31日に、S社の発行済株式（5,000株）の80％を1,800,000千円で取得して支配を獲得し、それ以降S社を連結子会社として連結財務諸表を作成している。なお、P社のS社に対する持分の変動はない。

2．X8年3月31日（支配獲得時）のS社の貸借対照表上、資本金1,200,000千円、資本剰余金240,000千円、および利益剰余金540,000千円が計上されていた。

3．のれんは発生年度の翌年度から10年にわたり定額法により償却する。

4．S社は当期中に、繰越利益剰余金を財源として60,000千円の配当を行っている。

5．当期よりP社はS社に対して商品を掛けで販売しており、その売上高は1,080,000千円であり、売上総利益率は30％である。

6．当期末にS社が保有する商品のうち、P社から仕入れた商品が312,000千円含まれている。

7．P社の売掛金のうち420,000千円はS社に対するものである。P社は売上債権期末残高に対して、4％の貸倒引当金を差額補充法により設定している。

8．P社の貸付金は、当期首にS社に対して期間2年、利率年1％、利払日9月末日と3月末日の条件で貸し付けたものである。

連 結 精 算 表　　　　　　　　　　　　　　　（単位：千円）

| 科　　目 | 個別財務諸表 | | 修 正・消 去 | | 連結財務諸表 |
	P　社	S　社	借　方	貸　方	
貸 借 対 照 表					連結貸借対照表
諸　　資　　産	672,000	1,060,800			
売　　掛　　金	2,160,000	1,440,000			
貸 倒 引 当 金	(86,400)	(57,600)			( )
商　　　　品	960,000	720,000			
貸　　付　　金	240,000	－			
S　社　株　式	1,800,000	－			
[　　　　　　]					
資　産　合　計	5,745,600	3,163,200			
諸　　負　　債	(324,000)	(120,000)			( )
買　　掛　　金	(1,341,600)	(643,200)			( )
借　　入　　金	(－)	(240,000)			( )
資　　本　　金	(2,400,000)	(1,200,000)			( )
資 本 剰 余 金	(600,000)	(240,000)			( )
利 益 剰 余 金	(1,080,000)	(720,000)			( )
非 支 配 株 主 持 分					( )
負債・純資産合計	(5,745,600)	(3,163,200)			( )
損 益 計 算 書					連結損益計算書
売　　上　　高	(7,440,000)	(4,320,000)			( )
売　上　原　価	5,160,000	3,480,000			
販売費及び一般管理費	1,548,000	516,000			
営 業 外 収 益	(482,400)	(242,400)			( )
営 業 外 費 用	290,400	206,400			
法　人　税　等	324,000	120,000			
当 期 純 利 益	(600,000)	(240,000)			( )
非支配株主に帰属する当期純利益					
親会社株主に帰属する当期純利益					( )
株主資本等変動計算書					連結株主資本等変動計算書
利益剰余金当期首残高	(840,000)	(540,000)			( )
剰 余 金 の 配 当	360,000	60,000			
親会社株主に帰属する当期純利益	(600,000)	(240,000)			( )
利益剰余金当期末残高	(1,080,000)	(720,000)			( )
非支配株主持分当期首残高					( )
非支配株主持分当期変動額					( )
非支配株主持分当期末残高					( )

(注)（　　）は貸方金額を示す。連結財務諸表欄に該当数値がない場合は「－」と記入する。

第3問 (20点)

次に示した［事業内容］、［資料Ⅰ］、［資料Ⅱ］にもとづいて、答案用紙の損益計算書を完成するとともに、貸借対照表に記載される、指定された科目の金額を答えなさい。なお、会計期間はX8年4月1日からX9年3月31日までの1年間である。

［事業内容］

ＮＳサービスは、コンピュータ・システムの設置作業、保守作業等を請け負い、行っている。顧客への請求と役務収益の計上は、次の2つの形態がある。

① コンピュータ・システムの設置、緊急的な修理等、単発的な受注作業。
　都度受注により作業終了後に収益を計上する。
　月次・年次決算において作業が完了していない受注に対する原価は、仕掛品に振り替える。
② コンピュータ・システムの定期保守、セキュリティ管理などの期間契約業務。
　保守管理契約ごとに請負金額は前受けし、契約負債に計上している。
　月次・年次決算において役務収益を計上している。

［資料Ⅰ］ 決算整理前残高試算表

決算整理前残高試算表

X9年3月31日　　（単位：円）

借　　方	勘 定 科 目	貸　　方
1,420,000	現 金 預 金	
600,000	電 子 記 録 債 権	
800,000	売 掛 金	
56,000	仕 掛 品	
32,000	仮 払 法 人 税 等	
	貸 倒 引 当 金	6,000
240,000	備 品	
	備品減価償却累計額	86,400
840,000	土 地	
82,800	ソ フ ト ウ ェ ア	
	電 子 記 録 債 務	220,080
	契 約 負 債	740,000
	賞 与 引 当 金	308,000
	退 職 給 付 引 当 金	720,000
	資 本 金	1,200,000
	利 益 準 備 金	51,200
	繰 越 利 益 剰 余 金	620,000
	役 務 収 益	3,220,000
	受 取 利 息	4,000
	投資有価証券売却益	31,520
2,320,000	役 務 原 価	
296,000	給 料	
80,000	旅 費 交 通 費	
76,000	水 道 光 熱 費	
45,200	通 信 費	
308,000	賞 与 引 当 金 繰 入	
11,200	支 払 利 息	
7,207,200		7,207,200

［資料Ⅱ］ 未処理事項・決算整理事項等

1．①の形態において、Ａ社に対して、当月行った設置作業￥120,000の代金が普通預金口座に入金された。また、同顧客よりX9年4月から開始する1年間の保守契約を請け負ったため、②の形態による1年分の契約代金￥48,000も合わせて入金されていた。

2．①の形態において、決算整理前残高試算表に計上されている仕掛品は、X9年2月の月次決算において作業途中であったＢ社に対する単発の修理作業に関わる金額である。本件はX9年3月に完了し請求（収益計上）済だが、役務原価に振り替えていない。また、X9年3月末時点において作業途中であるＣ社の修理作業に関する支払額で、役務原価に計上しているものが￥68,000ある。

3．②の形態において、当月に実施した保守作業￥100,000について収益の計上を行う。

4．営業債権の残高について、1％の貸倒引当金を差額補充法により設定する。

5．有形固定資産の減価償却を次のとおり行う。
　　備品　200％定率法　耐用年数10年

6．ソフトウェアは5年間の定額法で償却しており、その内訳は、期首残高￥10,800（期首で取得後4年経過）と、当期取得の新経理システム￥72,000である。この新経理システムへの切換え（X8年8月1日）に伴い、期首残高のソフトウェアは除却処理することとした。償却は月割りによる。

7．引当金の処理は、次のとおりである。
　⑴ 従業員に対する退職給付（退職一時金および退職年金）を見積もった結果、当期の負担に属する金額は￥20,000と計算されたので、引当金に計上する。
　⑵ 賞与は年1回決算後に支払われるため、月次決算において2月まで毎月各￥28,000計上してきたが、期末になり支払見込み額が￥340,000と見積もられた。

8．税引前当期純利益の30％を法人税、住民税及び事業税に計上する。なお、仮払法人税等の残高は、中間申告をしたさいに計上したものである。

2級

第5回 日商簿記検定試験対策
問題・答案用紙

（制限時間　90分）

出題論点と難易度

設　問	出　題　論　点	論　点　の　詳　細	難易度
第1問	1．外貨建取引	外貨建売掛金の決済時の処理	★
	2．リース取引	備品を除却し、リース契約を結んだときの処理	★
	3．電子記録債権の譲渡	電子記録債権の譲渡記録を行ったときの処理	★
	4．消費税	決算時の消費税の処理	★
	5．税効果会計	減価償却に係る税効果会計の処理	★
第2問	有価証券	有価証券に係る一連の取引	★★
第3問	本支店会計	本支店合併後の損益計算書および貸借対照表の作成	★★
第4問	問1　仕訳	工業簿記の仕訳	★
	問2　単純総合原価計算	総合原価計算表の作成	★
第5問	ＣＶＰ分析	原価分解の結果を利用したＣＶＰ分析	★★

（難易度　★★★…高い　★★…普通　★…低い）

第1問 （20点）

下記の各取引について仕訳しなさい。ただし、勘定科目は、各取引の右の勘定科目から最も適当と思われるものを選び、**記号**で解答すること。なお、消費税については、指示がある取引についてのみ考慮すること。また、各取引は独立している。

<table>
<tr>
<td rowspan="2">1</td>
<td colspan="4">アメリカの得意先に商品4,800ドルを輸出し代金は掛けとしていたが、本日、商品代金4,800ドルの送金があり、取引銀行で円貨に両替し普通預金口座に入金した。なお、輸出時の為替相場は1ドル¥100であり、決済時の為替相場は1ドル¥105であった。</td>
<td colspan="2">勘　定　科　目
ア. 普　通　預　金
イ. 売　　掛　　金
ウ. 買　　掛　　金
エ. 売　　　　　上
オ. 仕　　　　　入
カ. 支　払　手　数　料
キ. 為　替　差　損　益</td>
</tr>
<tr>
<td>借方科目</td>
<td>金額</td>
<td>貸方科目</td>
<td>金額</td>
<td colspan="2"></td>
</tr>
</table>

借方科目	金額	貸方科目	金額

<table>
<tr>
<td rowspan="2">2</td>
<td colspan="4">当期首に、使用中の備品（帳簿価額¥720,000、直接法で記帳、処分価額¥480,000）を除却し、下記の条件によりNSリース株式会社と備品のリース契約を結んだ。なお、このリース取引はファイナンス・リース取引に該当し、利子込み法により処理する。また、決算日は3月31日で、リース契約した備品はリース資産勘定を用いること。
　リース期間　5年
　リース料　年額 ¥1,152,000（毎年3月末日払い）
　リース資産　見積現金購入価額 ¥4,800,000</td>
<td colspan="2">勘　定　科　目
ア. 貯　　蔵　　品
イ. 備　　　　　品
ウ. 備品減価償却累計額
エ. リ　ー　ス　資　産
オ. リ　ー　ス　債　務
カ. 固　定　資　産　圧　縮　損
キ. 固　定　資　産　除　却　損</td>
</tr>
</table>

借方科目	金額	貸方科目	金額

<table>
<tr>
<td rowspan="2">3</td>
<td colspan="4">株式会社青森通商に対する買掛金¥240,000の支払いにつき、取引銀行を通じて電子債権記録機関に、岩手商会株式会社に対する電子記録債権の譲渡記録を行った。</td>
<td colspan="2">勘　定　科　目
ア. 当　座　預　金
イ. 電　子　記　録　債　権
ウ. 売　　掛　　金
エ. 電　子　記　録　債　務
オ. 買　　掛　　金
カ. 売　　　　　上
キ. 仕　　　　　入</td>
</tr>
</table>

借方科目	金額	貸方科目	金額

	秋田物産株式会社は決算にあたり、商品売買取引に係る消費税の納付額を計算し、これを確定した。なお、消費税の仮払額は¥67,200、仮受額は¥96,000であり、消費税の記帳方法として税抜方式を採用している。				勘 定 科 目

4

借方科目	金額	貸方科目	金額

勘 定 科 目
ア. 仮 払 消 費 税
イ. 仮 払 法 人 税 等
ウ. 未 収 還 付 消 費 税
エ. 仮 受 消 費 税
オ. 未 払 法 人 税 等
カ. 未 払 消 費 税
キ. 租 税 公 課

5

決算（会計期間は1年）にあたり、当期首に取得した備品（取得原価¥192,000、残存価額ゼロ、耐用年数6年、間接法で記帳）について、定額法により減価償却を行った。ただし、税法で認められている耐用年数は8年であるため、税効果会計を適用する。なお、当期の法人税、住民税及び事業税の法定実効税率は30%とする。

借方科目	金額	貸方科目	金額

勘 定 科 目
ア. 備 品
イ. 備品減価償却累計額
ウ. 繰 延 税 金 資 産
エ. 繰 延 税 金 負 債
オ. 減 価 償 却 費
カ. 法 人 税 等 調 整 額
キ. 租 税 公 課

第2問 （20点）

次の有価証券に係る一連の取引についての [資料] および [注意事項] にもとづいて、下記の**問**に答えなさい。

[資料]

日　付	取　引　の　内　容
X1年度 3月31日	本日決算日を迎えた。 長期利殖目的で、A社株式（取得原価@¥640、株式数480株）を保有している。 A社株式の時価は@¥700であった。
X2年度 5月16日	A社株式を@¥720にて400株購入し、購入代価と購入手数料¥3,200の合計額は、後日支払うこととした。
12月14日	A社株式を@¥820にて600株購入し、購入代価と購入手数料¥4,800の合計額は、後日支払うこととした。
12月22日	満期まで保有する目的で、B社社債（利率：年0.73％、利払日：毎年1月31日および7月31日の年2回、満期日：X6年1月31日）を額面@¥100あたり@¥100（裸相場）で総額¥2,000,000を購入する約定を行い、端数利息を含む代金の支払いと社債の受け渡しは4日後に行うこととした。なお、端数利息の計算期間は、受渡日までとし、1年を365日とする日割計算による。
1月31日	B社社債の半年分の利息が当社の普通預金口座へ振り込まれた。
3月31日	本日決算日を迎えた。 A社株式の時価は@¥840であった。 B社社債の時価は@¥99であった。また、X3年7月31日の利払いに適用される利率は年0.75％である。
X3年度 6月5日	A社株式を@¥900にて1,000株売却し、売却手数料¥7,200を差し引かれた残額は、後日受け取ることとした。

[注意事項]
1. 利息を計算するにあたり、端数利息以外の利息は月割計算による。
2. その他有価証券については、全部純資産直入法により処理する。ただし、税法では、その他有価証券の評価差額の計上は認められていないので、税効果会計を適用する。法定実効税率は30％とする。
3. 会計期間は4月1日から翌年3月31日までの1年間であり、上記の [資料] 以外に有価証券に関連する取引は存在しない。また、有価証券の売却手数料は独立した費用とせず、売却損益に含める。

問1 X2年度（X2年4月1日〜X3年3月31日）の貸借対照表における、その他有価証券評価差額金の金額を答えなさい。なお、評価損相当と評価益相当のいずれかに○をつけて答えること。
問2 X2年度（X2年4月1日〜X3年3月31日）の損益計算書における有価証券利息の金額を答えなさい。
問3 X2年度（X2年4月1日〜X3年3月31日）の貸借対照表における投資有価証券の金額を答えなさい。
問4 X3年6月5日におけるA社株式の売却損益の金額を答えなさい。なお、売却損と売却益のいずれかに○をつけて答えること。
問5 期末時に保有している、その他有価証券は、決算時の時価で評価されることになるが、時価が取得原価を上回っている場合、「その他有価証券評価差額金」は借方側と貸方側のどちらに残高が生じるのか、借方側と貸方側のいずれかに○をつけて答えること。

問1	¥	評価損相当 ・ 評価益相当

問2	¥

問3	¥

問4	¥	売 却 損 ・ 売 却 益

問5	借 方 側 ・ 貸 方 側

第3問 （20点）

次の［資料Ⅰ］～［資料Ⅲ］にもとづいて、下記の(1)および(2)に答えなさい。なお、会計期間は1年、決算日は3月31日である。また、本店から支店に商品を発送するさいには、仕入勘定に仕入価額で記帳する方法を用いている。なお、本問では、「法人税、住民税及び事業税」と税効果会計は考慮しないものとする。

(1) 答案用紙の本支店合併後の損益計算書および貸借対照表を作成しなさい。
(2) 支店における本店勘定の次期繰越額を求めなさい。

［資料Ⅰ］ 本店および支店の決算整理前残高試算表

残 高 試 算 表

X7年3月31日 （単位：円）

借　　方	本　　店	支　　店	貸　　方	本　　店	支　　店
現 金 預 金	420,160	144,640	買 　掛 　金	280,000	82,320
売 　掛 　金	336,000	144,000	借 　入 　金	480,240	95,760
繰 越 商 品	188,000	50,640	本　　　　　店	—	396,800
支 　　　　店	414,800	—	貸 倒 引 当 金	1,200	640
建 　　　　物	720,000	360,000	建物減価償却累計額	192,000	60,000
その他有価証券	87,200	—	資 　本 　金	960,000	—
仕 　　　　入	1,320,000	601,920	利 益 準 備 金	51,360	—
営 　業 　費	248,240	100,400	繰越利益剰余金	96,000	—
支 払 利 息	10,800	2,160	売 　　　　上	1,683,760	768,240
			受 取 配 当 金	640	—
	3,745,200	1,403,760		3,745,200	1,403,760

［資料Ⅱ］ 未処理事項等

1．支店が本店へ現金¥130,000を送付していたが、本店は誤って¥112,000と記帳していた。
2．本店が支店へ商品¥11,200（仕入価額）を移送したにもかかわらず、商品管理部から本店と支店の経理部への連絡漏れがあったため、本店・支店ともにその会計処理が行われていなかった。
3．支店は、支店の売掛金¥24,000が当座預金口座に入金されていたが未処理であった。
4．本店は、仕入先に対する買掛金¥32,000を現金で決済していたが未処理であった。

［資料Ⅲ］ 決算整理事項

1．売掛金の期末残高に対し、本支店とも2％の貸倒れを見積もる。貸倒引当金の設定は差額補充法による。
2．商品の期末棚卸高は次のとおりである。なお、本店および支店の期末帳簿棚卸高は、［資料Ⅱ］2．の取引を処理する前の金額であるが、実地棚卸高は、当該商品が支店に到着済みのため適切な金額である。棚卸減耗損は売上原価の内訳科目として処理する。

　　　本店の期末帳簿棚卸高　¥219,200（実地棚卸高　¥206,400）
　　　支店の期末帳簿棚卸高　¥ 53,600（実地棚卸高　¥ 60,800）

3．本支店とも建物の減価償却を、耐用年数は30年、残存価額はゼロとして、定額法により行う。
4．その他有価証券の期末時価は¥87,840である。
5．営業費の前払額が、本店に¥800、支店に¥640ある。また、本店が支払った営業費のうち、¥20,000を支店が負担することとなった。
6．利息の未払額が、本店に¥3,600、支店に¥720ある。

2級

第6回 日商簿記検定試験対策
問題・答案用紙
（制限時間　90分）

出題論点と難易度

設　問	出　題　論　点	論　点　の　詳　細	難易度
第1問	1．有形固定資産の売却	備品を売却したときの処理	★★
	2．合併・買収	事業の一部を譲り受けたときの処理	★
	3．株式の発行	株式会社の設立時の処理	★
	4．クレジット売掛金	クレジット払いの条件で販売したときの処理、税抜方式	★★
	5．研究開発費	研究開発に関する処理	★
第2問	固定資産	固定資産に関する一連の処理	★★
第3問	損益計算書	損益計算書の作成	★★
第4問	問1　仕訳	工業簿記の仕訳	★
	問2　組別総合原価計算	組製品に関する原価計算	★
第5問	標準原価計算	シングル・プランによる勘定記入	★★

（難易度　★★★…高い　★★…普通　★…低い）

第1問 （20点）

下記の各取引について仕訳しなさい。ただし、勘定科目は、各取引の右の勘定科目から最も適当と思われるものを選び、**記号**で解答すること。なお、消費税については、指示がある取引についてのみ考慮すること。また、各取引は独立している。

1

X3年4月1日に¥480,000で取得した備品（耐用年数10年）を、X7年1月31日に¥220,000で売却し、代金は相手先振出しの約束手形を受け取った。当社の決算日は3月末日（年1回）であり、減価償却は200％定率法、記帳は間接法によっている。売却した年度の減価償却費は月割計算で算定すること。

勘定科目
ア．受 取 手 形
イ．営業外受取手形
ウ．備　　　　品
エ．備品減価償却累計額
オ．固定資産売却益
カ．減 価 償 却 費
キ．固定資産売却損

借方科目	金額	貸方科目	金額

2

同業者の事業の一部を譲り受けることになり、譲渡代金¥5,000,000を普通預金口座から相手先口座に振り込んだ。この取引により譲り受けた資産の評価額は、商品¥720,000、建物¥3,120,000、備品¥640,000であり、引き受けた負債はなかった。

勘定科目
ア．当 座 預 金
イ．普 通 預 金
ウ．商　　　　品
エ．建　　　　物
オ．備　　　　品
カ．の　れ　ん
キ．負ののれん発生益

借方科目	金額	貸方科目	金額

3

福井物産株式会社は、その設立にあたって発行可能株式総数2,800株のうち700株を1株当たり¥12,000で発行することとし、全株について引受け・払込みを受け、払込金については普通預金口座に入金した。ただし、資本金は会社法で認められている最低限度額を計上することにした。なお、設立に伴う登記費用等¥16,800と株式発行に伴う諸費用¥92,400は現金で支払った。

勘定科目
ア．現　　　　金
イ．普 通 預 金
ウ．資　本　金
エ．資 本 準 備 金
オ．繰越利益剰余金
カ．創　立　費
キ．株 式 交 付 費

借方科目	金額	貸方科目	金額

	商品￥240,000（本体価格）をクレジット払いの条件で顧客に販売し、信販会社へのクレジット手数料（本体価格の５％）を販売時に認識した。なお、消費税の税率は10％とし、税抜方式で処理するが、クレジット手数料には消費税は課税されない。	勘　定　科　目
4		ア．現　　　　金 イ．クレジット売掛金 ウ．仮　払　消　費　税 エ．仮　受　消　費　税 オ．売　　　　上 カ．支　払　手　数　料 キ．仕　　　　入

借方科目	金額	貸方科目	金額

	研究開発部門において、実験専用の機械装置を購入し、代金￥312,000は小切手を振り出して支払った。また、研究開発のみの目的で使用するためにソフトウェア￥156,000も購入し、代金は翌月末払いとした。	勘　定　科　目
5		ア．当　座　預　金 イ．機　械　装　置 ウ．ソフトウェア エ．ソフトウェア仮勘定 オ．未　　払　　金 カ．研　究　開　発　費 キ．消　耗　品　費

借方科目	金額	貸方科目	金額

第2問 (20点)

次の固定資産に関連する取引（X21年4月1日からX22年3月31日までの会計期間）の［資料］および［注意事項］にもとづいて、**問1**および**問2**に答えなさい。

［資料］　固定資産関連取引

取引日	摘　要	内　　容
4月1日	前　期　繰　越	建物のみ（取得：X03年4月1日　取得価額：¥24,000,000　残存価額：ゼロ　耐用年数：50年　償却方法：定額法）
5月6日	国庫補助金受入	備品の購入に先立ち、国から補助金¥400,000が交付され、同額が当社の普通預金口座に振り込まれた。
7月1日	備　品　購　入	備品（耐用年数：5年、償却方法：定率法、償却率：40%）¥800,000を購入し、直ちに使用を開始した。代金は小切手を振り出して支払った。
7月2日	圧　縮　記　帳	上記備品に関し、5月6日に受け取った国庫補助金に係る圧縮記帳を直接控除方式にて行った。
10月1日	建物工事完了・引渡	建物の増築および修繕工事が完了し、直ちに使用を開始した。 工事を請け負った業者に工事代金¥8,000,000を約束手形で振り出して支払った。そのうち60%が増築部分と見積もられる。 増築部分の残存価額はゼロ、耐用年数は30年と見積もられ、定額法で減価償却を行う。
11月1日	リ　ー　ス　取　引　開　始	自動車のリース契約を締結し、直ちに使用を開始した。 ・年間のリース料：¥432,000（後払い）　・リース期間：5年 ・見積現金購入価額：¥1,800,000　・減価償却：残存価額ゼロ、定額法 ・リース取引の会計処理方法：ファイナンス・リース取引に該当し、利子抜き法を適用する。利息相当額の処理は定額法による。
3月15日	土　地　売　却	子会社に土地（売却時点での帳簿価額：¥4,000,000）を¥5,200,000で売却した。代金は後日2回に分けて受け取ることにした。なお、子会社は当該土地を3月31日時点で保有している。
3月30日	土地代金一部受取	上記の土地代金のうち、¥2,600,000が当社の普通預金口座に振り込まれた。
3月31日	決　算　整　理　手　続	決算に際して、固定資産の減価償却を行う。ただし、期中に取得・増加した資産については月割計算にて減価償却費を算定すること。

［注意事項］
1. 固定資産の減価償却に係る記帳は直接法によること。
2. 決算にあたり、各勘定を英米式決算法にもとづき締め切る。赤字で記入すべき箇所は、そのまま黒字で記入すること。

問1　総勘定元帳における建物勘定、備品勘定およびリース資産勘定への記入を行いなさい。

問2　X22年3月期の連結財務諸表を作成するにあたり、親子会社間における土地の売買取引に係る連結修正仕訳を、⑴未実現損益の消去と⑵債権債務の相殺消去に分けて示しなさい。なお、連結修正仕訳に用いる勘定科目は次の中から最も適当と思われるものを選び、（　　）の中に記号で答えること。
　　ア．土地　　　　　イ．固定資産売却益　　ウ．固定資産売却損　　エ．非支配株主持分
　　オ．未収入金　　　カ．未払金　　　　　キ．非支配株主に帰属する当期純利益

問1

総　勘　定　元　帳

建　　物

年	月	日	摘　　要	借　方	年	月	日	摘　　要	貸　方
21	4	1	前　期　繰　越						

備　　品

年	月	日	摘　　要	借　方	年	月	日	摘　　要	貸　方

リ　ー　ス　資　産

年	月	日	摘　　要	借　方	年	月	日	摘　　要	貸　方

問2

(1)　未実現損益の消去

借　方		貸　方	
記　号	金　額	記　号	金　額
（　　　）		（　　　）	
（　　　）		（　　　）	

(2)　債権債務の相殺消去

借　方		貸　方	
記　号	金　額	記　号	金　額
（　　　）		（　　　）	
（　　　）		（　　　）	

第3問 (20点)

次に示した商品売買業を営む岩手商事株式会社の [**資料1**] および [**資料2**] にもとづいて、答案用紙の損益計算書を完成しなさい。なお、会計期間はX8年4月1日からX9年3月31日までの1年間である。

[**資料1**] 決算整理前残高試算表

決算整理前残高試算表
X9年3月31日 (単位:円)

借　　方	勘　定　科　目	貸　　方
675,920	現　金　預　金	
72,000	電 子 記 録 債 権	
216,000	売　　掛　　金	
	貸 倒 引 当 金	1,200
74,400	繰　越　商　品	
132,000	仮払法人税等	
160,000	短 期 貸 付 金	
2,400,000	建　　　　物	
	建物減価償却累計額	560,000
1,440,000	備　　　　品	
	備品減価償却累計額	300,000
42,720	繰 延 税 金 資 産	
	電 子 記 録 債 務	66,800
	買　　掛　　金	185,640
	退職給付引当金	272,000
	資　　本　　金	2,400,000
	繰越利益剰余金	230,400
	売　　　　上	3,472,000
	国庫補助金受贈益	160,000
1,728,000	仕　　　　入	
482,200	給　　　料	
64,800	保　　険　　料	
160,000	固定資産圧縮損	
7,648,040		7,648,040

[**資料2**] 決算整理事項等

1. 当座預金の帳簿残高と銀行の残高証明書の金額は一致していなかったため、不一致の原因を調べたところ、次の事実が判明した。

① リース取引(オペレーティング・リース取引に該当)に係るリース料¥15,200が当座預金口座から引き落とされていたが未処理のままとなっていた。

② 電子債権記録機関に発生記録した債権¥8,000の支払期日が到来し、当座預金口座に振り込まれていたが未処理のままとなっていた。

2. 電子記録債権および売掛金の期末残高に対して、2%の貸倒引当金を差額補充法により設定する。

3. 商品の期末における帳簿棚卸高は¥68,000であり、実地棚卸高は¥58,400であった。

4. 有形固定資産の減価償却を次のとおり行う。
   建物　定　額　法　耐用年数30年　残存価額ゼロ
   備品　200%定率法　耐用年数8年

   なお、備品には、受け取った国庫補助金¥160,000と自己資金¥240,000により、X8年6月1日に取得し、ただちに事業の用に供されたものが含まれている。

   この備品については、当該国庫補助金を返還しないことが確定したため、国庫補助金に相当する額の圧縮記帳(直接控除方式)の処理を行っている。他の備品と同一の要領により月割りで減価償却を行う。

5. 従業員に対する退職給付の見積りを行った結果、期末に引当金として計上すべき残高は¥352,000と見積もられた。

6. 短期貸付金は、X8年12月1日に期間1年、利率年4.5%、利息は回収時に元本とともに受け取る条件で、取引先に貸し付けたものである。これに対し、3%の貸倒引当金を設定する。また、利息を月割計算にて計上する。

7. 税効果会計上の一時差異は、次のとおりである。法定実効税率は前期・当期ともに30%であり、将来においても税率は変わらないと見込まれている。

   繰延税金資産は全額回収可能性があるものとする。法人税、住民税及び事業税の課税見込額は¥224,280である。

   なお、仮払法人税等の残高は、中間申告したさいに計上したものである。

	期　　首	期　　末
貸倒引当金損金算入限度超過額	¥　2,400	¥　6,000
減 価 償 却 費 限 度 超 過 額	¥140,000	¥160,000

2級

第7回 日商簿記検定試験対策
問題・答案用紙

（制限時間　90分）

出題論点と難易度

設　問	出　題　論　点	論　点　の　詳　細	難易度
第1問	1．有価証券の売却	売買目的有価証券の売却時の処理	★★
	2．追徴法人税等	法人税の追徴を受けたときの処理	★
	3．本支店会計	支店を開設したときの処理	★
	4．有形固定資産の割賦購入	割賦購入したときの手形代金の決済時の処理	★
	5．株式の発行	増資したときの処理	★
第2問	連結財務諸表	連結財務諸表の作成	★★
第3問	貸借対照表	貸借対照表の作成	★★
第4問	問1　仕訳	工業簿記の仕訳	★
	問2　等級別総合原価計算	等級別製品の原価計算	★
第5問	直接原価計算	直接原価計算による損益計算書の作成	★★

（難易度　★★★…高い　★★…普通　★…低い）

第1問 （20点）

下記の各取引について仕訳しなさい。ただし、勘定科目は、各取引の右の勘定科目から最も適当と思われるものを選び、**記号**で解答すること。なお、消費税については、指示がある取引についてのみ考慮すること。また、各取引は独立している。

<table>
<tr><td rowspan="3">1</td><td colspan="4">売買目的の有価証券として購入していた愛知工業株式会社の社債（額面￥100につき取得原価￥96.00、額面総額￥1,200,000）を、本日8月24日、額面￥100につき￥96.60の裸相場で証券会社に売却した。売却代金は端数利息とともに当座預金口座に振り込まれた。この社債の利払い日は毎年3月末と9月末であり、社債の額面利率は年1.825%である。なお、端数利息は1年を365日とする日割計算によることとするが、売却の当日を含めて求めること。</td><td colspan="2">勘　定　科　目</td></tr>
<tr><td colspan="4" rowspan="2"></td><td colspan="2">ア．当　座　預　金</td></tr>
<tr><td colspan="2">イ．売買目的有価証券</td></tr>
<tr><td rowspan="5"></td><td colspan="4" rowspan="3"></td><td colspan="2">ウ．満期保有目的債券</td></tr>
<tr><td colspan="2">エ．有価証券利息</td></tr>
<tr><td colspan="2">オ．有価証券売却益</td></tr>
<tr><td colspan="4" rowspan="2"></td><td colspan="2">カ．有価証券評価益</td></tr>
<tr><td colspan="2">キ．有価証券売却損</td></tr>
<tr><td></td><td>借方科目</td><td>金額</td><td>貸方科目</td><td>金額</td><td></td></tr>
</table>

借方科目 | 金額 | 貸方科目 | 金額

<table>
<tr><td rowspan="3">2</td><td colspan="4">過年度に納付した法人税に関して、税務当局から追徴の指摘を受け、追加で￥212,000を支払うようにとの通知が届いたため、負債の計上を行った。</td><td colspan="2">勘　定　科　目</td></tr>
<tr><td colspan="4" rowspan="2"></td><td colspan="2">ア．仮払法人税等</td></tr>
<tr><td colspan="2">イ．未払法人税等</td></tr>
<tr><td rowspan="6"></td><td>借方科目</td><td>金額</td><td>貸方科目</td><td>金額</td><td colspan="2">ウ．繰延税金負債</td></tr>
<tr><td colspan="4" rowspan="4"></td><td colspan="2">エ．還付法人税等</td></tr>
<tr><td colspan="2">オ．法人税、住民税及び事業税</td></tr>
<tr><td colspan="2">カ．追徴法人税等</td></tr>
<tr><td colspan="2">キ．法人税等調整額</td></tr>
</table>

<table>
<tr><td rowspan="3">3</td><td colspan="4">札幌に支店を開設することになり、本店より現金￥3,680,000、商品（原価：￥2,800,000、売価：￥3,920,000）、およびトラック（取得価額：￥2,320,000、減価償却累計額：￥464,000）が移管された。支店独立会計制度を導入したときの支店側の仕訳を答えなさい。ただし、当社は商品売買の記帳を「販売のつど売上原価に振り替える方法」、有形固定資産の減価償却に係る記帳を間接法によっている。</td><td colspan="2">勘　定　科　目</td></tr>
<tr><td colspan="4" rowspan="2"></td><td colspan="2">ア．支　　　店</td></tr>
<tr><td colspan="2">イ．車　両　運　搬　具</td></tr>
<tr><td rowspan="6"></td><td>借方科目</td><td>金額</td><td>貸方科目</td><td>金額</td><td colspan="2">ウ．商　　　品</td></tr>
<tr><td colspan="4" rowspan="4"></td><td colspan="2">エ．車両運搬具減価償却累計額</td></tr>
<tr><td colspan="2">オ．仕　　　入</td></tr>
<tr><td colspan="2">カ．現　　　金</td></tr>
<tr><td colspan="2">キ．本　　　店</td></tr>
</table>

		勘 定 科 目
4	X9年9月1日に営業用の車両（現金販売価額¥3,440,000）を割賦契約で購入し、代金は毎月末に支払期限の到来する額面¥722,400の約束手形5枚を振り出して交付している。本日9月30日、約束手形のうち、期日の到来したものが当座預金口座より引き落とされた。なお、車両の現金販売価額と約束手形の総額との差額は購入時に前払利息勘定に計上し、手形の決済時に定額法により費用計上する方法とする。	ア．当 座 預 金 イ．前 払 利 息 ウ．車 両 運 搬 具 エ．支 払 手 形 オ．未 払 利 息 カ．営業外支払手形 キ．支 払 利 息

借方科目	金額	貸方科目	金額

		勘 定 科 目
5	新株700株（1株の払込金額は¥16,000）を発行して増資を行うことになり、払い込まれた700株分の申込証拠金は別段預金に預け入れていたが、株式の払込期日となったので、申込証拠金を資本金に充当し、別段預金を当座預金に預け替えた。なお、資本金には会社法が規定する最低額を組み入れることとする。	ア．当 座 預 金 イ．別 段 預 金 ウ．預 り 金 エ．資 本 金 オ．株式申込証拠金 カ．資 本 準 備 金 キ．その他資本剰余金

借方科目	金額	貸方科目	金額

第2問 （20点）

次に示した [資料] にもとづいて、答案用紙の連結損益計算書および連結貸借対照表を作成しなさい。なお、当期はX8年4月1日からX9年3月31日までの1年間である。

[資料]

1. P社は、X7年3月31日にS社の発行済株式総数（5,000株）の60％の株式を180,000千円で取得して支配を獲得し、それ以降S社を連結子会社として連結財務諸表を作成している。なお、P社のS社に対する持分の変動はない。のれんは発生年度の翌年度から10年にわたり定額法により償却を行っている。

2. 支配獲得時（X7年3月31日）におけるS社の純資産項目は、資本金162,000千円、資本剰余金43,200千円、および利益剰余金10,800千円であった。

3. 前期（X7年4月1日からX8年3月31日まで）において、S社は当期純利益43,200千円を計上したが、配当は行っていない。

4. P社およびS社の当期の個別損益計算書および当期末の個別貸借対照表は、次のとおりである。

損 益 計 算 書
自 X8年4月1日　至 X9年3月31日　　　（単位：千円）

	P 社	S 社
売　　上　　高	1,296,000	972,000
売　上　原　価	972,000	777,600
売 上 総 利 益	324,000	194,400
販売費及び一般管理費	216,000	118,800
営　業　利　益	108,000	75,600
営 業 外 収 益	75,600	54,000
営 業 外 費 用	64,800	32,400
当 期 純 利 益	118,800	97,200

貸 借 対 照 表
X9年3月31日　　　　　　　　　　　　　（単位：千円）

資　　産	P 社	S 社	負債・純資産	P 社	S 社
現 金 預 金	649,800	302,600	支 払 手 形	216,000	97,200
売 掛 金	180,000	108,000	買 掛 金	86,400	91,800
貸 倒 引 当 金	△ 1,800	△ 1,080	固 定 負 債	99,000	66,600
商　　品	252,000	112,480	資 本 金	810,000	162,000
固 定 資 産	135,000	63,000	資 本 剰 余 金	54,000	43,200
S 社 株 式	180,000	－	利 益 剰 余 金	129,600	124,200
合　　計	1,395,000	585,000	合　　計	1,395,000	585,000

5. 当期において、S社は利益剰余金を財源として27,000千円の配当を行っている。

6. 当期より、S社はP社に対して商品を販売しており、その売上高は356,400千円である。

7. S社は、売掛金の期末残高108,000千円に対して1％の貸倒引当金を設定しており、売掛金の期末残高のうち54,000千円がP社に対するものである。

8. 当期末において、P社が保有する商品のうち、S社から仕入れた金額は21,600千円である。S社がP社に対して販売する商品の売上総利益率は25％であった。

9. P社は、S社に対して当期首に資金45,000千円の貸付け（貸付期間：5年）を行っており、利率は年2％である。当期末に利息の受け払いが現金で行われている。ただし、P社は、この貸付けに対して貸倒引当金を設定していない。

連 結 損 益 計 算 書
自 X8年4月1日 至X9年3月31日　（単位:千円）

Ⅰ 売　　上　　高	（	）
Ⅱ 売　上　原　価	（	）
売　上　総　利　益	（	）
Ⅲ 販売費及び一般管理費	（	）
営　業　利　益	（	）
営　業　外　収　益	（	）
営　業　外　費　用	（	）
当　期　純　利　益	（	）
非支配株主に帰属する当期純利益	（	）
親会社株主に帰属する当期純利益	（	）

連 結 貸 借 対 照 表
X9年3月31日　（単位：千円）

資　産	金　額	負債・純資産	金　額
現　金　預　金	（　　　　）	支　払　手　形	（　　　　）
売　　掛　　金	（　　　　）	買　　掛　　金	（　　　　）
貸　倒　引　当　金	（△　　　）	固　定　負　債	（　　　　）
商　　　　品	（　　　　）	資　　本　　金	（　　　　）
固　定　資　産	（　　　　）	資　本　剰　余　金	（　　　　）
の　れ　ん	（　　　　）	利　益　剰　余　金	（　　　　）
		非　支　配　株　主　持　分	（　　　　）
合　　　計	（　　　　）	合　　　計	（　　　　）

第3問 (20点)

次に示した商品売買業を営む埼玉商事株式会社の [資料Ⅰ] および [資料Ⅱ] にもとづいて、答案用紙の貸借対照表を完成しなさい。なお、会計期間はX7年4月1日からX8年3月31日までの1年間である。

[資料Ⅰ]　決算整理前残高試算表

決算整理前残高試算表
X8年3月31日　　　（単位：円）

借　　方	勘定科目	貸　　方
642,080	現 金 預 金	
128,000	受 取 手 形	
352,000	売 掛 金	
	貸 倒 引 当 金	1,440
40,320	売買目的有価証券	
110,400	繰 越 商 品	
3,492,000	建 物	
	建物減価償却累計額	582,000
384,000	備 品	
	備品減価償却累計額	168,000
144,000	ソフトウェア	
33,840	満期保有目的債券	
46,080	その他有価証券	
	支 払 手 形	132,720
	買 掛 金	252,000
	借 入 金	216,000
	資 本 金	3,360,000
	利 益 準 備 金	203,760
	繰越利益剰余金	264,800
	売 上	4,080,000
	有 価 証 券 利 息	720
2,784,000	仕 入	
936,000	給 料	
95,680	水 道 光 熱 費	
61,440	保 険 料	
11,600	支 払 利 息	
9,261,440		9,261,440

[資料Ⅱ]　決算整理事項

1．受取手形および売掛金の期末残高に対して、1％の貸倒引当金を差額補充法により設定する。

2．期末における商品の帳簿棚卸高は¥120,000であり、実地棚卸高は¥116,400であった。棚卸減耗損は売上原価の内訳科目として処理する。

3．有価証券の内訳は次のとおりである。

	帳簿価額	期末時価	保有目的	備考
N社株式	¥40,320	¥41,480	売 買 目 的	―
E社株式	¥46,080	¥48,080	業務提携目的	①
T社社債	¥33,840	¥33,120	満期保有目的	②

① その他有価証券については、全部純資産直入法により処理する。ただし、税法では、その他有価証券の評価差額の計上は認められていないので、税効果会計を適用する。法定実効税率は30％とする。

② T社社債（額面総額¥36,000、利率年2％、利払日3月31日、償還日までの残りの期間は当期を含めて3年間）については、償却原価法（定額法）により評価しており、前期末まで適切に行われている。

4．現金預金には、以下の定期預金が含まれており、利息を月割計算にて計上する。
　　　残高¥144,000　期間2年　満期日X9年10月31日
　　　利率年1.2％　　利払日10月31日

5．次の要領にて有形固定資産の減価償却を行う。
　　建物　定　額　法　耐用年数30年　残存価額ゼロ
　　備品　200％定率法　耐用年数8年

6．ソフトウェアは、当期の10月1日に自社利用目的で購入し、同日より使用開始している。なお、このソフトウェアの利用可能期間は5年と見積もられており、定額法により月割りで償却を行う。

7．保険料は、かねてより毎年同額を8月1日に向こう1年分をまとめて支払っている。保険料の前払分の計算は月割にて行う。

8．支払利息のうち¥3,600は借入金の利息であるが、当期分の未計上額が¥1,800ある。なお、借入金はすべて返済期日がX9年4月1日以降に到来する。

9．税引前当期純利益の30％を法人税、住民税及び事業税に計上する。

2級

第8回 日商簿記検定試験対策
問題・答案用紙

（制限時間　90分）

出題論点と難易度

設　問	出　題　論　点	論　点　の　詳　細	難易度
第1問	1．圧縮記帳	圧縮記帳を行ったときの処理	★
	2．リース取引	リース取引を開始したときの処理	★
	3．為替予約	為替予約を契約したときの処理	★★
	4．税効果会計	決算時のその他有価証券の評価替えの処理	★
	5．合併・買収	吸収合併したときの処理	★
第2問	連結精算表	連結精算表（修正・消去欄なし）の作成	★★
第3問	貸借対照表	貸借対照表（報告式）の作成	★★
第4問	問1　仕訳	工業簿記の仕訳	★
	問2　工程別総合原価計算	工程別総合原価計算の原価計算表の作成	★
第5問	標準原価計算	製造間接費の差異分析、月次損益計算書の作成	★★

（難易度　★★★…高い　★★…普通　★…低い）

https://www.net-school.co.jp/

第1問 （20点）

　下記の各取引について仕訳しなさい。ただし、勘定科目は、各取引の右の勘定科目から最も適当と思われるものを選び、**記号**で解答すること。なお、消費税については、指示がある取引についてのみ考慮すること。また、各取引は独立している。

1

国より交付された補助金¥300,000と自己資金により、国庫助成対象の機械装置（取得原価¥1,440,000）を取得していたが、本日、国庫補助金を返還しないことが確定したので、補助金相当額の圧縮記帳（直接控除方式）を行った。

勘　定　科　目
ア. 当 座 預 金
イ. 機 械 装 置
ウ. 国庫補助金受贈益
エ. 減 価 償 却 費
オ. 固定資産除却損
カ. 固定資産圧縮損
キ. 固定資産売却損

借方科目	金額	貸方科目	金額

2

X1年4月1日、リース会社からコピー機をリースする契約を結び、リース取引を開始した。リース期間は5年、リース料は年間¥28,000（毎年3月末払い）、リースするコピー機の見積現金購入価額は¥120,000である。なお、決算日は3月31日（1年決算）である。また、このリース取引はファイナンス・リース取引であり、利子抜き法で会計処理を行う。

勘　定　科　目
ア. 現 　　　 金
イ. 当 座 預 金
ウ. リ ー ス 資 産
エ. リ ー ス 債 務
オ. 受 取 利 息
カ. 支 払 利 息
キ. 支 払 リ ー ス 料

借方科目	金額	貸方科目	金額

3

X1年8月1日、1か月前の7月1日の輸出取引によって生じた外貨建ての売掛金16,000ドル（決済日はX1年9月30日）について、1ドル¥108で16,000ドルを売却する為替予約を取引銀行と契約し、振当処理を行うこととし、為替予約による円換算額との差額はすべて当期の損益として処理する。なお、輸出取引が行われたX1年7月1日の為替相場（直物為替相場）は1ドル¥110であり、また本日（X1年8月1日）の為替相場（直物為替相場）は1ドル¥109である。

勘　定　科　目
ア. 現 　　　 金
イ. 当 座 預 金
ウ. 売 　 掛 　 金
エ. 売 　　　 上
オ. 支 払 手 数 料
カ. 為 替 差 損 益
キ. 買 　 掛 　 金

借方科目	金額	貸方科目	金額

4	決算にさいして、長期投資目的で1株あたり¥1,100にて取得していた山陰重工業株式会社の株式4,000株を時価評価（決算時の時価：1株あたり¥950）し、全部純資産直入法で処理した。ただし、法定実効税率30%とする税効果会計を適用する。なお、山陰重工業株式会社は当社の子会社にも関連会社にも該当しない。

勘 定 科 目
ア．満期保有目的債券
イ．その他有価証券
ウ．繰延税金資産
エ．繰延税金負債
オ．その他有価証券評価差額金
カ．有価証券評価益
キ．有価証券評価損

借方科目	金額	貸方科目	金額

5 関東に拠点を築くために千葉商会株式会社を吸収合併し、新たに当社の株式1,200株（合併時点の時価＠¥8,250）を発行し、これを千葉商会の株主に交付した。また、合併にあたっては、取得の対価のうち60%を資本金、残り40%を資本準備金として計上することとした。千葉商会から承継した資産および負債は、次のとおりである。

現　金（帳簿価額¥5,232,000、時価¥5,232,000）
売掛金（帳簿価額¥8,928,000、時価¥8,928,000）
土　地（帳簿価額¥3,648,000、時価¥3,840,000）
買掛金（帳簿価額¥7,920,000、時価¥7,920,000）

勘 定 科 目
ア．現　　　金
イ．負ののれん発生益
ウ．土　　　地
エ．資 本 準 備 金
オ．買　掛　金
カ．売　掛　金
キ．資　本　金
ク．の れ ん

借方科目	金額	貸方科目	金額

第2問（20点）

次の［資料］にもとづいて、答案用紙の**連結第2年度**（X2年4月1日からX3年3月31日まで）の連結精算表を完成しなさい。なお、連結精算表は連結貸借対照表と連結損益計算書の部分のみであり、「修正・消去」の欄は省略している。

［資料］

1．P社は、X1年3月31日にS社の発行済株式総数の80％を260,000千円で取得して支配を獲得し、それ以降、S社を連結子会社として連結財務諸表を作成している。支配獲得時（X1年3月31日）のS社の純資産は、資本金120,000千円、資本剰余金80,000千円、利益剰余金80,000千円であった。なお、P社のS社に対する持分の変動はない。

2．のれんは、支配獲得時の翌年度から10年間にわたり定額法で償却し、のれんの償却費は「販売費及び一般管理費」として処理する。

3．連結第1年度（X1年4月1日からX2年3月31日まで）において、S社は当期純利益16,000千円を計上した。

4．S社は、連結第1年度および連結第2年度において配当を行っていない。

5．連結第1年度より、P社はS社から商品を仕入れている。当期におけるP社のS社からの商品仕入高は237,600千円であり、また、S社のP社に対する売上高は237,600千円である。

6．S社の売掛金の期末残高には、P社に対する売掛金48,000千円が含まれている。なお、S社は、P社に対する売掛金には貸倒引当金を設定していない。

7．連結第1年度末および第2年度末において、P社が保有する商品のうち、S社から仕入れた金額はそれぞれ11,200千円と14,400千円であった。S社がP社に対して販売する商品の売上総利益率は25％であった。

8．P社は、今年度に土地（帳簿価額38,000千円）をS社に40,000千円で売却している。代金の決済は行われており、S社は当該土地を今年度末現在、保有している。なお、P社は、土地の売買損益を特別損益として処理している。

連 結 精 算 表

X3年3月31日 （単位：千円）

科　　　目	個 別 財 務 諸 表		連 結 財 務 諸 表
	P　社	S　社	
貸 借 対 照 表			連結貸借対照表
現　金　預　金	304,000	29,600	333,600
売　　掛　　金	368,000	224,000	（　　　　　　　）
貸 倒 引 当 金	△　7,360	△　4,480	△　11,840
商　　　　　品	340,000	184,000	（　　　　　　　）
建　　　　　物	144,000	32,000	176,000
建物減価償却累計額	△　25,200	△　4,000	△　29,200
土　　　　　地	232,000	92,000	（　　　　　　　）
（　　　　　　　）	—	—	（　　　　　　　）
子 会 社 株 式	260,000	—	（　　　　　　　）
資　産　合　計	1,615,440	553,120	（　　　　　　　）
買　　掛　　金	294,000	176,920	（　　　　　　　）
借　　入　　金	260,000	52,000	312,000
資　　本　　金	480,000	120,000	（　　　　　　　）
資　本　剰　余　金	240,000	80,000	（　　　　　　　）
利　益　剰　余　金	341,440	124,200	（　　　　　　　）
（　　　　　　　）	—	—	（　　　　　　　）
負 債 純 資 産 合 計	1,615,440	553,120	（　　　　　　　）
損 益 計 算 書			連結損益計算書
売　　上　　高	2,260,000	1,192,000	（　　　　　　　）
売　上　原　価	1,672,000	936,000	（　　　　　　　）
販売費及び一般管理費	462,000	218,400	（　　　　　　　）
営　業　外　収　益	1,840	320	2,160
営　業　外　費　用	3,800	600	4,400
特　別　利　益	3,400	480	（　　　　　　　）
特　別　損　失	2,480	240	2,720
法人税、住民税及び事業税	31,240	9,360	40,600
当　期　純　利　益	93,720	28,200	（　　　　　　　）
非支配株主に帰属する当期純利益	—	—	（　　　　　　　）
親会社株主に帰属する当期純利益	93,720	28,200	（　　　　　　　）

第3問 (20点)

次に示した商品売買業を営む福井商事株式会社の [資料Ⅰ] から [資料Ⅲ] にもとづいて、答案用紙の貸借対照表を完成させなさい。会計期間はX2年4月1日よりX3年3月31日までの1年間である。本問では減価償却およびその他有価証券の2項目に関してのみ税効果会計を適用する。法定実効税率は前期・当期とも30%であり、将来においても税率は変わらないと見込まれている。なお、繰延税金資産は全額回収可能性があるものとする。

[資料Ⅰ] 決算整理前残高試算表

決算整理前残高試算表

X3年3月31日 (単位：円)

借　　方	勘 定 科 目	貸　　方
2,488,000	現 金 預 金	
3,560,000	売 掛 金	
280,000	契 約 資 産	
	貸 倒 引 当 金	8,000
3,120,000	繰 越 商 品	
320,000	仮 払 法 人 税 等	
7,200,000	建 物	
	建物減価償却累計額	3,600,000
3,200,000	備 品	
2,940,000	その他有価証券	
18,000	繰 延 税 金 資 産	
	電 子 記 録 債 務	680,000
	買 掛 金	2,520,000
	資 本 金	12,000,000
	繰 越 利 益 剰 余 金	1,692,000
	その他有価証券評価差額金	42,000
	売 上	42,840,000
	受 取 配 当 金	200,000
25,880,000	仕 入	
13,600,000	給 料	
892,000	販 売 費	
63,540,000		63,540,000

[資料Ⅱ] 未処理事項等

1．買掛金のうち取引銀行を通じて債務の発生記録を行った電子記録債務￥120,000の振替処理が漏れていることが判明した。

2．かねて岩手物産株式会社に、商品A￥280,000（売価）および商品B￥160,000（売価）を販売する契約をした。商品Aの引渡しと商品Bの引渡しは、それぞれ独立した履行義務として識別し、代金の請求は商品Aと商品Bの両方を岩手物産に引渡した後に行う契約となっている。商品AについてはX3年2月中に引渡しが完了し収益を計上しているが、X3年3月30日に商品Bをすべて引き渡し、本販売契約に関する請求書を発行した。請求金額は、翌月末に入金されることになっている。

[資料Ⅲ] 決算整理事項

1．商品の期末棚卸高は次のとおり（[資料Ⅱ] 2．の売上に係る原価を控除済み）である。棚卸減耗損と商品評価損はいずれも売上原価に算入する。

　　帳簿棚卸高：数量 1,600個、帳簿価額 @￥2,000
　　実地棚卸高：数量 1,560個、正味売却価額 @￥1,900

2．売上債権の期末残高につき、「1,000分の10」を差額補充法により貸倒引当金として設定する。

3．建物、備品ともに残存価額ゼロ、定額法にて減価償却を行う。建物の耐用年数は30年、備品の耐用年数は8年である。ただし、備品は当期首に購入したものであり、税務上の法定耐用年数が10年であることから、減価償却費損金算入限度超過額に係る税効果会計を適用する。

4．その他有価証券の金額は、F社株式の前期末の時価である。前期末に当該株式を全部純資産直入法にもとづき時価評価した差額について、期首に戻し入れる洗替処理を行っていなかった。そのため、決算整理前残高試算表の繰延税金資産は、前期末に当該株式に対して税効果会計を適用した際に生じたものでありこれ以外に期首時点における税効果会計の適用対象はなかった。当期末のF社株式の時価は￥3,120,000である。

5．法人税、住民税及び事業税に￥624,000を計上する。なお、仮払法人税等は中間納付によるものである。

6．繰延税金資産と繰延税金負債を相殺し、その純額を固定資産または固定負債として貸借対照表に表示する。

貸借対照表

福井商事株式会社　　　　　　　　X3年３月31日　　　　　　　　　　（単位：円）

資　産　の　部

Ⅰ　流　動　資　産

現　金　及　び　預　金		2,488,000
売　　掛　　金	（　　　　　）	
貸　倒　引　当　金	（　　　　　）	（　　　　　）
（　　　　　　　）		（　　　　　）
流　動　資　産　合　計		（　　　　　）

Ⅱ　固　定　資　産

建　　　　物	7,200,000	
減　価　償　却　累　計　額	（　　　　　）	（　　　　　）
備　　　　品	3,200,000	
減　価　償　却　累　計　額	（　　　　　）	（　　　　　）
（　　　　　　　）		（　　　　　）
固　定　資　産　合　計		（　　　　　）
資　産　合　計		（　　　　　）

負　債　の　部

Ⅰ　流　動　負　債

電　子　記　録　債　務	（　　　　　）
買　　掛　　金	（　　　　　）
未　払　法　人　税　等	（　　　　　）
流　動　負　債　合　計	（　　　　　）

Ⅱ　固　定　負　債

（　　　　　　　）	（　　　　　）
固　定　負　債　合　計	（　　　　　）
負　債　合　計	（　　　　　）

純　資　産　の　部

Ⅰ　株　主　資　本

資　　本　　金	12,000,000
繰　越　利　益　剰　余　金	（　　　　　）
株　主　資　本　合　計	（　　　　　）

Ⅱ　評　価・換　算　差　額　等

その他有価証券評価差額金	（　　　　　）
評　価・換　算　差　額　等　合　計	（　　　　　）
純　資　産　合　計	（　　　　　）
負　債　純　資　産　合　計	（　　　　　）

第4問（28点）

問1（12点）

下記の各取引について仕訳しなさい。ただし、勘定科目は、各取引の右の勘定科目から最も適当と思われるものを選び、**記号**で解答すること。仕訳の金額はすべて円単位とする。

(1) A社は、当月、素材を消費した。素材の月初有高は1,600円、当月仕入高は40,000円、月末帳簿残高は2,800円であった。また、棚卸の結果、素材の減耗400円（通常発生する程度と認められる）が発見された。

勘　定　科　目
ア．材　　　　料
イ．現　　　　金
ウ．材　料　副　費
エ．仕　　掛　　品
オ．買　　掛　　金
カ．製　造　間　接　費
キ．材料副費配賦差異

借方科目	金額	貸方科目	金額

(2) 直接工の賃率差異を計上する。直接工の予定賃率は1,500円／時間、実際就業時間は480時間であった。直接工賃金の当月要支払高は780,000円であった。

勘　定　科　目
ア．賃　金・給　料
イ．原　価　差　異
ウ．現　　　　金
エ．仕　　掛　　品
オ．製　　　　品
カ．製　造　間　接　費
キ．預　　り　　金

借方科目	金額	貸方科目	金額

(3) 当工場では、製造間接費について、原料Aの消費高を配賦基準として各製造指図書に予定配賦している。製造間接費の年間予算額は4,800,000円、原料Aの年間予定消費高は3,200,000円である。当月、製造指図書♯160に対して製造間接費を予定配賦した。なお、原料Aの消費高は240,000円であった。

勘　定　科　目
ア．材　　　　料
イ．仕　　掛　　品
ウ．製　　　　品
エ．買　　掛　　金
オ．賃　金・給　料
カ．製　造　間　接　費
キ．材　料　副　費

借方科目	金額	貸方科目	金額

問2 （16点）

当社は製品Aを製造し、累加法による工程別総合原価計算を採用している。次の［資料］にもとづいて、工程別総合原価計算表を完成させなさい。なお、原価投入額を完成品総合原価と月末仕掛品原価に配分する方法として、第1工程においては平均法、第2工程においては先入先出法を用いること。

［資料］

	第1工程	第2工程
月初仕掛品	1,500 kg （50%）	1,500 kg （50%）
当月投入量	30,000	28,500
合計	31,500 kg	30,000 kg
差引：正常減損量	—	6,000
月末仕掛品量	3,000 （50%）	3,000 （50%）
完成品量	28,500 kg	21,000 kg

（注）　原料はすべて第1工程の始点で投入し、（　　　　）内は加工費の進捗度である。正常減損は第2工程の途中で発生し、その処理は度外視法によること。

工程別総合原価計算表　　　　　　（単位：円）

	第 1 工 程			第 2 工 程		
	原料費	加工費	合計	前工程費	加工費	合計
月初仕掛品原価	150,000	210,000	360,000	450,000	120,000	570,000
当月製造費用	2,874,000	4,110,000	6,984,000		3,654,000	
合計	3,024,000	4,320,000	7,344,000		3,774,000	
差引：月末仕掛品原価						
完成品総合原価						

第5問 （12点）

製品Pを製造・販売する当社では、標準原価計算制度を採用している。次の[**資料**]にもとづいて、各問いに答えなさい。なお、当月の実際直接作業時間は7,800時間、製品Pの当月の販売単価は@7,200円であった。

[**資料**]

1．製品Pの1個当たりの標準原価

直接材料費	標 準 単 価	100 円/kg	標 準 消 費 量	18kg		1,800円
直接労務費	標 準 賃 率	780 円/時間	標準直接作業時間	2 時間		1,560円
製造間接費	標準配賦率	1,200 円/時間	標準直接作業時間	2 時間		2,400円
						5,760円

※　製造間接費は直接作業時間を配賦基準として配賦される。月間製造間接費予算は変動費4,480,000円と固定費5,120,000円の合計9,600,000円で、月間正常直接作業時間は8,000時間である。

2．当月の生産・販売データ

月初仕掛品	0 個		月初製品	350 個
当月着手	3,850		完成品	3,850
合計	3,850 個		合計	4,200 個
月末仕掛品	0		月末製品	700
完成品	3,850 個		当月販売	3,500 個

3．当月の実際製造費用
　　直接材料費：7,084,000円
　　直接労務費：6,009,600円
　　製造間接費：9,520,000円

問1　当月の製造間接費の差異分析を行いなさい。ただし、公式法変動予算を用いて予算差異、能率差異、操業度差異に分析するものとし、能率差異は変動費のみで計算すること。なお、不利な差異には数値の前に「△」印を付すこと。

問2　当月の月次損益計算書を完成しなさい。なお、標準原価差異は月ごとに損益計算に反映させており、その全額を売上原価に賦課する。

問1

製造間接費総差異	円
予 算 差 異	円
能 率 差 異	円
操 業 度 差 異	円

問2

月次損益計算書(一部)　　　　　(単位：円)

Ⅰ　売　　上　　高　　　　　　　　(　　　　　　　)

Ⅱ　売　上　原　価

　　　月 初 製 品 棚 卸 高　　(　　　　　　)

　　　当月製品製造原価　　(　　　　　　)

　　　　合　　　　計　　　(　　　　　　)

　　　月 末 製 品 棚 卸 高　　(　　　　　　)

　　　　差　　　引　　　(　　　　　　)

　　　標 準 原 価 差 異　　(　　　　　　)　(　　　　　　　)

　　　売　上　総　利　益　　　　　　(　　　　　　　)

X8年3月31日　　　　　　　　　　　　　　　　　　（単位：円）

資　産　の　部				負　債　の　部		
Ⅰ 流 動 資 産				Ⅰ 流 動 負 債		
現 金 預 金		（　　　）		支 払 手 形		132,720
受 取 手 形	（　　　）			買 掛 金		252,000
貸 倒 引 当 金	（　　　）	（　　　）		未 払 法 人 税 等		（　　　）
売 掛 金	（　　　）			未 払 費 用		（　　　）
貸 倒 引 当 金	（　　　）	（　　　）		流 動 負 債 合 計		（　　　）
有 価 証 券		（　　　）				
商 品		（　　　）		Ⅱ 固 定 負 債		
前 払 費 用		（　　　）		長 期 借 入 金		216,000
未 収 収 益		（　　　）		繰 延 税 金 負 債		（　　　）
流 動 資 産 合 計		（　　　）		固 定 負 債 合 計		（　　　）
Ⅱ 固 定 資 産				負 債 合 計		（　　　）
有 形 固 定 資 産						
建 物	（　　　）			純　資　産　の　部		
減 価 償 却 累 計 額	（　　　）	（　　　）		Ⅰ 株 主 資 本		
備 品	（　　　）			資 本 金		3,360,000
減 価 償 却 累 計 額	（　　　）	（　　　）		利 益 準 備 金		203,760
有 形 固 定 資 産 合 計		（　　　）		繰 越 利 益 剰 余 金		（　　　）
無 形 固 定 資 産				株 主 資 本 合 計		（　　　）
ソ フ ト ウ ェ ア		（　　　）		Ⅱ 評価・換算差額等		
無 形 固 定 資 産 合 計		（　　　）		その他有価証券評価差額金		（　　　）
投 資 そ の 他 の 資 産				評価・換算差額等合計		（　　　）
投 資 有 価 証 券		（　　　）		純 資 産 合 計		（　　　）
長 期 性 預 金		（　　　）				
投資その他の資産合計		（　　　）				
固 定 資 産 合 計		（　　　）				
資 産 合 計		（　　　）		負債及び純資産合計		（　　　）

第4問（28点）

問1（12点）

下記の各取引について仕訳しなさい。ただし、勘定科目は、各取引の右の勘定科目から最も適当と思われるものを選び、**記号**で解答すること。仕訳の金額はすべて円単位とする。

(1)	和歌山産業株式会社は、会計期末にあたり、賃率差異勘定の残高を売上原価勘定に振り替えた。なお，賃率差異勘定の前月繰越高は¥2,400（貸方）であり、当月の賃金の実際消費高は予定消費高より少なく、この差額の¥800は賃率差異勘定に振り替えられている。	勘定科目 ア．売上原価 イ．作業時間差異 ウ．仕掛品 エ．賃率差異 オ．製造間接費 カ．賃金・給料 キ．製品

借方科目	金額	貸方科目	金額

(2) 個別原価計算を採用している三重製作所の6月末における素材の実地棚卸数量は240kgであった。よって、次の素材に関する6月の資料にもとづいて、材料勘定の残高を修正した。なお、消費単価の計算は先入先出法によっている。

```
6月1日   前月繰越   500kg   1kgにつき   980円   490,000円
   10日   受  入   700kg   1kgにつき   960円   672,000円
   12日   払  出   800kg
   20日   受  入   600kg   1kgにつき1,000円   600,000円
   24日   払  出   740kg
```

勘定科目
ア．製造間接費
イ．仕掛品
ウ．製品
エ．材料
オ．売上原価
カ．買掛金
キ．賃金・給料

借方科目	金額	貸方科目	金額

(3) 組別総合原価計算を採用している佐賀工業株式会社は組間接費を各組の組直接費を基準として配賦率を求め、A組とB組に配賦した。なお、当月の製造費用は次のとおりである。組間接費は全額、製造間接費とする。

	A組直接費	B組直接費	組間接費
材料費	1,548,000円	456,000円	152,000円
労務費	2,168,000円	892,000円	380,000円
経費	624,000円	512,000円	708,000円

勘定科目
ア．製造間接費
イ．仕掛品－A組
ウ．製品
エ．製造間接費配賦差異
オ．仕掛品－B組
カ．材料
キ．賃金

借方科目	金額	貸方科目	金額

問2 （16点）

　当工場では、同一工程で等級製品Ｎ、Ｓを連続生産している。原価計算の方法は、等価係数を各等級製品の１か月間における完成品数量に乗じた積数の比をもって、１か月間の完成品の総合原価を一括的に各等級製品に按分して製品原価を計算する方法による。次の資料にもとづいて、当月の月末仕掛品原価、等級製品Ｎ、Ｓの完成品総合原価および完成品単位原価を計算しなさい。なお、原価投入額合計を完成品総合原価と月末仕掛品原価に配分する方法として先入先出法を用いること。

［生産データ］

月 初 仕 掛 品	240個	（50%）
当 月 投 入	2,760	
合 　 計	3,000個	
正 常 仕 損 品	120	
月 末 仕 掛 品	480	（50%）
完 　 成 　 品	2,400個	

（注１）　完成品は、等級製品Ｎが1,600個、等級製品Ｓが800個である。

（注２）　（　）内は加工費の進捗度である。Ａ原料は工程の始点で投入している。Ｂ原料は工程の60%の点で投入しており、Ｂ原料費はすべて完成品に負担させる。正常仕損は工程の終点で発生し、それらはすべて当月作業分から生じた。正常仕損費はすべて完成品に負担させ、仕損品の処分価額は25,200円である。

［原価データ］

月初仕掛品原価

Ａ 原 料 費	331,200円
加 工 費	240,000
小 　 計	571,200円

当月製造費用

Ａ 原 料 費	3,864,000円
Ｂ 原 料 費	1,758,000
加 工 費	5,412,000
小 　 計	11,034,000円
合 　 計	11,605,200円

［等価係数］

等級製品Ｎ：1　　等級製品Ｓ：0.8

月 末 仕 掛 品 原 価		円
等級製品Ｎの完成品総合原価		円
等級製品Ｎの完成品単位原価		円/個
等級製品Ｓの完成品総合原価		円
等級製品Ｓの完成品単位原価		円/個

第5問 （12点）
次の［資料］にもとづいて、答案用紙の直接原価計算による損益計算書を作成しなさい。

［資料］
1．棚卸資産有高

	期 首 有 高	期 末 有 高
原　　　　　料	192,000円	166,000円
仕掛品（変動製造原価）	234,000円	256,000円
仕掛品（固定製造原価）	140,400円	102,400円
製　品（変動製造原価）	284,000円	250,000円
製　品（固定製造原価）	198,800円	150,000円

2．賃金・給料未払高

	期首未払高	期末未払高
直　接　工　賃　金	88,000円	82,000円
間　接　工　賃　金	22,000円	19,200円
工　場　従　業　員　給　料	34,000円	32,000円

3．原料当期仕入高　　　　1,552,000円

4．賃金・給料当期支払高
直　接　工　賃　金	656,000円
間　接　工　賃　金	204,000円
工　場　従　業　員　給　料	288,000円

5．製造経費当期発生高
電　　力　　料	74,800円
保　　険　　料	84,000円
減　価　償　却　費	105,600円
そ　　の　　他	74,000円

6．その他
⑴　原料はすべて変動費である。
⑵　直接工は直接作業のみに従事している。
⑶　間接工賃金は変動費、工場従業員給料は固定費である。
⑷　製造経費はすべて製造間接費であり、電力料のみが変動費である。

直接原価計算による損益計算書

（単位：円）

Ⅰ	売　上　高		4,028,000
Ⅱ	変　動　売　上　原　価		
	1　期首製品棚卸高	284,000	
	2　当期製品変動製造原価	（　　　　　　　）	
	合　　計	（　　　　　　　）	
	3　期末製品棚卸高	（　　　　　　　）	（　　　　　　　）
	変動製造マージン		（　　　　　　　）
Ⅲ	変　動　販　売　費		262,000
	貢　献　利　益		（　　　　　　　）
Ⅳ	固　　定　　費		
	1　製　造　固　定　費	（　　　　　　　）	
	2　固定販売費・一般管理費	352,400	（　　　　　　　）
	営　業　利　益		（　　　　　　　）

<u>損　益　計　算　書</u>

自 X8年 4 月 1 日　至 X9年 3 月31日　　　　　（単位：円）

I　売　　　　　上　　　　　高　　　　　（　　　　　　　　）

II　売　　上　　原　　価

　　1　期 首 商 品 棚 卸 高　（　　　　　　　）

　　2　当 期 商 品 仕 入 高　（　　　　　　　）

　　　　　　合　　　　計　　（　　　　　　　）

　　3　期 末 商 品 棚 卸 高　（　　　　　　　）

　　　　　　差　　　　引　　（　　　　　　　）

　　4　棚 卸 減 耗 損　　　　（　　　　　　　）　（　　　　　　　　）

　　　　（　　　　　　　　）　　　　　　　　　　（　　　　　　　　）

III　販 売 費 及 び 一 般 管 理 費

　　1　給　　　　　　　　料　　　　482,200

　　2　保　　　険　　　料　　　　　 64,800

　　3　退 職 給 付 費 用　　（　　　　　　　）

　　4　減 価 償 却 費　　　（　　　　　　　）

　　5　支 払 リ ー ス 料　　（　　　　　　　）

　　6　貸 倒 引 当 金 繰 入　（　　　　　　　）　（　　　　　　　　）

　　　　（　　　　　　　　）　　　　　　　　　　（　　　　　　　　）

IV　営　業　外　収　益

　　1　受　　取　　利　　息　　　　　　　　　　（　　　　　　　　）

V　営　業　外　費　用

　　1　貸 倒 引 当 金 繰 入　　　　　　　　　　（　　　　　　　　）

　　　　（　　　　　　　　）　　　　　　　　　　（　　　　　　　　）

VI　特　　別　　利　　益

　　1　国 庫 補 助 金 受 贈 益　　　　　　　　　（　　　　　　　　）

VII　特　　別　　損　　失

　　1　固 定 資 産 圧 縮 損　　　　　　　　　　（　　　　　　　　）

　　　　税 引 前 当 期 純 利 益　　　　　　　　　（　　　　　　　　）

　　　　法人税、住民税及び事業税　（　　　　　　）

　　　　法 人 税 等 調 整 額　（△　　　　　　）　（　　　　　　　　）

　　　　（　　　　　　　　）　　　　　　　　　　（　　　　　　　　）

第4問（28点）

問1（12点）

X社は本社会計から工場会計を独立させている。材料と製品の倉庫は工場に置き、材料購入を含めて支払い関係は本社が行っている。下記の各取引について、工場または本社で行われる仕訳を示しなさい。ただし、勘定科目は、各取引の右の勘定科目から最も適当と思われるものを選び、**記号**で解答すること。仕訳の金額はすべて円単位とする。

(1) 材料560,000円を掛けにて購入し、工場の倉庫に搬入された。工場で行われる仕訳を示しなさい。

借方科目	金額	貸方科目	金額

勘 定 科 目
ア. 材　　　　料
イ. 仕　掛　品
ウ. 工　　　場
エ. 買　掛　金
オ. 製 造 間 接 費
カ. 本　　　社
キ. 製　　　品

(2) 工場は、本社から工場の従業員に対する健康保険料344,000円を支払ったとの通知を受けた。このうち半額は事業主負担分であり、半分は従業員負担分である。なお、社会保険料預り金勘定は本社のみに設けてある。工場で行われる仕訳を示しなさい。

借方科目	金額	貸方科目	金額

勘 定 科 目
ア. 現　　　　金
イ. 本　　　社
ウ. 法 定 福 利 費
エ. 賃 金 ・ 給 料
オ. 社会保険料預り金
カ. 工　　　場
キ. 租 税 公 課

(3) 本社は、さきに得意先山口商店に売り渡した製品について、月末に製造原価は2,920,000円であったと工場から報告を受け、売上製品の原価を計上した。ただし、売上原価勘定は本社に、製品に関する勘定は工場に設けてある。本社で行われる仕訳を示しなさい。

借方科目	金額	貸方科目	金額

勘 定 科 目
ア. 工　　　場
イ. 売　　　上
ウ. 製　　　品
エ. 本　　　社
オ. 売　掛　金
カ. 売 上 原 価
キ. 仕　掛　品

問2　（16点）

　当社は組製品ＸとＹを製造しており、原価計算方法として組別総合原価計算を採用している。原料費は各組製品に直課し、加工費は直接作業時間により各組製品に予定配賦している。原価投入額合計を完成品総合原価と月末仕掛品に配分するためには先入先出法を用いている。次の [資料] にもとづいて、下記の問に答えなさい。

[資料]
1. 生産データ

	Ｘ　製　品	Ｙ　製　品
月初仕掛品	100 個（50%）	300 個（50%）
当月投入	2,100	2,950
合計	2,200 個	3,250 個
正常仕損	100	150
月末仕掛品	200 （50%）	500 個（40%）
完成品	1,900 個	2,600 個

　（注）　原料は工程の始点で投入しており、（　）内は加工費の進捗度である。

2. 正常仕損（すべて当月作業分から発生）

　Ｘ製品：正常仕損は工程の途中で発生したので、度外視法によること。処分価額はゼロである。

　Ｙ製品：正常仕損は終点で発生し、処分価額は11,000円である。正常仕損費はすべて完成品に負担させる。

3. 原価データ

　月初仕掛品原価

　　原料費　　273,800円（内訳：Ｘ製品　　74,800円、Ｙ製品　　199,000円）

　　加工費　　112,400円（内訳：Ｘ製品　　25,400円、Ｙ製品　　87,000円）

　当月製造費用

　　原料費　3,758,000円（内訳：Ｘ製品　1,280,000円、Ｙ製品　2,478,000円）

4. 加工費の予算

　加工費予算額（年間）　32,760,000円

　予定直接作業時間（年間）　　　7,200時間

5. 当月の直接作業時間

　Ｘ製品　180時間　　　Ｙ製品　320時間

問1　加工費の予定配賦率を計算しなさい。

問2　Ｘ製品の月末仕掛品原価を計算しなさい。

問3　Ｘ製品の完成品総合原価を計算しなさい。

問4　Ｙ製品の月末仕掛品原価を計算しなさい。

問5　Ｙ製品の完成品総合原価を計算しなさい。

問1　加工費の予定配賦率　[　　　　　　　　]　円/時間

問2　Ｘ製品の月末仕掛品原価　[　　　　　　　　]　円

問3　Ｘ製品の完成品総合原価　[　　　　　　　　]　円

問4　Ｙ製品の月末仕掛品原価　[　　　　　　　　]　円

問5　Ｙ製品の完成品総合原価　[　　　　　　　　]　円

第5問 （12点）

A社の大阪工場では、工程の始点で投入した原料Pを加工して製品Cを生産している。標準原価計算制度を採用し、勘定記入の方法はシングル・プランによる。製品Cの標準原価カードは次のとおりである。

原 料 費	標 準 単 価	112円/kg	標 準 消 費 量	2kg		224円
加 工 費	標 準 配 賦 率	48円/時間	標準直接作業時間	4時間		192円
製品C1個当たり標準製造原価						416円

次の［資料］にもとづいて、下記の問に答えなさい。

［資料］

⑴ 原料P 2,800kgを1kg当たり 120円で掛けにて購入した。当工場では実際の購入単価をもって材料勘定への受入記録を行っている。

⑵ 原料Pの実際消費量は 2,600kgであった。原料の消費額については、製品の生産実績にもとづき、月末に一括して仕掛品勘定に振り替え、原価差異を把握する。

⑶ 原料Pの月末在庫は 200kgであった。月初在庫はなかった。

⑷ 製品Cの生産実績は次のとおりである。

月初仕掛品	400 個	（加工進捗度 50%）
当 月 投 入	1,200	
合　　計	1,600 個	
月末仕掛品	500	（加工進捗度 40%）
当月完成品	1,100 個	

問　答案用紙の各勘定に適切な金額を記入しなさい。なお、材料勘定には、原料Pに関する取引だけが記録されている。

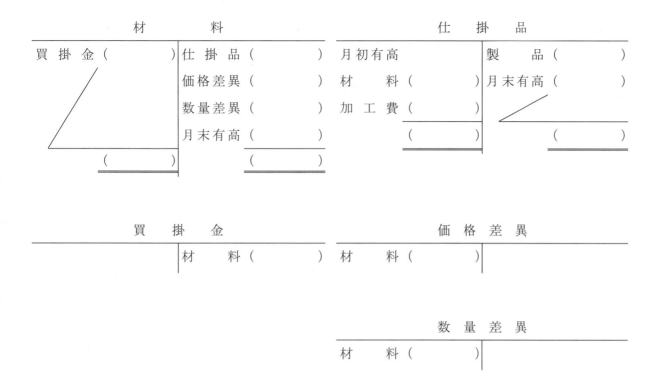

	材　　　料		
買　掛　金（　　　　）	仕　掛　品（　　　　）		
	価格差異（　　　　）		
	数量差異（　　　　）		
	月末有高（　　　　）		
（　　　　）	（　　　　）		

	仕　　掛　　品		
月初有高	製　　品（　　　　）		
材　　料（　　　　）	月末有高（　　　　）		
加　工　費（　　　　）			
（　　　　）	（　　　　）		

	買　　掛　　金
	材　　料（　　　　）

	価　格　差　異
材　　料（　　　　）	

	数　量　差　異
材　　料（　　　　）	

(1)

損　益　計　算　書

自X6年4月1日　至X7年3月31日　　　　　（単位：円）

Ⅰ	売　　上　　高		2,452,000
Ⅱ	売　上　原　価		
	1　期首商品棚卸高	（　　　　　）	
	2　当期商品仕入高	（　　　　　）	
	合　　計	（　　　　　）	
	3　期末商品棚卸高	（　　　　　）	
	差　　引	（　　　　　）	
	4　棚卸減耗損	（　　　　　）	（　　　　　）
	売上総利益		（　　　　　）
Ⅲ	販売費及び一般管理費		
	1　営　　業　　費	（　　　　　）	
	2　貸倒引当金繰入	（　　　　　）	
	3　減価償却費	（　　　　　）	（　　　　　）
	営　業　利　益		（　　　　　）
Ⅳ	営業外収益		
	1　受取配当金		640
Ⅴ	営業外費用		
	1　支　払　利　息		（　　　　　）
	当　期　純　利　益		（　　　　　）

貸　借　対　照　表

X7年3月31日　　　　　（単位：円）

資　　産	金　　額	負債・純資産	金　　額
現　金　預　金	（　　　　　）	買　　掛　　金	（　　　　　）
売　　掛　　金	（　　　　　）	借　　入　　金	576,000
貸倒引当金	△（　　　　　）	未　払　費　用	（　　　　　）
商　　　　品	（　　　　　）	資　　本　　金	960,000
前　払　費　用	（　　　　　）	利　益　準　備　金	51,360
建　　　　物	1,080,000	繰越利益剰余金	（　　　　　）
減価償却累計額	△（　　　　　）	その他有価証券評価差額金	（　　　　　）
投資有価証券	（　　　　　）		
	（　　　　　）		（　　　　　）

(2)

本店勘定の次期繰越額　　¥ ［　　　　　　］

第4問（28点）

問1（12点）

　下記の一連の取引について仕訳しなさい。ただし、勘定科目は、各取引の右の勘定科目から最も適当と思われるものを選び、**記号**で解答すること。仕訳の金額はすべて円単位とする。

	材料について、今月、1,600kgは製品製造に使用し、80kgは修繕のために使用したので、これを計上した。なお、月初における材料有高はゼロであった。また、当月購入した材料は2,000kg（購入代価600円/kg、引取運賃80,000円）である。		勘　定　科　目 ア．材　　　　料 イ．仕　掛　品 ウ．製　　　　品 エ．買　掛　金 オ．製　造　間　接　費 カ．賃　金・給　料 キ．売　上　原　価
(1)	<table><tr><td>借方科目</td><td>金額</td><td>貸方科目</td><td>金額</td></tr><tr><td></td><td></td><td></td><td></td></tr><tr><td></td><td></td><td></td><td></td></tr><tr><td></td><td></td><td></td><td></td></tr></table>		

	今月、直接工および間接工による賃金・給料の消費額を計上する。直接工の作業時間について、総就業時間は1,760時間であり、その内訳は、加工時間1,440時間、段取時間160時間、間接作業時間120時間、手待時間40時間であった。当工場において適用する予定平均賃率は1,000円/時間である。また、間接工については、前月賃金未払高240,000円、当月賃金支払高880,000円、当月賃金未払高200,000円であった。		勘　定　科　目 ア．現　　　　金 イ．仕　掛　品 ウ．製　　　　品 エ．賃　金・給　料 オ．製　造　間　接　費 カ．外　注　加　工　賃 キ．売　上　原　価
(2)	<table><tr><td>借方科目</td><td>金額</td><td>貸方科目</td><td>金額</td></tr><tr><td></td><td></td><td></td><td></td></tr><tr><td></td><td></td><td></td><td></td></tr><tr><td></td><td></td><td></td><td></td></tr></table>		

	直接作業時間を配賦基準として製造間接費を各製造指図書に予定配賦した。なお、年間の製造間接費予算は20,900,000円、年間の予定総直接作業時間は22,000時間である。		勘　定　科　目 ア．現　　　　金 イ．仕　掛　品 ウ．製　　　　品 エ．製造間接費配賦差異 オ．製　造　間　接　費 カ．外　注　加　工　賃 キ．売　上　原　価
(3)	<table><tr><td>借方科目</td><td>金額</td><td>貸方科目</td><td>金額</td></tr><tr><td></td><td></td><td></td><td></td></tr><tr><td></td><td></td><td></td><td></td></tr><tr><td></td><td></td><td></td><td></td></tr></table>		

問2 (16点)

当社は製品Aを量産し、製品原価の計算は、単純総合原価計算を採用している。次の [資料] にもとづいて、原価投入額を完成品総合原価と月末仕掛品原価に配分する方法として、(1)平均法を用いた場合、(2)先入先出法を用いた場合の総合原価計算表を完成しなさい。

[資料]

1．生産データ

月初仕掛品	300 個	(40%)
当月投入	2,200	
合計	2,500 個	
正常仕損	100	
月末仕掛品	400	(50%)
完成品	2,000 個	

2．原価データ

月初仕掛品原価		
原料費	380,000	円
加工費	129,200	
小計	509,200	円
当月製造費用		
原料費	2,640,000	円
加工費	2,180,000	
小計	4,820,000	円
投入額合計	5,329,200	円

（注）原料は工程の始点で投入しており、（　）内は加工費の進捗度である。なお、正常仕損は工程の終点で発生し、処分価額はない。正常仕損費はすべて完成品に負担させる。

(1)平均法を用いた場合

総 合 原 価 計 算 表　　　　　　（単位：円）

	原 料 費	加 工 費	合 計
月初仕掛品原価	380,000	129,200	509,200
当 月 製 造 費 用	2,640,000	2,180,000	4,820,000
合 計	3,020,000	2,309,200	5,329,200
差引：月末仕掛品原価	(　　　　　)	(　　　　　)	(　　　　　)
完成品総合原価	(　　　　　)	(　　　　　)	(　　　　　)

(2)先入先出法を用いた場合

総 合 原 価 計 算 表　　　　　　（単位：円）

	原 料 費	加 工 費	合 計
月初仕掛品原価	380,000	129,200	509,200
当 月 製 造 費 用	2,640,000	2,180,000	4,820,000
合 計	3,020,000	2,309,200	5,329,200
差引：月末仕掛品原価	(　　　　　)	(　　　　　)	(　　　　　)
完成品総合原価	(　　　　　)	(　　　　　)	(　　　　　)

第5問 （12点）

　当社は、当月から製品Mの製造を開始し、そのすべてを完成し販売した。当社の直接工は直接作業にのみ従事している。そこで、当月の売上高25,584,000円に対して、総原価の各費目を変動費と固定費に原価分解したところ、次のとおりであった。原価分解の結果を利用して、下記の問に答えなさい。

（単位：円）

	変 動 費	固 定 費
製 造 原 価		
主 要 材 料 費	1,872,000	
補 助 材 料 費	416,000	
買 入 部 品 費	728,000	
直 接 工 賃 金	3,640,000	
間 接 工 賃 金	1,300,000	998,400
従 業 員 賞 与 手 当		83,200
減 価 償 却 費		3,068,000
その他の間接経費	197,600	384,800
販 売 費	2,080,000	2,870,400
一 般 管 理 費		6,448,000

問1　当月の直接材料費総額はいくらか。

問2　当月の製造間接費総額はいくらか。

問3　当月の損益分岐点の売上高はいくらか。

問4　仮に、当月の売上高が320,000円増加したとすると、営業利益はいくら増加するか。

問5　当月の損益分岐点の売上高を416,000円引き下げるためには、固定費をいくら引き下げる必要があったか。

問1 _____ 円

問2 _____ 円

問3 _____ 円

問4 _____ 円

問5 _____ 円

損　益　計　算　書

自 X8年４月１日　至 X9年３月31日　　　　（単位：円）

Ⅰ 役　務　収　益		（　　　　　　）
Ⅱ 役　務　原　価		（　　　　　　）
（　　　　　　　）		（　　　　　　）
Ⅲ 販売費及び一般管理費		
1．給　　　　　料	（　　　　　　）	
2．旅　費　交　通　費	80,000	
3．水　道　光　熱　費	（　　　　　　）	
4．通　　信　　費	45,200	
5．賞 与 引 当 金 繰 入	（　　　　　　）	
6．貸 倒 引 当 金 繰 入	（　　　　　　）	
7．減　価　償　却　費	（　　　　　　）	
8．ソフトウェア償却	（　　　　　　）	
9．退 職 給 付 費 用	（　　　　　　）	（　　　　　　）
（　　　　　　　）		（　　　　　　）
Ⅳ 営　業　外　収　益		
1．受　取　利　息		（　　　　　　）
Ⅴ 営　業　外　費　用		
1．支　払　利　息		11,200
（　　　　　　　）		（　　　　　　）
Ⅵ 特　別　利　益		
1．投資有価証券売却益		（　　　　　　）
Ⅶ 特　別　損　失		
1．固 定 資 産 除 却 損		（　　　　　　）
税 引 前 当 期 純 利 益		（　　　　　　）
法人税、住民税及び事業税		（　　　　　　）
（　　　　　　　）		（　　　　　　）

貸借対照表に記載される金額

ソ フ ト ウ ェ ア	￥
契　約　負　債	￥

第4問（28点）

問1（12点）

当社は実際個別原価計算制度を採用している。また、製造間接費については部門別計算を行い、各製造指図書には実際配賦を行っている。下記の一連の取引について仕訳しなさい。ただし、勘定科目は、各取引の右の勘定科目から最も適当と思われるものを選び、**記号**で解答すること。仕訳の金額はすべて円単位とする。

(1)

製造間接費の実際発生額のうち、部門個別費は各部門において計上済である。部門共通費の実際発生額200,000円は、以下の配賦割合で各部門に実際配賦する。

部門個別費（各部門にて計上済）

甲製造部	乙製造部	動力部	修繕部
340,000円	220,000円	70,000円	50,000円

部門共通費（200,000円）の各部門への配賦割合

甲製造部	乙製造部	動力部	修繕部
40%	30%	25%	5%

勘 定 科 目
ア．製 造 間 接 費
イ．甲 製 造 部 費
ウ．乙 製 造 部 費
エ．動 力 部 費
オ．修 繕 部 費
カ．仕 掛 品
キ．製 品

借方科目	金額	貸方科目	金額

(2)

第1次集計後の補助部門費を、各製造部門に次の割合で直接配賦法によって実際配賦した。

	甲製造部	乙製造部
動力部費	55%	45%
修繕部費	70%	30%

勘 定 科 目
ア．製 造 間 接 費
イ．甲 製 造 部 費
ウ．乙 製 造 部 費
エ．動 力 部 費
オ．修 繕 部 費
カ．仕 掛 品
キ．製 品

借方科目	金額	貸方科目	金額

(3)

第2次集計後の甲製造部費および乙製造部費の全額を、作業時間を配賦基準として各製造指図書に実際配賦した。製品Aに集計された金額を振り替えなさい。

	製品A	製品B	作業時間合計
甲製造部費	100時間	100時間	200時間
乙製造部費	60時間	40時間	100時間

勘 定 科 目
ア．製 造 間 接 費
イ．甲 製 造 部 費
ウ．乙 製 造 部 費
エ．動 力 部 費
オ．修 繕 部 費
カ．仕 掛 品
キ．製 品

借方科目	金額	貸方科目	金額

問2 （16点）

　X社は、材料を仕入れて製品Aに加工し、直営の店舗で販売する製造・小売チェーンを展開している。原価計算方式としては、パーシャル・プランの標準原価計算を採用している。次の [資料] にもとづいて、当月の仕掛品勘定および月次損益計算書を完成しなさい。

[資料]

1．製品Aの1個当たりの標準原価

直接材料費	標準単価	800円/kg	標準消費量	0.35 kg	280円
加工費	標準賃率	320円/時間	標準直接作業時間	0.5 時間	160円
					440円

2．当月の生産・販売データ

月初仕掛品	1,200 個	（40%）		月初製品	300 個
当月着手	4,800			完成品	4,700
合計	6,000 個			合計	5,000 個
月末仕掛品	1,300	（60%）		月末製品	500
完成品	4,700 個			当月販売	4,500 個

　（注）材料はすべて工程の始点で投入している。（　）内は加工進捗度を示す。

3．当月の原価データ

製造費用		販売費及び一般管理費	
直接材料費：1,400,000円		販売員給料：1,680,000円	
加工費： 900,000円		地代家賃： 480,000円	
		水道光熱費： 320,000円	
		その他： 140,000円	

4．その他の条件

⑴　製品Aの販売単価は1,200円である。

⑵　標準原価差異は月ごとに損益計算に反映されており、その全額を売上原価に賦課する。

```
                          仕　掛　品
　月初有高（          ）　完成高（          ）
　直接材料費（          ）　月末有高（          ）
　加工費（          ）　標準原価差異（          ）
　　　　　（          ）　　　　　　（          ）
```

```
              月次損益計算書（一部）              （単位：円）
Ⅰ　売　上　高                          （          ）
Ⅱ　売　上　原　価
　　月初製品棚卸高      （          ）
　　当月製品製造原価    （          ）
　　　　合　　計        （          ）
　　月末製品棚卸高      （          ）
　　　　差　　引        （          ）
　　標準原価差異        （          ） （          ）
　　　　売上総利益                      （          ）
Ⅲ　販売費及び一般管理費                （          ）
　　　　営業利益                        （          ）
```

第5問 （12点）

　NS社は製品Xを製造・販売している。現在、次期の利益計画を作成している。次の［資料］にもとづいて、下記の問に答えなさい。なお、期首と期末に仕掛品及び製品の在庫は存在しないものとする。

［資料］
1．製品Xに関する当期のデータ

販 売 量	販売価格	変動製造原価	変動販売費	固定加工費	固定販売費及び一般管理費
1,400個	@3,600円	@1,920円	@240円	864,000円	547,200円

　（注）　変動製造原価の内訳は、原料費が@1,000円、変動加工費が@920円である。

2．当期のデータにもとづいて、下記の3つの次期の利益計画を用意している。なお、他の条件は当期のデータと同様とする。

　　次期の利益計画A：製品Xの販売価格を10％引き上げる。販売価格の引き上げにより、販売量が20％減少することが見込まれる。
　　次期の利益計画B：固定加工費を336,000円増額することにより、原料費20％と変動加工費10％を削減する。
　　次期の利益計画C：製品Xの販売価格を5％引き下げ、さらに固定販売費を52,800円増額することにより、販売量が15％増加することが見込まれる。

問1　当期のデータにもとづいて、損益分岐点における販売数量を計算しなさい。

問2　当期のデータにもとづいて、売上高が何％落ち込むと損益分岐点の売上高に達するか計算しなさい。

問3　次期の利益計画A～Cにもとづいて、それぞれの営業利益を計算しなさい。

問1 　　　　　　　　　　　個

問2 　　　　　　　　　　　％

問3

次期の利益計画Ａ	円
次期の利益計画Ｂ	円
次期の利益計画Ｃ	円

貸 借 対 照 表
X2年3月31日

(単位：円)

資　産　の　部			負　債　の　部		
I 流　動　資　産			I 流　動　負　債		
現　金　預　金		（　　　　　）	電子記録債務		145,760
電子記録債権	（　　　）		買　　掛　　金		252,000
売　　掛　　金	（　　　）		未払法人税等		（　　　　　）
貸倒引当金	（　　　）	（　　　　　）	流動負債合計		（　　　　　）
商　　　　品		（　　　　　）	II 固　定　負　債		
前　払　費　用		（　　　　　）	長期借入金		（　　　　　）
流動資産合計		（　　　　　）	固定負債合計		（　　　　　）
II 固　定　資　産			負　債　合　計		（　　　　　）
有形固定資産			純　資　産　の　部		
建　　　　物	（　　　）		I 株　主　資　本		
減価償却累計額	（　　　）	（　　　　　）	資　　本　　金		3,360,000
備　　　　品	（　　　）		利　益　準　備　金		224,400
減価償却累計額	（　　　）	（　　　　　）	繰越利益剰余金		（　　　　　）
有形固定資産合計		（　　　　　）	株主資本合計		（　　　　　）
無形固定資産			純資産合計		（　　　　　）
ソフトウェア		（　　　　　）			
無形固定資産合計		（　　　　　）			
固定資産合計		（　　　　　）			
資　産　合　計		（　　　　　）	負債及び純資産合計		（　　　　　）

第４問（28点）

問１（12点）

下記の一連の取引について仕訳しなさい。ただし、勘定科目は、各取引の右の勘定科目から最も適当と思われるものを選び、**記号**で解答すること。仕訳の金額はすべて円単位とする。

(1) 素材400kg（購入代価 2,000円／kg）、買入部品1,600個（購入代価 300円／個）、工場消耗品32,000円（購入代価）を掛けで購入した。なお、材料関連の引取運賃は、運送会社より月末にまとめて請求書が到着し、現金で支払いをしている。そのため引取費用については、購入代価の10％を材料副費として予定配賦している。当社の当月の材料関連の購入は以上であった。

借方科目	金額	貸方科目	金額

勘定科目
ア．現　　金
イ．材　　料
ウ．仕 掛 品
エ．買 掛 金
オ．材料副費
カ．製造間接費
キ．材料副費配賦差異

(2) 運送会社より当月の引取運賃132,000円の請求書が到着し、ただちに現金で支払った。

借方科目	金額	貸方科目	金額

勘定科目
ア．現　　金
イ．材　　料
ウ．仕 掛 品
エ．買 掛 金
オ．材料副費
カ．製造間接費
キ．材料副費配賦差異

(3) 材料副費配賦差異勘定への振替えを行った。

借方科目	金額	貸方科目	金額

勘定科目
ア．現　　金
イ．材　　料
ウ．仕 掛 品
エ．買 掛 金
オ．材料副費
カ．製造間接費
キ．材料副費配賦差異

問2 （16点）

当工場では、実際個別原価計算を採用している。次の ［資料］ にもとづいて、4月の製造原価報告書を作成しなさい。

［資料］

1．製造指図書（一部）

製造指図書番号	直接材料費	直接作業時間	備　　考
♯ 201	120,000円	40時間	3/18 製造着手 3/30 完成 3/31 在庫 4/ 3 販売
♯ 202	40,000円（3月分） 100,000円（4月分）	28時間（3月分） 20時間（4月分）	3/15 製造着手 4/12 一部仕損 4/16 完成 4/20 販売
♯ 202-2	20,000円	4時間	4/13 補修開始 4/14 補修完了
♯ 203	60,000円	32時間	4/18 製造着手 4/23 完成 4/30 在庫
♯ 204	88,000円	16時間	4/21 製造着手 4/30 仕掛

2．♯ 202-2は、仕損が生じた♯ 202の一部を補修して合格品とするために発行した指図書であり、仕損は正常なものであった。

3．直接労務費は、予定平均賃率を使用して計算しており、予定平均賃率は1,200円／時間である。

4．製造間接費は、直接作業時間を配賦基準として各製造指図書に予定配賦している。年間の製造間接費予算額は7,200,000円、年間の正常直接作業時間は960時間である。

5．4月の製造間接費実際発生額の内訳は、次のとおりであった。

　　間接材料費 ： 60,000円
　　間接労務費 ：160,000円
　　間 接 経 費 ：360,000円

製 造 原 価 報 告 書　　　　　　　　　　（単位：円）

```
Ⅰ 直 接 材 料 費              （          ）
Ⅱ 直 接 労 務 費              （          ）
Ⅲ 製 造 間 接 費
    間 接 材 料 費 （          ）
    間 接 労 務 費 （          ）
    間 接 経 費 （          ）
      合    計 （          ）
    製造間接費配賦差異 （          ） （          ）
    当 月 総 製 造 費 用                （          ）
    月 初 仕 掛 品 原 価                （          ）
      合    計                        （          ）
    月 末 仕 掛 品 原 価                （          ）
    当 月 製 品 製 造 原 価             （          ）
```

第5問（12点）

　X社では、製品Aを製造・販売している。これまで全部原価計算による損益計算書を作成してきたが、販売量と営業利益の関係がわかりにくいため、過去2期分のデータをもとに直接原価計算による損益計算書に作り替えることとした。次の [**資料**] にもとづいて、答案用紙の直接原価計算による損益計算書を完成しなさい。

[**資料**]

1．製品A1個あたりの全部製造原価

	前々期	前　期
直接材料費	600 円	640 円
変動加工費	120 円	110 円
固定加工費	? 円	? 円
	? 円	? 円

2．固定加工費は、各期の実際生産量にもとづいて実際配賦している。

3．販売費および一般管理費（前々期・前期で変化なし）

　　変動販売費　200円/個　　　固定販売費および一般管理費　300,000円

4．生産・販売状況（期首・期末の仕掛品は存在しない）

	前々期	前　期
期首製品在庫量	0 個	0 個
当期製品生産量	1,200 個	1,440 個
当期製品販売量	1,200 個	1,200 個
期末製品在庫量	0 個	240 個

5．全部原価計算による損益計算書（単位：円）

	前々期	前　期
売　　上　　高	2,160,000	2,160,000
売　上　原　価	1,440,000	1,404,000
売　上　総　利　益	720,000	756,000
販売費および一般管理費	540,000	540,000
営　業　利　益	180,000	216,000

直接原価計算による損益計算書

(単位：円)

	前 々 期	前 期
売 上 高	( )	( )
変 動 費	( )	( )
貢 献 利 益	( )	( )
固 定 費	( )	( )
営 業 利 益	( )	( )

損　益　計　算　書

自X1年4月1日　至X2年3月31日　　（単位：円）

I	売　　　上　　　高		（　　　　　　）

II　売　上　原　価

	1	期首商品棚卸高	（　　　　　　）	
	2	当期商品仕入高	（　　　　　　）	
		合　　　計	（　　　　　　）	
	3	期末商品棚卸高	（　　　　　　）	
		差　　　引	（　　　　　　）	
	4	棚卸減耗損	（　　　　　　）	
	5	商品評価損	（　　　　　　）	（　　　　　　）
		（　　　　　　）		（　　　　　　）

III　販売費及び一般管理費

	1	給　　　　料	1,152,000	
	2	通　信　費	64,000	
	3	保　険　料	33,600	
	4	減価償却費	（　　　　　　）	
	5	貸倒引当金繰入	（　　　　　　）	
	6	退職給付費用	（　　　　　　）	（　　　　　　）
		（　　　　　　）		（　　　　　　）

IV　営業外収益

	1	受　取　利　息		（　　　　　　）

V　営業外費用

	1	支　払　利　息	12,000	
	2	貸倒引当金繰入	（　　　　　　）	（　　　　　　）
		（　　　　　　）		（　　　　　　）

VI　特　別　利　益

	1	国庫補助金受贈益		20,000

VII　特　別　損　失

	1	固定資産圧縮損		（　　　　　　）
		税引前当期純利益		（　　　　　　）
		法人税、住民税及び事業税	（　　　　　　）	
		法人税等調整額	（△　　　　　）	（　　　　　　）
		（　　　　　　）		（　　　　　　）

第4問（28点）

問1（12点）

　当社は本社と工場が離れていることから、工場会計を独立させている。材料と製品の倉庫は工場に置き、材料購入を含めて支払い関係はすべて本社が行っている。下記の各取引について、工場での仕訳を示しなさい。ただし、勘定科目は、各取引の右の勘定科目から最も適当と思われるものを選び、**記号**で解答すること。仕訳の金額はすべて円単位とする。

(1) 当月、工場での賃金の消費額を計上する。直接工の作業時間の記録によれば、直接工は直接作業のみ1,600時間行った。当工場で適用する予定総平均賃率は1時間あたり2,000円である。また、間接工については、前月賃金未払高160,000円、当月賃金支払高1,300,000円、当月賃金未払高110,000円であった。

借方科目	金額	貸方科目	金額

勘　定　科　目
ア．材　　　　　料
イ．賃　　　　　金
ウ．製　造　間　接　費
エ．仕　　掛　　品
オ．原　価　差　異
カ．製　　　　　品
キ．本　　　　　社

(2) 本社で支払った光熱費などの当月の間接経費200,000円を計上した。

借方科目	金額	貸方科目	金額

勘　定　科　目
ア．材　　　　　料
イ．賃　　　　　金
ウ．製　造　間　接　費
エ．仕　　掛　　品
オ．原　価　差　異
カ．製　　　　　品
キ．本　　　　　社

(3) 当月の製造間接費予定配賦額は2,560,000円、当月の実際発生額合計は2,440,000円であった。当月の製造間接費の配賦差異を原価差異勘定に振り替えた。

借方科目	金額	貸方科目	金額

勘　定　科　目
ア．材　　　　　料
イ．賃　　　　　金
ウ．製　造　間　接　費
エ．仕　　掛　　品
オ．原　価　差　異
カ．製　　　　　品
キ．本　　　　　社

問2 （16点）

千葉製作所では、実際個別原価計算を行っている。下記の［**資料**］にもとづいて、答案用紙の５月末の仕掛品勘定および製品勘定を作成しなさい。

［資料］

1．各製造指図書に関するデータは、次のとおりである。

製造指図書番号	No.201	No.202		No.203	No.204
製 造 着 手 日	4／4	4／18		5／2	5／16
完 成 日	4／27	5／10		5／29	6／14予定
引 渡 日	5／5	5／19		6／10予定	6／17予定
		4月	5月		
直 接 作 業 時 間	52時間	24時間	16時間	44時間	28時間
製造原価：					
直 接 材 料 費	668,000円	368,800円	229,600円	？　円	375,600円
直 接 労 務 費	？　円	？　円	？　円	？　円	？　円
製 造 間 接 費	？　円	？　円	？　円	？　円	？　円
合 計	？　円	？　円	？　円	？　円	？　円

2．当月における直接材料の増減は、次のとおりであった。（　　　）内は購入単価である。

```
月 初 在 庫 量      640 kg（@410円）
当 月 購 入 量    3,120   （@405円）
    計          3,760 kg
月 末 在 庫 量      720
当 月 出 庫 量    3,040 kg
```

3．直接材料の消費高の計算には、先入先出法を用いている。
4．直接労務費は予定消費賃率を用いており、予定消費賃率は１時間あたり1,200円である。
5．製造間接費は、直接労務費の75％を予定配賦している。

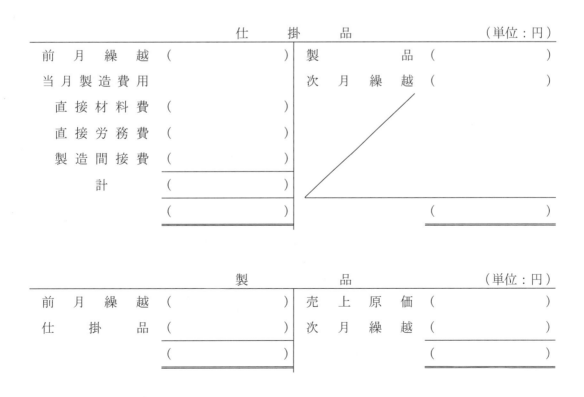

第5問 （12点）

　当社の大阪工場では、直接材料を工程の始点で投入し、単一の製品甲をロット生産している。標準原価計算制度を採用し、勘定記入の方法はパーシャル・プランによる。次の [資料] にもとづいて、答案用紙の標準製造原価差異分析表を完成しなさい。なお、差異分析では変動予算を用い、能率差異は変動費のみで計算するものとする。また、月初に仕掛品の在庫は存在しなかった。

[資料]

1．製品甲の原価標準

直接材料費	標準単価　600円／kg	標準消費量　5kg／個	3,000円
直接労務費	標準賃率　480円／時間	標準直接作業時間　2時間／個	960円
製造間接費	標準配賦率　720円／時間	標準直接作業時間　2時間／個	1,440円
			5,400円

　　（注）　月間製造間接費予算　　720,000円（内訳：変動費320,000円、固定費400,000円）
　　　　　　月間基準操業度　　1,000時間（直接作業時間）

2．当月の生産実績データ

　　完成品　　　　480個
　　月末仕掛品　　　20個（進捗度50%）

3．当月の実際原価データ

直接材料費	総額　1,568,000円	実際消費量　2,450kg
直接労務費	総額　435,600円	実際直接作業時間　990時間
製造間接費	総額　740,000円	

標準製造原価差異分析表　　　　(単位：円)

直接材料費総差異		(　　　　　　　)
価　格　差　異	(　　　　　　　)	
数　量　差　異	(　　　　　　　)	
直接労務費総差異		(　　　　　　　)
賃　率　差　異	(　　　　　　　)	
作　業　時　間　差　異	(　　　　　　　)	
製造間接費総差異		(　　　　　　　)
予　算　差　異	(　　　　　　　)	
能　率　差　異	(　　　　　　　)	
操　業　度　差　異	(　　　　　　　)	

(注)　不利な差異には△を付けること。

損　　　益

日	付	摘　　　要	金　額	日	付	摘　　　要	金　額
3	31	仕　　　　　入		3	31	売　　　　　上	
3	31	棚 卸 減 耗 損		3	31	有 価 証 券 利 息	
3	31	商 品 評 価 損		3	31	支　　　店	
3	31	支 払 家 賃					
3	31	給　　　料					
3	31	減 価 償 却 費					
3	31	貸 倒 引 当 金 繰 入					
3	31	(　　　　　　　)					

第4問（28点）

問1（12点）

　次の一連の取引について仕訳しなさい。ただし、勘定科目は、各取引の右の勘定科目から最も適当と思われるものを選び、**記号**で解答すること。仕訳の金額はすべて円単位とする。

(1)　当月、素材3,200個を消費した。なお、月初の素材有高は240,000円（＠200円　1,200個）、当月購入した素材は480,000円（＠160円　3,000個）であり、材料消費高は先入先出法で計算している。

勘	定	科	目
ア. 材			料
イ. 仕		掛	品
ウ. 製			品
エ. 買		掛	金
オ. 製 造 間 接 費			
カ. 賃 金 ・ 給 料			
キ. 売	上	原	価

借方科目	金額	貸方科目	金額

(2)　当月の直接工による労務費の消費高を計上する。直接工について、作業時間票によれば、当月の実際直接作業時間は500時間、実際間接作業時間は12時間であった。当工場において適用する予定賃率は1時間あたり1,120円である。

勘	定	科	目
ア. 現			金
イ. 仕		掛	品
ウ. 製			品
エ. 賃 金 ・ 給 料			
オ. 製 造 間 接 費			
カ. 外 注 加 工 賃			
キ. 売	上	原	価

借方科目	金額	貸方科目	金額

(3)　作業時間票の直接作業時間を配賦基準として、製造間接費を各製造指図書に予定配賦する。なお、年間の製造間接費予算は9,240,000円（うち変動費3,960,000円、固定費5,280,000円）、年間の予定総直接作業時間は6,600時間である。

勘	定	科	目
ア. 現			金
イ. 仕		掛	品
ウ. 製			品
エ. 製造間接費配賦差異			
オ. 製 造 間 接 費			
カ. 外 注 加 工 賃			
キ. 売	上	原	価

借方科目	金額	貸方科目	金額

問2 （16点）

　群馬製作所は実際個別原価計算を採用し、直接作業時間を基準として、製造間接費を部門別に予定配賦している。製造部門として第1製造部および第2製造部があり、補助部門として材料倉庫部、修繕部および工場事務部がある。次の **[資料]** にもとづいて、下記の⑴および⑵に答えなさい。

[資料]

1．当製作所の部門別製造間接費予算（年間）

第1製造部	第2製造部	材料倉庫部	修　繕　部	工場事務部
23,280,000円	19,200,000円	3,200,000円	2,400,000円	2,800,000円

2．当製作所の予定直接作業時間（年間）

　　第1製造部：5,760時間　　　第2製造部：4,800時間

3．補助部門費の配賦資料

	配賦基準	合　　計	第1製造部	第2製造部	材料倉庫部	修　繕　部	工場事務部
材料倉庫部費	材料出庫量	1,800kg	1,200kg	400kg	—	200kg	—
修　繕　部　費	修繕時間	820時間	480時間	320時間	20時間	—	—
工場事務部費	従業員数	60人	24人	16人	8人	8人	4人

4．当月の実際直接作業時間

　　第1製造部：440時間　　　第2製造部：420時間

⑴　予算部門別配賦表を完成しなさい。なお、補助部門費の配賦は**直接配賦法**による。

予算部門別配賦表　　　　　　　　　　　　　（単位：円）

費　　　目	合　　　計	製　　造　　部　　門		補　　助　　部　　門		
		第1製造部	第2製造部	材料倉庫部	修　繕　部	工場事務部
部　　門　　費	50,880,000	23,280,000	19,200,000	3,200,000	2,400,000	2,800,000
材料倉庫部費						
修　繕　部　費						
工場事務部費						
製　造　部　門　費						

⑵　第1製造部および第2製造部の部門別予定配賦率を計算しなさい。

　　第1製造部の予定配賦率　＝　[　　　　　　]　円/時間

　　第2製造部の予定配賦率　＝　[　　　　　　]　円/時間

第5問 （12点）

当社は製品Xを製造・販売している。製品Xの販売単価は1,200円/個であった（当期中は同一の単価が維持された）。当期の直接原価計算による損益計算書は下記のとおりであり、売上高営業利益率は12%であった。なお、期首と期末に仕掛品および製品の在庫は存在しないものとする。

<u>直接原価計算方式の損益計算書</u>

（単位：円）

売　上　高	4,200,000
変動売上原価	2,240,000
変動製造マージン	1,960,000
変動販売費	280,000
貢　献　利　益	1,680,000
製　造　固　定　費	（　　？　　）
固定販売費及び一般管理費	456,000
営　業　利　益	（　　？　　）

問1　損益分岐点における販売数量を計算しなさい。

問2　営業利益648,000円を達成するために必要であった売上高を計算しなさい。

問3　売上高が何%落ち込むと損益分岐点の売上高に達するか計算しなさい。

問4　売上高が1,080,000円減少するとき営業利益はいくら減少するか計算しなさい。

問 1 　[　　　　　　　］個

問 2 　[　　　　　　　］円

問 3 　[　　　　　　　］％

問 4 　[　　　　　　　］円

2024年度版　模擬試験問題集2級　出題論点一覧

		第1回	第2回	第3回	第4回
第1問	1	有形固定資産の購入	建設仮勘定	源泉所得税	不渡手形
	2	退職給付引当金	剰余金の処分	有形固定資産の滅失	電子記録債権の割引き
	3	複数の履行義務を含む取引	株主資本の計数の変動	商品保証引当金	有形固定資産の滅失
	4	変動対価（リベート）	複数の履行義務を含む取引	有形固定資産の割賦購入	役務収益・役務原価
	5	本支店会計	有価証券の購入	本支店会計	ソフトウェア仮勘定
第2問		現金預金	商品売買	株主資本等変動計算書	連結精算表
第3問		本支店会計	損益計算書	貸借対照表	損益計算書
第4問	問1	仕訳	仕訳	仕訳	仕訳
	問2	部門別計算	個別原価計算	製造原価報告書	標準原価計算
第5問		ＣＶＰ分析	標準原価計算	直接原価計算	ＣＶＰ分析

		第5回	第6回	第7回	第8回
第1問	1	外貨建取引	有形固定資産の売却	有価証券の売却	圧縮記帳
	2	リース取引	合併・買収	追徴法人税等	リース取引
	3	電子記録債権の譲渡	株式の発行	本支店会計	為替予約
	4	消費税	クレジット売掛金	有形固定資産の割賦購入	税効果会計
	5	税効果会計	研究開発費	株式の発行	合併・買収
第2問		有価証券	固定資産	連結財務諸表	連結精算表
第3問		本支店会計	損益計算書	貸借対照表	貸借対照表
第4問	問1	仕訳	仕訳	仕訳	仕訳
	問2	単純総合原価計算	組別総合原価計算	等級別総合原価計算	工程別総合原価計算
第5問		ＣＶＰ分析	標準原価計算	直接原価計算	標準原価計算

スマートフォンやタブレットでいつでもどこでも 勘定科目対策

勘定科目を分類せよ！
わけれ ばわかる
日商簿記2級／3級